कमलेश्वर
की
लोकप्रिय कहानियाँ

कमलेश्वर
की
लोकप्रिय कहानियाँ

कमलेश्वर

प्रकाशक

प्रभात पेपरबैक्स

प्रभात प्रकाशन प्रा. लि. का उपक्रम

4/19 आसफ अली रोड, नई दिल्ली–110002

फोन : 23289777 • हेल्पलाइन नं. : 7827007777

इ–मेल : prabhatbooks@gmail.com ❖ वेब ठिकाना : www.prabhatbooks.com

संस्करण

प्रथम, 2022

मूल्य

दो सौ पचास रुपए

मुद्रक

आर–टेक ऑफसेट प्रिंटर्स, दिल्ली

———— ★ ————

KAMLESHWAR KI LOKPRIYA KAHANIYAN

Published by **PRABHAT PAPERBACKS**

An imprint of Prabhat Prakashan Pvt. Ltd.

4/19 Asaf Ali Road, New Delhi-110002

ISBN 978-93-90900-79-4

₹ 250.00

अनंत और मिंटी
के
लिए

कमलेश्वर की लोकप्रियता

भारतीय कथाकारों में कमलेश्वर की लोकप्रियता का कोई जवाब नहीं। न तो उनसे पहले, न ही उनके बाद वैसी लोकप्रियता किसी और को हासिल हो सकी। मनोहरश्याम जोशी कुछ-कुछ उस ओर बढ़े, पर कमलेश्वर जैसा आभामंडल वे नहीं पा सके, क्योंकि प्रिंट से आगे टी.वी. में भी कमलेश्वर 'परिक्रमा' शुरू कर 'दूरदर्शन' पर सबसे पहले हस्ताक्षर कर चुके थे। हाँ, बदलते समय में प्रिंट से आगे इलेक्ट्रॉनिक हो गए दृश्य-श्रव्य माध्यम को मनोहरश्याम जोशी ने शिखर पर जरूर पहुँचा दिया। इस लिहाज से हिंदी में सिर्फ मनोहरश्याम जोशी ही कमलेश्वर के साथ खड़े हो पाते हैं, लेकिन सिने संसार में करीब सौ फिल्में लिखने के कमलेश्वर के रिकॉर्ड की बराबरी वे भी नहीं कर सके। वे क्या, कोई भी हिंदी लेखक नहीं कर सका। हाँ, 'साहित्य अकादेमी अवार्ड' कमलेश्वर की तरह मनोहरश्याम जोशी भी जाते-जाते पा गए। इससे कुछ लोग उन्हें शिखर पर कमलेश्वर के साथ रखने की कामना करें तो किसी को एतराज नहीं होना चाहिए।

कमलेश्वर मानते थे कि बड़ा वो होता है, जो दूसरों को भी बड़ा बना देता है, जबकि सामान्य जीवन में लोग एक-दूसरे को अकसर छोटा बनाते ही दिखते हैं; लेकिन अपने कर्मशील जीवन में कमलेश्वर ने ज्यादातर लोगों का कद न सिर्फ बढ़ाया, बल्कि उनका जीवन कुछ-कुछ सँवार भी दिया। इसका एक प्रमाण खुद खाकसार का जीवन रहा। टाइम्स की कथा पत्रिका 'सारिका' में उन्होंने 'कलम हुए हाथ' कहानी छापकर हमें छात्र से युवा कथाकार ही नहीं बना दिया, पत्रकार बन जाने का मार्ग भी प्रशस्त कर दिया था।

'सारिका' में छपी कहानी 'कलम हुए हाथ' पढ़कर हिंदी के सबसे बड़े साप्ताहिक 'धर्मयुग' के संपादक धर्मवीर भारती ने ग्रामीण जीवन पर वैसी ही कोई कहानी भेजने का निर्देश दिया। फिर क्या था, अगले महीने ही हमने उन्हें 'शिक्षाकाल' कहानी भेज दी, जो 'स्वाधीनता दिवस विशेषांक' में छप गई। संयोगवश दैनिक 'आज' के महाप्रबंधक विनोदकुमार शुक्ल ने एक यात्रा के दौरान उसे पढ़ लिया। कहानी उन्हें इतनी अच्छी लगी कि उसके साथ छपे चित्र और परिचय के आधार पर अपना हरकारा कानपुर के डी.ए.वी. कॉलेज भेजकर एम.ए. प्रथम वर्ष में पढ़ रहे मुझ अकिंचन छात्र को बुलाया और दैनिक 'आज' का फीचर संपादक बना दिया, जिसे बी.टी.सी. के बावजूद प्राइमरी स्कूल की मास्टरी तक नहीं मिल पा रही थी। तीन बरस बाद टाइम्स की उसी 'सारिका' में उपसंपादक होकर कानपुर से दिल्ली आ गया, जहाँ ठीक से छह बरस भी नहीं गुजरे थे कि एक दिन 'नवभारत टाइम्स' में काम करने की इच्छा लेकर एस.पी. सिंह से मिला तो अगले ही दिन बलराम को 'नवभारत टाइम्स' भेजने का फरमान 'सारिका' के संपादक अवधनारायण मुद्गल की टेबल पर पहुँच गया। कुछ महीने बाद 'नवभारत टाइम्स' की संडे मैग्जीन 'रविवार्त्ता' से संबद्ध होकर साहित्य प्रभारी हो गया। बाद में 'लोकायत' का संपादक हुआ। अंत में साहित्य अकादेमी की पत्रिका 'समकालीन भारतीय साहित्य' का अतिथि संपादक हो गया। इस सबके पीछे अप्रत्यक्षतः कमलेश्वर के अच्छे मनुष्य होने का हाथ रहा। साठ के बाद के हमारे जीवन में प्रत्यक्ष-अप्रत्यक्ष रूप से कमलेश्वर जैसी भूमिका तेलुगु-मानुष डॉ. के. श्रीनिवासराव ने निभाई, जो मेरे जैसे लोगों के लिए बिना कहे बहुत कुछ करते रहते हैं। वे भी कमलेश्वर जैसे ही बड़े मनुष्य हैं।

एक कथा समारोह में मुख्य अतिथि के रूप में कमलेश्वर कानपुर आए थे, जिसमें पाँच युवा कथाकारों की कहानियाँ पढ़ी गई थीं, जिनमें मेरी 'कलम हुए हाथ' भी थी। दिल्ली आ जाने पर इसी नाम से कहानी संग्रह छपा, जिसके दसियों संस्करण हुए। दूरदर्शन ने इसी को इंडियन क्लासिक्स में चुनकर फिल्म बनाई। इसी को 'हिंदी की कालजयी कहानियाँ' में कमलेश्वर ने शामिल किया, जो विश्वविद्यालयों के पाठ्यक्रम का हिस्सा भी बनी। प्रभात प्रकाशन ने उसी बलराम को अपनी 'लोकप्रिय कहानियाँ' सीरीज में देश-विदेश के बड़े-बड़े

कथाकारों के साथ छाप दिया। कमलेश्वर के संपादन में 'सारिका' में छपकर छात्र-लेखक से सीधे संपादक बन जानेवाले खाकसार को इससे अधिक कोई और क्या दे सकता था! इसलिए लोकप्रियता के लिहाज से कमलेश्वर हिंदी कथा के ऐसे शीर्ष लगते हैं, जिसे छूने का सपना तक कोई नहीं देख सकता।

हिंदी की सीमाओं के पार भी उनकी ख्याति और व्याप्ति को मार्च 2021 में ओडिशा की राजधानी भुवनेश्वर में 'कथा' के 'नव प्रतिभा अवार्ड' समारोह को मुख्य वक्ता के रूप में संबोधित करते हुए देखा। 'कथा' के संपादक कथाकार गौरहरि दास ने श्रोताओं को बताया कि 'नव प्रतिभा अवार्ड' शुरू करते हुए मुख्य वक्ता के रूप में सर्वप्रथम कमलेश्वर को ही बुलाना जरूरी समझा गया था। भुवनेश्वर के उसी 'नव प्रतिभा अवार्ड' समारोह की अगली कड़ी में उसी रूप में जुड़ते हुए मैंने जिस गौरव भाव को जिया, उसे शब्दों में व्यक्त कर पाना संभव नहीं। मुझसे पहले इस समारोह को भारतीय भाषाओं के सर्वश्री एम.टी. वासुदेवन नायर, सुनील गंगोपाध्याय, चंद्रशेखर कंबार, कृष्णा सोबती, रघुवीर चौधरी, कर्तार सिंह दुग्गल, जानकीवल्लभ पटनायक, पाल जकरिया, भालचंद्र नेमाड़े, सीताकांत महापात्र, प्रतिभा राय, तस्लीमा नसरीन, रमाकांत रथ, माधव कौशिक, चित्रा मुद्गल, नासिरा शर्मा और मधुसूदन आनंद जैसे सर्जक संबोधित कर चुके हैं। और हाँ, ओडिशा के समाजसेवी और मीडिया कर्मी सौम्य रंजन पटनायक का दैनिक 'संवाद' नए लेखकों को प्रति वर्ष सम्मानित ही नहीं करता, कइयों को रोजगार भी दे देता है, वैसे ही, जैसे कभी टाइम्स ग्रुप हिंदी और अंग्रेजी लेखकों को दिया करता था।

"बहुत विनम्रता से यहाँ कुछ बातें कहना···" ये हैं कमलेश्वर की हस्तलिपि में उनके वे शब्द, जो मृत्यु से कुछ घंटे पहले उन्होंने लिखे थे, अपनी आखिरी किताब की भूमिका का आरंभ करते हुए। कमलेश्वर नहीं रहे तो उस किताब की भूमिका लिखने की जिम्मेदारी उनके परिवार ने मेरे कंधों पर डाल दी थी। और अब 'कमलेश्वर की लोकप्रिय कहानियाँ' की भूमिका लिखने की जिम्मेदारी प्रभात कुमार ने खाकसार के कंधों पर डाल दी। शारीरिक स्थिति और मन:स्थिति बहुत अच्छी न होने के बावजूद मैं मना नहीं कर सका। कमलेश्वर की सहचरी गायत्री अब नहीं हैं। बेटी मानू हैं, जिनसे गुजरात के कच्छ में मेरी पहली मुलाकात हुई थी, जहाँ कमलेश्वर अपने साथ हमें भी ले गए थे।

कमलेश्वर के मित्र और प्रसिद्ध लेखक दुष्यंत कुमार के पुत्र और मानू के सहचर आलोक से मैंने अनुरोध किया था कि 'लोकप्रिय कहानियाँ' सीरीज में कमलेश्वर की कहानियाँ शामिल करने की अनुमति प्रभात प्रकाशन को दे दें। उन्होंने अनुमति दे दी तो 'लोकप्रिय कहानियाँ' सीरीज में कमलेश्वर भी शामिल हो गए। कहानी 'ताई' के यशस्वी कथाकार विश्वंभरनाथ शर्मा कौशिक को 'लोकप्रिय कहानियाँ' सीरीज में जोड़ने का वादा उनकी 125वीं जयंती पर साहित्य अकादेमी की ओर से कानपुर में हुए आयोजन में मुख्य अतिथि की हैसियत से बोलते हुए कर आया था। कथाकार केशव से भी वादा था। दोनों सीरीज में आ चुके हैं। रांगेय राघव और कामतानाथ को भी आना है। मन का कुछ हो-हवा जाए तो अच्छा लगता है।

मृत्यु से पूर्व अपनी आखिरी किताब की भूमिका में कमलेश्वर 'बहुत विनम्रता से कुछ बातें कहना चाहते थे…' क्या बातें रही होंगी वे, कोई नहीं जानता। दक्षिण दिल्ली के ध्रुव गेस्ट हाउस में हुई मुलाकात में उनके रिश्तेदार कथाकार-संपादक माधव सक्सेना ने बताया था कि स्वास्थ्य ठीक न होने के कारण कमलेश्वर विवाहोत्सव में नहीं जाएँगे। गायत्री के साथ मैं जाऊँगा, लेकिन उत्सव में वे न सिर्फ गए, बल्कि अगले दिन मित्रों से मिलने हमारे मयूर विहार भी आ गए। उस दिन मयूर विहार आने के लिए वे एकदम तैयार खड़े थे, लेकिन गायत्री तैयार होने में कुछ और वक्त ले रही थीं। झुँझलाकर कमलेश्वर छपने के लिए तैयार पड़ी किताब की भूमिका लिखने के लिए स्टडी में चले गए, तभी गायत्री ने उन्हें पुकार लिया तो कुछ शब्द लिखने के बाद उठ खड़े हुए और बोले, 'चलिए।' मयूर विहार आकर मित्रों से दिल खोलकर मिले, लेकिन लौटते समय वह दिल डूब गया।

ऐसे थे हमारे महबूब कथाकार और बहुचर्चित मीडियापर्सन कमलेश्वर, जिन्होंने आरंभ में ही 'दूरदर्शन' में लोकप्रिय कार्यक्रम 'परिक्रमा' शुरू कर दिया था। बाद में 'दूरदर्शन' के महानिदेशक भी बने। आँधी, मौसम, डाक बँगला, द बर्निंग ट्रेन, राम-बलराम जैसी सौ के करीब फिल्में और चंद्रकांता संतति जैसे तमाम सीरियल लिखनेवाले कमलेश्वर ने 'सारिका', 'कथायात्रा', 'गंगा' और 'श्रीवर्षा' जैसी पत्रिकाओं का संपादन भी किया। जीवन के आखिरी समय तक अखबारों में कॉलम लिखनेवाले कमलेश्वर की कलम उनके हाथ से

कभी छूटी नहीं, लेकिन कलम से भी ज्यादा दोस्तों के साथ उत्सवों में शामिल होना उन्हें पसंद था। शायद इसलिए लिखना स्थगित कर वे जर्जर और बीमार काया लेकर न सिर्फ विवाहोत्सव में शामिल हुए, बल्कि जीवन के आखिरी दिन भी मित्रों से मिलने मयूर विहार चले आए। जीवन से रूबरू होने के लिए लेखन से भी ज्यादा मित्रों और देश-विदेश के मानवीय कार्य-व्यापारों में रुचि लेनेवाले कमलेश्वर के इस रूप को देखकर कह सकते हैं कि वे मित्रजीवी और उत्सवप्रेमी मनुष्य थे—अच्छे, बड़े और भले मनुष्य। उनके लिए मित्र और उत्सव तो जैसे जीवन के पर्याय थे और जीवन पर्याय था लेखन का। जीवन के आखिरी दिन तक वे इन्हीं सब में डूबे रहे। काश! अपनी आखिरी किताब की भूमिका वे खुद लिखते और जाते-जाते साहित्य-समाज से वे बातें कह जाते, जो उनके मन में थीं। मानू की मानें तो कमलेश्वर ने उन शब्दों के रूप में पहली बार कोई वाक्य अधूरा छोड़ा था, अन्यथा हमेशा पूरा करके ही उठा करते थे, लेकिन उस दिन उस वाक्य को नहीं, उनके जीवन को पूरा हो जाना था।

उनकी आखिरी किताब में उनके जीवन के आखिरी वर्षों में लिखे गए उनके वैसे ही लेख शामिल हैं, जैसे जीवन और लेखन के प्रारंभिक दिनों में साप्ताहिक 'जनक्रांति' में लिखा करते थे। कमलेश्वर की जन्मभूमि मैनपुरी उन दिनों भारत के क्रांतिकारियों की ऐसी सराय थी, जहाँ वे अज्ञातवास कर लिया करते थे। कमलेश्वर के पिता का निधन तभी हो गया था, जब वे तीन वर्ष के थे। उनकी माँ की सहानुभूति क्रांतिकारियों से थी। उन्हें इस बात का पता तब चला, जब मैनपुरी आए पार्टी लीडर योगेश चटर्जी को उनकी माँ ने अपना बेटा सौंप दिया, जिन्हें ऐसे लड़कों की जरूरत थी, जो उनके पत्र और गुप्त सूचनाएँ एक जगह से दूसरी जगह पहुँचा सकें। इस तरह बारह वर्षीय कमलेश्वर भूमिगत क्रांतिकारी पार्टी के पत्रवाहक बन गए। कभी मैनपुरी तो कभी इलाहाबाद और कभी-कभी अतर्रा-बांदा तक भी उन्हें जाते रहना पड़ता था। ये वे दिन थे, जब महात्मा गांधी 'अंग्रेजो, भारत छोड़ो' का नारा बुलंद कर चुके थे। सुभाषचंद्र बोस की आजाद हिंद फौज इंफाल पर हमला कर भारत की आजादी का पहला मोर्चा जीत चुकी थी। भगतसिंह और चंद्रशेखर आजाद की क्रांतिकारी पार्टी के लोग बिखर चुके थे और जो बचे थे, वे भूमिगत हो गए। यह थी तत्कालीन स्थिति, जिसने कमलेश्वर को लेखक-पत्रकार बनने के लिए प्रेरित किया।

अखबारों में लेख लिखना वे जीवन के प्रारंभ में ही शुरू कर चुके थे, जिसे जीवन के आखिरी दिन तक करते रहे। उनके लेख बताते हैं कि सामाजिक-राजनीतिक स्तर पर सतर्क और जागरूक रहते हुए वे मानव मुक्ति का संग्राम अंत तक लड़ते रहे, चतुर्दिक फैली दासता से मनुष्य की मुक्ति का संग्राम, जिसे उन्होंने गुलाम भारत में बचपन से ही आरंभ कर दिया था। उन्होंने खुद ही लिखा है कि अगर कहूँ कि 'मुझे कुछ और नहीं आता, इसलिए लिखता हूँ तो यह झूठी विनम्रता और गलतबयानी होगी। मुझे और भी कई काम आते हैं। मैं मुंशीगीरी करके भी जी लेता। और कुछ नहीं होता तो साइनबोर्ड पेंट करके भी रोटी कमा लेता। ज्यादा मुश्किलें पेश आतीं तो मेकैनिक बनकर भी जिंदगी गुजार सकता था।'

अपने लेखों के जरिये जीवन भर कमलेश्वर ऐसे प्रश्नों का पिटारा खोलते रहे, जिनके उत्तर प्रजातंत्र की सेहत के लिए जरूरी हैं। देश और दुनिया में जो भी अवांछनीय होता, उस पर प्रहार और जो शुभ होता, उसका स्वागत कमलेश्वर आगे बढ़कर करते थे। सिर्फ लेखक नहीं बने, वे जनता के लेखक बने और कलम से उसे सिद्ध भी करते रहे। वे चाहे उनके उपन्यास रहे, कहानियाँ, लेख, फिल्में अथवा दूरदर्शन के कार्यक्रम, सब जगह वे स्वस्थ लोकतंत्र के लिए सवाल उठाते हुए उनके समाधान की जरूरत रेखांकित करते रहे।

जनवरी 2007 के उस रविवार को हमें कमलेश्वर से मिलकर उन्हें जयपुर ले जाने का कार्यक्रम तय करना था। उससे पहले के रविवार को कथाकार मित्र ईशमधु तलवार दिल्ली आए थे, जयपुर में साहित्य समारोह करने की मंशा लेकर, जिसमें शिरकत करने के लिए कमलेश्वर को लाने की जिम्मेदारी मुझ पर डाल गए थे। ईशमधु ने आरंभ में अलवर में 'पलाश' संस्था शुरू की थी, जिसने पत्रिका 'आखर' निकाली थी, जिसमें मेरी भी थोड़ी भूमिका हुआ करती थी। बाद में जयपुर चले जाने पर वहाँ से 'कुरजां संदेश' शुरू की, जिसमें मुझे भी शामिल किया था।

जयपुर जाने के लिए कमलेश्वर से फोन पर बात हुई तो उन्होंने रविवार को घर बुलाया था, लेकिन फिर खुद ही मयूर विहार आ गए। मित्रों से मिले और फिर घर के लिए निकल गए, लेकिन रास्ते में ही दिल का दौरा पड़ा और रात में ही खबर आ गई कि 'कमलेश्वरजी नहीं रहे'। अरविंद और शैलेंद्र के

फोन हमें बेचैन कर गए। बाद में चित्रा मुद्गल, हिमांशु जोशी, राजकुमार गौतम, रूपसिंह चंदेल, राज–कमल, सतीश मित्तल और नीरज के भी फोन आते रहे, पर मुझे विश्वास नहीं हो पा रहा था कि कमलेश्वर अब नहीं हैं।

निधन के तीसरे दिन 30 जनवरी को अरविंद का फोन फिर आया। हवन होना था। उसमें शामिल होने हम इरोज गार्डन गए तो लगातार लगता रहा कि अभी स्टडी से निकलकर कमलेश्वर पूछ बैठेंगे, 'कैसे हो बलराम!' पर अब उन्हें कहाँ निकलना था। उस दिन हमारे साथ सिर्फ प्रदीप मांडव और अरुण प्रकाश को ही बुलाया गया था। कई बरस पहले छपी किसी लेखक की किसी किताब में कमलेश्वर के जीते जी परिचय में जन्मतिथि के साथ उनकी मृत्यु तिथि भी छप गई तो उन्होंने एक लेख लिखा था—'कमलेश्वर अभी जिंदा है'। इसी नाम से फिर उनकी किताब आई। वैसे भी कमलेश्वर जैसे सर्जक मरा नहीं करते। अहिंदीभाषी राज्य ओडिशा की राजधानी भुवनेश्वर में 13 मार्च, 2021 को मैंने देखा कि कैसे तैंतीस बरस पहले पहुँचे कमलेश्वर वहाँ आज भी जिंदा हैं, 'नव प्रतिभा अवार्ड' के सालाना समारोह के मुख्य वक्ताओं की कड़ी में खाकसार का भी नाम जोड़ते हुए।

कमलेश्वर का उपन्यास 'कितने पाकिस्तान' हिंदुस्तान में हिंदी में छपा तो पाकिस्तान में उर्दू में। और फिर अंग्रेजी में अनूदित कर पेंगुइन ने उसे 'पार्टीशंस' नाम से छापकर देश और दुनिया को उपलब्ध करा दिया। हिंदी में 'कितने पाकिस्तान' ऐसा उपन्यास है, जिसके सबसे तेज दर्जनों संस्करण लगातार छपते और बिकते रहे। दुनिया की कोई दो दर्जन भाषाओं में उसके अनुवाद छपे।

केशव के साथ मिलकर हमने 'शिखर साहित्य सम्मान' शुरू किया तो निर्विवाद रूप से प्रथम सम्मान के लिए कमलेश्वर के उपन्यास 'कितने पाकिस्तान' को ही चुना। तब कमलेश्वर इतने अस्वस्थ थे कि सम्मान ग्रहण करने शिमला नहीं जा सकते थे। तब मुख्यमंत्री वीरभद्र सिंह ने दिल्ली आकर हिमाचल भवन में हुए समारोह में उन्हें यह सम्मान प्रदान किया। सम्मान समारोह में छह सौ से अधिक लेखकों–पत्रकारों की उपस्थिति ने उस दिन कमलेश्वर के महत्त्व और उनकी लोकप्रियता का परचम फहरा दिया था। प्रतिदान स्वरूप ही शायद 6 दिसंबर, 2006 की उस भयंकर सर्दी में भी जिद करके वे हमारे साथ 'शिखर साहित्य समारोह' में भाग लेने मंडी पहुँचे थे, जबकि उनके लगातार

गिरते स्वास्थ्य के मद्‌देनजर उस विकट मौसम में उन्हें हिमालय की दुर्गम यात्रा पर ले जाने के लिए हम बहुत उत्सुक नहीं थे।

1 दिसंबर, 2006 को अचानक उनका फोन आया था, "बलराम, मंडी वाले समारोह की तारीखें आगे बढ़ सकती हैं क्या? 6 दिसंबर को डॉक्टर मेरा चेकअप करना चाहते हैं।" सुनकर हम धर्मसंकट में पड़ गए। उनका स्वास्थ्य सचमुच चिंताजनक था, लेकिन मंडी में होटल आदि बुक हो चुके थे और बाहर से आनेवाले साहित्यकार टिकटें बुक करा चुके थे। अन्य तैयारियाँ भी हो चुकी थीं। ऐसे में क्या कहूँ, क्या न कहूँ, समझ में नहीं आ रहा था। मेरी चुप्पी से उन्होंने सब कुछ भाँप लिया और बोले, "अच्छा, मैं ही कुछ करता हूँ बलराम, तुम परेशान न हो, डॉक्टरों से कहता हूँ कि चेकअप जरा पहले कर लें।"

कहकर उन्होंने मुझे धर्मसंकट से तो उबार लिया, लेकिन इस स्थिति में बिलकुल नहीं चाह रहा था कि वे हिमालय नापने का जोखिम मोल लें, लेकिन वे तो जीवन भर जोखिमों से खेलते ही रहे। उन्होंने समारोह में शामिल होकर उसे गौरवान्वित किया। गायत्री साथ थीं। चित्रा मुद्‌गल, राजी सेठ, प्रभाकर श्रोत्रिय, लीलाधर जगूड़ी, गोविंद सिंह, सुदर्शन वशिष्ठ, राजकुमार गौतम, राजेंद्रप्रसाद पांडेय, सुंदर लोहिया, जया जादवानी, सुशीलकुमार फुल्ल, सतीश धर, नरेश पंडित, सुरेशसेन निशांत, दीनू कश्यप, रामदयाल नीरज और सैन्नी अशेष जैसे साठ से अधिक लेखक उस समारोह में मौजूद थे। यही वह समारोह था, जिसमें कमलेश्वर ने आखिरी बार भाग लिया।

अच्छी तरह याद है वह समारोह भी, जब सन् 1976 की फरवरी में कथा समारोह में शामिल होने कमलेश्वर कानपुर आए थे। उन दिनों अपन एम.ए. करते हुए कहानियाँ लिखना सीख रहे थे। वहाँ हमने 'कलम हुए हाथ' कहानी पढ़ी, जो उन्हें पसंद आ गई, जिसे फिर से पढ़ने के लिए हमसे लेकर अपने कोट की जेब में रख लिया और महीन भरे बाद 'सारिका' के 'नवलेखन अंक' में उसे छापकर बलराम को कथाकार बलराम बना दिया। ऐसा था कमलेश्वर का टैलंट हंटिंग का अंदाज-दूरदराज और ग्रामीण इलाकों तक में रहनेवाले अनजान लोगों के बीच से प्रतिभाओं को खोजकर उन्हें बड़े प्लेटफॉर्म पर खड़ा कर देने का। ऐसा वे ओडिशा जैसे अहिंदीभाषी प्रदेश तक में कर लिया करते थे। कच्छ तक में हमारे जैसे युवा लेखकों को बुला लेते थे। केशव को भी

'सारिका' में तब छापा था, जब वे हिमाचल में हमीरपुर के एक गुमनाम लेखक हुआ करते थे।

'शिखर साहित्य सम्मान' के सिलसिले में केशव के साथ कमलेश्वर के घर इरोज गार्डन जाना हुआ। बातों-बातों में आधा घंटा गुजर गया। केशव को सिगरेट की तलब लगी तो मेरे कान में फुसफुसाए। कमलेश्वर समझ गए कि कुछ है, जो वे कहना चाह रहे हैं, "केशव, क्या बात है भई?" उन्होंने पूछा।

"सर, सिगरेट पी सकता हूँ?"

"क्यों नहीं, बल्कि एक मुझे भी दो। गायत्री मार्केट गई हैं, वरना अब इस घर में सिगरेट पीने पर सख्त मनाही है। चोरी-छिपे मौका मिल जाए तो और बात है···"

"नहीं भाईसाहब, आप नहीं पिएँगे।" मैंने कहा तो कमलेश्वर मुसकराए।

"तुम भी मेरे मरने के अंदेशे से परेशान हो उठे बलराम!"

"बात वो नहीं है भाईसाहब···"

"देखो बलराम, मेरे पुरखों में कोई भी पचास साल से ज्यादा नहीं जिया। लोग सोचते थे कि मैं भी पचास को पार नहीं कर पाऊँगा, लेकिन मैं तो सत्तर पार कर तुम्हारे सामने बैठा हूँ। मैं अभी मरने नहीं जा रहा। लाओ केशव, एक सिगरेट मुझे भी दो।" उन्होंने कहा तो केशव ने पैकेट उनकी ओर बढ़ा दिया।

ऐसा ही कुछ मंडी वाले 'शिखर साहित्य समारोह' में भी हुआ था। वे उस सत्र की अध्यक्षता कर रहे थे और अपन संचालन। सत्र कुछ ज्यादा लंबा खिंच गया। वे बार-बार उठकर हॉल से बाहर जाते और पाँच-सात मिनट में लौट आते। जब छह-सात बार ऐसा हो गया तो मैंने पूछ लिया, "भाईसाहब, थक रहे होंगे। सत्र को थोड़ा ब्रेक दे देते हैं। आप होटल चलकर आराम कर लें।"

"नहीं बलराम, सत्र जारी रखो। दूसरे सत्र में गैरहाजिर रहकर सो लूँगा।" उन्होंने कहा, लेकिन मुझे लग गया था कि वे परेशान हो रहे हैं। बाहर निकलते समय पैंट खिसक-खिसक जा रही थी और वे उसे सरका-सरकाकर किसी तरह शरीर पर टिकाए रखने का प्रयास कर रहे थे।

घबराकर मैंने जल्दी ही अध्यक्षीय वक्तव्य के लिए उन्हें पुकार लिया, लेकिन मंच पर पहुँचकर उन्होंने परेशानी को सिगरेट के धुएँ में उड़ा दिया, "दोस्तो, बार-बार हॉल से मेरे बाहर निकल जाने के बारे में आप लोग सोच रहे

होंगे कि यह क्या माजरा है ? तो सच बता ही देता हूँ। गायत्री मुझे सिगरेट नहीं पीने देतीं। वाशरूम के बहाने जाकर चोरी से वहाँ सिगरेट पी ले रहा था।" जैसे ही उन्होंने यह बात कही, हॉल ठहाकों से गूँज उठा, लेकिन हमें पता था कि इतनी देर बैठे रहना उनके लिए कितना कष्टकारी था।

प्रधानमंत्री नरेंद्र मोदी के सूबे गुजरात के कच्छ जनपद के मुख्यालय भुज से काफी दूर अंजार कस्बे में महिम पांधी की संस्था 'कच्छ भारती' के समारोह में कमलेश्वर मुझे भी ले गए थे, जहाँ गायत्री और मानू से मेरी पहली भेंट हुई थी, जिसने मुझे उनके करीब लाने का काम किया। मनीषराय के दमोह कथा समारोह में उनसे फिर मुलाकात हुई तो मैंने 'सारिका' में छप रही व्यंग्य लघुकथाओं से असहमति जताता कठोर वक्तव्य दिया, जिसे उन्होंने सकारात्मक रूप में लिया और लघुकथा संबंधी अपनी दृष्टि को बदलते हुए 'सारिका' में उसे लागू किया।

फिर हमारी भेंट छिंदवाड़ा में हुई। दूरदर्शन के अतिरिक्त महानिदेशक होकर वह बंबई से दिल्ली आए, तब तक मैं भी 'सारिका' में नियुक्ति पाकर दिल्ली आ गया था, लेकिन एक गलतफहमी के चलते यहाँ उनसे मिलना-जुलना ठीक से नहीं हो सका। उनके संपादन काल की 'सारिका' में धारावाहिक रूप से छपे लेखकों के 'गर्दिश के दिन' संपादित कर छपा देने के बाद मधुकर सिंह ने उसका ठीकरा मेरे सिर फोड़ दिया तो हमारे बीच दसियों बरस अबोलापन पसरा रहा।

कई बरस बाद हिमांशु जोशी ने सच बताकर उन्हें सहज किया तो अपने घर बुलाकर शानी की तरह उन्होंने भी कहा था, "माफ करना बलराम, मुझसे बड़ी चूक हो गई। तुम मुझसे मिलने दूरदर्शन केंद्र आए तो तुम्हारी उपेक्षा कर दी। तुम्हें बुला लेता तो अच्छा होता। पंद्रह बरस यूँ ही बेकार निकल गए, लेकिन अब मुझे तुम्हारे साथ मिलकर बहुत कुछ करना है।"

इस तरह जीवन के आखिरी वर्षों में वे पहले से भी कहीं ज्यादा मेरे करीब आ गए थे, ठीक उस तरह, जिस तरह हम चाहते थे। हिंदी-उर्दू के साझा इतिहास की उनकी परिकल्पना से मेरी सहमति थी। 'प्रेमचंद रचनावली' और 'विश्व लघुकथा कोश' जैसे मेरे कामों से वे वाकिफ थे और जानते थे कि उस प्रोजेक्ट में उनसे मेरे जुड़ने का मतलब क्या होगा!

कमलेश्वर की पहली कहानी 'फरार' सन् 1946 में कानपुर से प्रकाशित होने वाले साप्ताहिक 'जय भारत' में छपी थी, जबकि 'कॉमरेड भारती' सन् 1948 में छपी, जिसे उनकी पहली कहानी मान लिया गया था। 'जय भारत' उस समय का स्थापित साप्ताहिक था। वह युग ऐसा था, जब जीने का संघर्ष भयावह रूप से चला करता था। काम में लगे-रमे रहते हुए सोच-समझ को विकसित करना होता था। पहली कहानी संबंधी गलती को सही करते हुए कमलेश्वर ने मुझे यह और ऐसा बहुत कुछ अपने घर की उस मुलाकात में बताया था।

'कितने पाकिस्तान' को उर्दू अकादमी, दिल्ली ने उर्दू में छापने की इच्छा जाहिर की तो खुर्शीद आलम ने उसका अनुवाद किया। उपन्यास कंपोजिंग में चला गया, लेकिन छह महीने बाद वहाँ से पत्र आया कि इसका नाम बदल दें। वे कवर पर छाप देंगे कि यह हिंदी उपन्यास 'कितने पाकिस्तान' का उर्दू रूपांतर है, लेकिन कमलेश्वर ने उपन्यास का नाम बदलने से इनकार कर दिया तो फिर वह वहाँ से नहीं छप सका, लेकिन उन्हें आश्चर्य तब हुआ, जब पाकिस्तान गए और देखा कि वहाँ भी लोगों में 'कितने पाकिस्तान' को लेकर उत्सुकता है। पढ़ने का शौक रखनेवाले लोग भारत आकर इसकी लोकप्रियता से प्रभावित होते और इसके उर्दू अनुवाद के बारे में पूछते तो पता चलता कि इसका उर्दू अनुवाद तो छपा ही नहीं है। तब इसे पाकिस्तान में टीएंडटी पब्लिशर ने 'कितने पाकिस्तान' नाम से ही छापकर पाठकों को सुलभ करा दिया।

हिंदी की पुस्तकें बिकती नहीं हैं, यह कहना गलत है। मैं कभी अपनी रॉयल्टी कम नहीं करता। पुस्तकों की बिक्री बढ़ी है। मुझे कभी भी पाठकों का अकाल नहीं पड़ा। मेरी मौलिक रचनाएँ तो बिकती ही हैं, लेकिन संपादित किताबों के भी कई-कई संस्करण होते और बिकते हैं। नेशनल बुक ट्रस्ट ने 'स्वातंत्र्योत्तर हिंदी कहानियाँ' के भी कई संस्करण छापे और बेचे। हिंदी में पाठक बहुत हैं, लेकिन उन्हें किताबें मिल नहीं पातीं। पर्याप्त बिक्री केंद्र न होने से किताबों की बिक्री के लिए बहुत दौड़-भाग करनी पड़ती है। प्रकाशकों को रियायती डाक सुविधा तक उपलब्ध नहीं है।

बंबई में सन् 1974-75 के आसपास जो मराठी साहित्य सम्मेलन हुआ करते थे, उनमें दलित लेखकों को मंच पर चढ़ने तक नहीं दिया जाता था।

तब मराठी दलित साहित्य सम्मेलन शुरू हुए और कमलेश्वर ने मराठी दलित साहित्य पर 'सारिका' के कई विशेषांक निकाले। कमलेश्वर का कहना था कि अनुभव दो तरह के होते हैं—आँखों देखे और मन से महसूस किए। दया पवार के पास दोनों तरह के अनुभव थे। इसलिए उनकी आत्मकथा 'अछूत' इतनी प्रभावशाली हो सकी। दया पवार, बाबूराव बागुल, अर्जुन डांगले, सतीश कालसेकर, केशव मेश्राम, अरुण कांबले और नामदेव ढसाल को 'सारिका' में पहली बार कमलेश्वर ने ही छापा था।

हिंदी के ज्यादातर दलित लेखक अपने विकास में कमलेश्वर और उनकी पत्रिका 'सारिका' में छपे मराठी दलित साहित्य को अपना पथ प्रदर्शक मानते हैं। हिंदी में मराठी जैसे दलित साहित्य का जो सपना कमलेश्वर ने सन् 1974-75 में देखा था,अब साकार होकर सामने है।

हिंदी के आँगन में दलित लेखकों की एक बड़ी संख्या सृजन से अपने जीवन और समाज का कड़वा सच पाठकों के सामने ला रही है, जिसे देर से ही सही, प्रतिष्ठा मिलनी भी शुरू हो गई। सन् 2020 ने 'सरस्वती सम्मान' मराठी के दलित कथाकार शरणकुमार लिंबाले के उपन्यास 'सनातन' को दिला दिया तो अब छोटे-बड़े और सम्मान तथा पुरस्कार अन्य दलित लेखकों की कृतियों को भी क्रमशः मिलेंगे, ऐसी उम्मीद है। कमलेश्वर जीवित होते तो लिंबाले को सम्मानित होते देख खुशी से फूले न समाते। और खुशी से फूले न समाते खाकसार के संपादित किए 'समकालीन भारतीय साहित्य' के 'दलित अंक' देखकर भी। वे नहीं है, लेकिन उनकी ढेर सारी कहानियाँ तो हमारे साथ हैं। सो, उनकी लोकप्रिय कहानियाँ प्रस्तुत हैं। उम्मीद है, सुधी पाठकों को रुचेंगी।

(बलराम)

संपादक, समकालीन भारतीय साहित्य
साहित्य अकादेमी, 35, फिरोजशाह रोड, नई दिल्ली-110001
मो. : 9810333933

अनुक्रम

राजा निरबंसिया

'एक राजा निरबंसिया थे,' माँ कहानी सुनाया करती थीं। उनके आसपास ही चार-पाँच बच्चे अपनी मुट्ठियों में फूल दबाए कहानी समाप्त होने पर गौरों पर चढाने के लिए उत्सुक से बैठ जाते थे। आटे का सुंदर सा चौक पुरा होता, उसी चौक पर मिट्टी की छह गौरें रखी जातीं, जिनमें से ऊपरवाली के बिंदिया और सिंदूर लगता, बाकी पाँचों नीचे दबी पूजा ग्रहण करती रहतीं। एक ओर दीपक की बाती स्थिर सी जलती रहती और मंगल-घट रखा रहता, जिस पर रोली से सिथिया बनाया जाता। सभी बैठे बच्चों के मुख पर फूल चढ़ाने की उतावली की जगह कहानी सुनने की सहज स्थिरता उभर आती।

'एक राजा निरबंसिया थे,' माँ सुनाया करती थीं, "उनके राज में बड़ी खुशहाली थी। सब वरण के लोग अपना-अपना काम-काज देखते थे। कोई दुःखी नहीं दिखाई पड़ता था। राजा के एक लक्ष्मी सी रानी थी, चंद्रमा-सी सुंदर और···और राजा को बहुत प्यारी। राजा राज-काज देखते और सुख से रानी के साथ महल में रहते।"

□

मेरे सामने मेरे ख्यालों का राजा था, राजा जगपती! तब जगपती से मेरी दाँतकाटी दोस्ती थी, दोनों मिडिल स्कूल में पढने जाते। दोनों एक से घर के थे, इसलिए बराबरी की निभती थी। मैं मैट्रिक पास करके एक स्कूल में नौकर हो गया और जगपती कस्बे के ही वकील के यहाँ मुहर्रिर। जिस साल जगपती मुहर्रिर हुआ, उसी वर्ष पास के गाँव में उसकी शादी हुई, पर ऐसी हुई कि लोगों ने तमाशा बना देना चाहा। लड़कीवालों का कुछ विश्वास था कि शादी के बाद लड़की की विदा नहीं होगी।

ब्याह हो जाएगा और सातवीं भाँवर तब पड़ेगी, जब पहली विदा की सायत होगी और तभी लड़की अपनी ससुराल जाएगी। जगपती की पत्नी थोड़ी-बहुत पढ़ी-लिखी थी, पर घर की लीक को कौन मेटे! बारात बिना बहू के वापस आ गई और लड़केवालों ने तय कर लिया कि अब जगपती की शादी कहीं और कर दी जाएगी, चाहे कानी-लूली से हो, पर वह लड़की अब घर में नहीं आएगी। लेकिन साल खतम होते-होते सब ठीक-ठाक हो गया। लड़कीवालों ने माफी माँग ली और जगपती की पत्नी अपनी ससुराल आ गई।

जगपती को जैसे सबकुछ मिल गया और सास ने बहू की बलइयाँ लेकर घर की सब चाबियाँ सौंप दीं, गृहस्थी का ढंग-चार समझा दिया। जगपती की माँ न जाने कब से आस लगाए बैठी थीं। उन्होंने आराम की साँस ली। पूजा-पाठ में समय कटने लगा, दोपहरियाँ दूसरे घरों के आँगन में बीतने लगीं। पर साँस का रोग था उन्हें, सो एक दिन उन्होंने अपनी अंतिम घड़ियाँ गिनते हुए चंदा को पास बुलाकर समझाया था, "बेटा, जगपती बड़े लाड़-प्यार का पला है। जबसे तुम्हारे ससुर नहीं रहे तब से इसके छोटे-छोटे हठ को पूरा करती रही हूँ, अब तुम ध्यान रखना।" फिर रुककर उन्होंने कहा था, "जगपती किसी लायक हुआ है, तो रिश्तेदारों की आँखों में करकने लगा है। तुम्हारे बाप ने ब्याह के वक्त नादानी की, जो तुम्हें विदा नहीं किया। मेरे दुश्मन देवर-जेठों को मौका मिल गया। तूमार खड़ा कर दिया कि अब विदा करवाना नाक कटवाना है। जगपती का ब्याह क्या हुआ, उन लोगों की छाती पर साँप लोट गया। सोचा, घर की इज्जत रखने की आड़ लेकर रंग में भंग कर दें। अब बेटा, इस घर की लाज तुम्हारी लाज है। आज को तुम्हारे ससुर होते, तो भला…" कहते कहते माँ की आँखों में आँसू आ गए, और वे जगपती की देखभाल उसे सौंपकर सदा के लिए मौन हो गई थीं।

एक अरमान उनके साथ ही चला गया कि जगपती की संतान को, चार बरस इंतजार करने के बाद भी वे गोद में न खिला पाईं। और चंदा ने मन में सब्र कर लिया था, यही सोचकर कि कुल-देवता का अंश तो उसे जीवनभर पूजने को मिल गया था। घर में चारों तरफ जैसे उदारता बिखरी रहती, अपनापा बरसता रहता। उसे लगता, जैसे घर की अँधेरी, एकांत कोठरियों में यह शांत शीतलता है जो उसे भरमा लेती है। घर की सब कुंडियों की खनक उसके कानों में बस गई थी, हर दरवाजे की चरमराहट पहचान बन गई थीं।

□

"एक रोज राजा आखेट को गए," माँ सुनाती थीं, "राजा आखेट को जाते थे, तो सातवें रोज जरूर महल में लौट आते थे। पर उस दफा जब गए, तो सातवाँ दिन निकल गया, पर राजा नहीं लौटे। रानी को बड़ी चिंता हुई। रानी एक मंत्री को साथ लेकर खोज में निकलीं।"

और इसी बीच जगपती को रिश्तेदारों की एक शादी में जाना पड़ा। उसके दूर रिश्ते के भाई दयाराम की शादी थी। कह गया था कि दसवें दिन जरूर वापस आ जाएगा। पर छठे दिन ही खबर मिली कि बारात घर लौटने पर दयाराम के घर डाका पड़ गया। किसी मुखबिर ने सारी खबरें पहुँचा दी थीं कि लड़कीवालों ने दयाराम का घर सोने-चाँदी से पाट दिया है,आखिर पुश्तैनी जमींदार की इकलौती लड़की थी। घर आए मेहमान लगभग विदा हो चुके थे। दूसरे रोज जगपती भी चलनेवाला था, पर उसी रात डाका पड़ा। जवान आदमी, भला खून मानता है! डाकेवालों ने जब बंदूकें चलाई, तो सबकी घिग्घी बंध गई पर जगपती और दयाराम ने छाती ठोककर लाठियाँ उठा लीं। घर में कोहराम मच गया…फिर सन्नाटा छा गया। डाकेवाले बराबर गोलियाँ दाग रहे थे। बाहर का दरवाजा टूट चुका था। पर जगपती ने हिम्मत बढ़ाते हुए हाँक लगाई, "ये हवाई बंदूकें इन तेल-पिलाई लाठियों का मुकाबला नहीं कर पाएँगी, खबरदार।"

पर दरवाजे तड़-तड़ टूटते रहे, और अंत में एक गोली जगपती की जाँघ को पार करती निकल गई, दूसरी उसकी जाँघ के ऊपर कूल्हे में समा कर रह गई।

□

चंदा रोती-कलपती और मनौतियाँ मानती जब वहाँ पहुँची, तो जगपती अस्पताल में था। दयाराम के थोड़ी चोट आई थी। उसे अस्पताल से छुट्टी मिल गई थीं। जगपती की देखभाल के लिए वहीं अस्पताल में मरीजों के रिश्तेदारों के लिए जो कोठरियाँ बनी थीं, उन्हीं में चंदा को रुकना पड़ा। कस्बे के अस्पताल से दयाराम का गाँव चार कोस पड़ता था। दूसरे-तीसरे वहाँ से आदमी आते-जाते रहते, जिस सामान की जरूरत होती, पहुँचा जाते।

पर धीरे-धीरे उन लोगों ने भी खबर लेना छोड़ दिया। एक दिन में ठीक होनेवाला घाव तो था नहीं। जाँघ की हड्डी चटख गई थी और कूल्हे में ऑपरेशन से छह इंच गहरा घाव था।

कस्बे का अस्पताल था। कंपाउंडर ही मरीजों की देखभाल करते। बड़ा डॉक्टर तो नाम के लिए था या कस्बे के बड़े आदमियों के लिए। छोटे लोगों के लिए तो कम्पोटर साहब ही ईश्वर के अवतार थे। मरीजों की देखभाल करनेवाले रिश्तेदारों की खाने-पीने की मुश्किलों से लेकर मरीज की नब्ज तक सँभालते थे। छोटी-सी इमारत में अस्पताल आबाद था। रोगियों के लिए सिर्फ छह-सात खाटें थी। मरीजों के कमरे से लगा दवा बनाने का कमरा था, उसी में एक ओर एक आरामकुरसी थी और एक नीची-सी मेज। उसी कुरसी पर बड़ा डॉक्टर आकर कभी-कभार बैठता था, नहीं तो बचनसिंह कंपाउंडर ही जमा रहता। अस्पताल में या तो फौजदारी के शहीद आते या गिर-गिरा के हाथ-पैर तोड़ लेनेवाले एक-आध लोग। छठे-छमासे कोई औरत दिख गई तो दिख गई, जैसे उन्हें कभी रोग घेरता ही नहीं था। कभी कोई बीमार पड़ती तो घरवाले हाल बताकर आठ-दस रोज की दवा एक साथ ले जाते और फिर उसके जीने-मरने की खबर तक न मिलती।

□

उस दिन बचनसिंह जगपती के घाव की पट्टी बदलने आया। उसके आने में और पट्टी खोलने में कुछ ऐसी लापरवाही थी, जैसे गलत बँधी पगड़ी को ठीक से बाँधने के लिए खोल रहा हो। चंदा उसकी कुरसी के पास ही साँस रोके खड़ी थी। वह और रोगियों से बात करता जा रहा था। इधर मिनटभर को देखता, फिर जैसे अभ्यस्त से उसके हाथ अपना काम करने लगते। पट्टी एक जगह खून से चिपक गई थी, जगपती बुरी तरह कराह उठा। चंदा के मुँह से चीख निकल गई। बचनसिंह ने सतर्क होकर देखा तो चंदा मुख में धोती का पल्ला खोंसे अपनी भयातुर आवाज दबाने की चेष्टा कर रही थी। जगपती एकबारगी मछली-सा तड़पकर रह गया। बचनसिंह की उँगलियाँ थोड़ी-सी थरथराई कि उसकी बाँह पर टप से चंदा का आँसू चू पड़ा।

बचनसिंह सिहर-सा गया और उसके हाथों की अभ्यस्त निठुराई को जैसे किसी मानवीय कोमलता ने धीरे-से छू दिया। आहों, कराहों, दर्द-भरी चीखों और चटखते शरीर के जिस वातावरण में रहते हुए भी वह बिल्कुल अलग रहता था, फोडों को पके आम-सा दबा देता था, खाल को आलू-सा छील देता था···उसके मन से जिस दर्द का अहसास उठ गया था, वह उसे आज फिर हुआ और वह बच्चे की तरह फूँक-फूँककर पट्टी को नम करके खोलने लगा। चंदा की ओर

धीरे-से निगाह उठाकर देखते हुए फुसफुसाया, "च···च रोगी की हिम्मत टूट जाती है ऐसे।"

पर जैसे यह कहते-कहते उसका मन खुद अपनी बात से उचट गया। यह बेपरवाही तो चीख और कराहों की एकरसता से उसे मिली थी, रोगी की हिम्मत बढ़ाने की कर्तव्यनिष्ठा से नहीं। जब तक वह घाव की मरहम-पट्टी करता रहा, तब तक किन्हीं दो आँखों की करूणा उसे घेरे रही।

और हाथ धोते समय वह चंदा की उन चूड़ियों से भरी कलाइयों को बेझिझक देखता रहा, जो अपनी खुशी उससे माँग रही थीं। चंदा पानी डालती जा रही थी और बचनसिंह हाथ धोते-धोते उसकी कलाइयों, हथेलियों और पैरों को देखता जा रहा था। दवाखाने की ओर जाते हुए उसने चंदा को हाथ के इशारे से बुलाकर कहा, "दिल छोटा मत करना···जाँघ का घाव तो दस रोज में भर जाएगा, कूल्हे का घाव कुछ दिन जरूर लेगा। अच्छी से अच्छी दवाई दूँगा। दवाइयाँ तो ऐसी हैं कि मुर्दे को चंगा कर दें। पर हमारे अस्पताल में नहीं आतीं, फिर भी···"

"तो किसी दूसरे अस्पताल से नहीं आ सकतीं वो दवाइयाँ?" चंदा ने पूछा।

"आ तो सकती हैं, पर मरीज को अपना पैसा खरचना पड़ता है उनमें।" बचनसिंह ने कहा।

चंदा चुप रह गई तो बचनसिंह के मुँह से अनायास ही निकल पड़ा, "किसी चीज की जरूरत हो तो मुझे बताना। रही दवाइयाँ, सो कहीं-न-कहीं से इंतजाम करके ला दूँगा। महकमे से मँगाएँगे, तो आते-अवाते महीनों लग जाएँगे। शहर के डॉक्टर से मँगवा दूँगा। ताकत की दवाइयों की बड़ी जरूरत है उन्हें। अच्छा, देखा जाएगा···" कहते-कहते वह रुक गया।

चंदा से कृतज्ञता-भरी नजरों से उसे देखा और उसे लगा जैसे आँधी में उड़ते पत्ते को कोई अटकाव मिल गया हो। आकर वह जगपती की खाट से लगकर बैठ गई। उसकी हथेली लेकर वह सहलाती रही। नाखूनों को अपने पोरों से दबाती रही।

धीरे-धीरे बाहर अँधेरा बढ़ चला। बचनसिंह तेल की एक लालटेन लाकर मरीजों के कमरे के एक कोने में रख गया। चंदा ने जगपती की कलाई दबाते-दबाते धीरे से कहा, "कंपाउंडर साहब कह रहे थे···" और इतना कहकर वह जगपती का ध्यान आकृष्ट करने के लिए चुप हो गई।

"क्या कह रहे थे ?" जगपती ने अनमने स्वर में बोला।

"कुछ ताकत की दवाइयाँ तुम्हारे लिए जरूरी हैं!"

"मैं जानता हूँ।"

"पर···"

"देखो चंदा, चादर के बराबर ही पैर फैलाए जा सकते हैं। हमारी औकात इन दवाइयों की नहीं है।"

"औकात आदमी की देखी जाती है कि पैसे की, तुम तो···"

"देखा जाएगा।"

"कंपाउंडर साहब इंतजाम कर देंगे, उनसे कहूँगी मैं।"

"नहीं चंदा, उधारखाते से मेरा इलाज नहीं होगा चाहे एक के चार दिन लग जाएँ।"

"इसमें तो···।"

"तुम नहीं जानतीं, कर्ज कोढ़ का रोग होता है, एक बार लगने से तन तो गलता ही है, मन भी रोगी हो जाता है।"

"लेकिन···" कहते-कहते वह रुक गई।

जगपती ने अपनी बात की टेक रखने के लिए दूसरी ओर मुँह घुमा लिया।

□

और तीसरे रोज जगपती के सिरहाने कई ताकत की दवाइयाँ रखी थीं, और चंदा की ठहरनेवाली कोठरी में उसके लेटने के लिए एक खाट भी पहुँच गई थी। चंदा जब आई, तो जगपती के चेहरे पर मानसिक पीड़ा की असंख्य रेखाएँ उभरी थीं, जैसे वह अपनी बीमारी से लड़ने के अलावा स्वयं अपनी आत्मा से भी लड़ रहा हो। चंदा की नादानी और स्नेह से भी उलझ रहा हो और सबसे ऊपर सहायता करनेवाले की दया से जूझ रहा हो।

चंदा ने देखा तो यह सब सह न पाई। उसके जी में आया कि कह दे, क्या आज तक तुमने कभी किसी से उधार पैसे नहीं लिए ? पर वह तो खुद तुमने लिए थे और तुम्हें मेरे सामने स्वीकार नहीं करना पड़ा था। इसीलिए लेते झिझक नहीं लगी, पर आज मेरे सामने उसे स्वीकार करते तुम्हारा झूठा पौरुष तिलमिलाकर जाग पड़ा है। पर जगपती के मुख पर बिखरी हुई पीड़ा में जिस आदर्श की गहराई थी, वह चंदा के मन में चोर की तरह घुस गई, और बड़ी स्वाभाविकता से उसने

उसके माथे पर हाथ फेरते हुए कहा, "ये दवाइयाँ किसी की मेहरबानी नहीं हैं। मैंने हाथ का कड़ा बेचने को दे दिया था, उसी से आई हैं।"

"मुझसे पूछा तक नहीं और···" जगपती ने कहा और जैसे खुद मन की कमजोरी को दबा गया—कड़ा बेचने से तो अच्छा था कि बचनसिंह की दया ही ओढ़ ली जाती। और उसे हलका-सा पछतावा भी था कि नाहक वह रौ में बड़ी-बड़ी बातें कह जाता है, ज्ञानियों की तरह सीख दे देता है।

और जब चंदा अँधेरा होते उठकर अपनी कोठरी में सोने के लिए जाने को हुई, तो कहते-कहते यह बात दबा गई कि बचनसिंह ने उसके लिए एक खाट का इंतजाम भी कर दिया है। कमरे से निकली, तो सीधी कोठरी में गई और हाथ का कडा लेकर सीधे दवाखाने की ओर चली गई, जहाँ बचनसिंह अकेला डॉक्टर की कुरसी पर आराम से टाँगें फैलाए लैंप की पीली रोशनी में लेटा था। जगपती का व्यवहार चंदा को लग गया था, और यह भी कि वह क्यों बचनसिंह का अहसान अभी से लाद ले, पति के लिए जेवर की कितनी औकात है। वह बेधड़क-सी दवाखाने में घुस गई। दिन की पहचान के कारण उसे कमरे की मेज-कुरसी और दवाओं की अलमारी की स्थिति का अनुमान था, वैसे कमरा अँधेरा ही पड़ा था, क्योंकि लैम्प की रोशनी केवल अपने वृत्त में अधिक प्रकाशवान होकर कोनों के अँधेरे को और भी घनीभूत कर रही थी। बचनसिंह ने चंदा को घुसते ही पहचान लिया। वह उठकर खड़ा हो गया। चंदा ने भीतर कदम तो रख दिया पर सहसा सहम गई, जैसे वह किसी अँधेरे कुएँ में अपने-आप कूद पड़ी हो, ऐसा कुआँ, जो निरंतर पतला होता गया है और जिसमें पानी की गहराई पाताल की पर्तों तक चली गई हो, जिसमें पड़कर वह नीचे धँसती चली जा रही हो, नीचे···अँधेरा··· एकांत, घुटन···पाप!

बचनसिंह अवाक् ताकता रह गया और चंदा ऐसे वापस लौट पड़ी, जैसे किसी काले पिशाच के पंजों से मुक्ति मिली हो। बचनसिंह के सामने क्षण-भर में सारी परिस्थिति कौंध गई और उसने वहीं से बहुत संयत आवाज में जबान को दबाते हुए जैसे बड़ी धीमी आवाज में, 'चंदा!' वह आवाज इतनी बे-आवाज थी और निरर्थक होते हुए भी इतनी सार्थक थी कि उस खामोशी में अर्थ भर गया। चंदा रुक गई। बचनसिंह उसके पास जाकर रुक गया।

सामने का घना पेड़ स्तब्ध खड़ा था, उसकी काली परछाई की परिधि जैसे

एक बार फैलकर उन्हें अपने वृत्त में समेट लेती और दूसरे ही क्षण मुक्त कर देती। दवाखाने का लैंप सहसा भभककर रुक गया और मरीजों के कमरे से एक कराह की आवाज दूर मैदान के छोर तक जाकर डूब गई।

चंदा ने वैसे ही नीचे ताकते हुए अपने को संयत करते हुए कहा, "यह कड़ा तुम्हें देने आई थी।"

"तो वापस क्यों चली जा रही थीं?"

चंदा चुप। और दो क्षण रुककर उसने अपने हाथ का सोने का कड़ा धीरे-से उसकी ओर बढ़ा दिया, जैसे देने का साहस न होते हुए भी यह काम आवश्यक था। बचनसिंह ने उसकी सारी काया को एक बार देखते हुए अपनी आँखें उसके सिर पर जमा दीं, जिसके ऊपर पड़े कपड़े के पार नरम चिकनाई से भरे लंबे-लंबे बाल थे, जिनकी भाप-सी महक फैलती जा रही थी। वह धीरे से बोला, "लाओ।"

चंदा ने कड़ा उसकी ओर बढ़ा दिया। कड़ा हाथ में लेकर वह बोला, "सुनो।"

चंदा ने प्रश्न-भरी नजरें उसकी ओर उठा दी। उनमें झाँकते हुए, अपने हाथ से उसकी कलाई पकड़ते हुए उसने वह कड़ा उसकी कलाई में पहना दिया। चंदा चुपचाप कोठरी की ओर चल दी और बचनसिंह दवाखाने की ओर।

कालिख बुरी तरह बढ़ गई थी और सामने खड़े पेड़ की काली परछाईं गहरी पड़ गई थी। दोनों लौट गए थे। पर जैसे उस कालिख में कुछ रह गया था, छूट गया था। दवाखाने का लैंप जो जलते-जलते एक बार भभका था, उसमें तेल न रह जाने के कारण बत्ती की लौ बीच से फट गई थी, उसके ऊपर धुएँ की लकीरें बल खाती, साँप की तरह अँधेरे में विलीन हो जाती थीं।

सुबह जब चंदा जगपती के पास पहुँची और बिस्तर ठीक करने लगी तो जगपती को लगा कि चंदा बहुत उदास थी। क्षण-क्षण में चंदा के मुख पर अनगिनत भाव आ-जा रहे थे, जिनमें असमंजस था, पीड़ा थी और निरीहता थी। कोई अदृश्य पाप कर चुकने के बाद हृदय की गहराई से किए गए पश्चाताप जैसी धूमिल चमक?

□

"रानी मंत्री के साथ जब निराश होकर लौटीं, तो देखा, राजा महल में उपस्थित थे। उनकी खुशी का ठिकाना न रहा।" माँ सुनाया करती थीं, "पर राजा

को रानी का इस तरह मंत्री के साथ जाना अच्छा नहीं लगा। रानी ने राजा को समझाया कि वह तो केवल राजा के प्रति अटूट प्रेम के कारण अपने को न रोक सकी। राजा-रानी एक-दूसरे को बहुत चाहते थे। दोनों के दिलों में एक बात शूल-सी गड़ती रहती कि उनके कोई संतान न थी। राजवंश का दीपक बुझने जा रहा था। संतान के अभाव में उनका लोक-परलोक बिगड़ा जा रहा था और कुल की मर्यादा नष्ट होने की शंका बढ़ती जा रही थी।"

□

दूसरे दिन बचनसिंह ने मरीजों की मरहम-पट्टी करते वक्त बताया था कि उसका तबादला मैनपुरी के सदर अस्पताल में हो गया है और वह परसों यहाँ से चला जाएगा। जगपती ने सुना, तो उसे भला ही लगा। आए दिन रोग घेरे रहते हैं, बचनसिंह उसके शहर के अस्पताल में पहुँचा जा रहा है, तो कुछ मदद मिलती ही रहेगी। आखिर वह ठीक तो होगा ही और फिर मैनपुरी के सिवा कहाँ जाएगा? पर दूसरे ही क्षण उसका दिल अकथ भारीपन से भर गया। पता नहीं क्यों, चंदा के अस्तित्व का ध्यान आते ही उसे इस सूचना में कुछ ऐसे नुकीले काँटे दिखाई देने लगे, जो उसके शरीर में किसी भी समय चुभ सकते थे, जरा-सा बेखबर होने पर बींध सकते थे। और तब उसके सामने आदमी के अधिकार की लक्ष्मण-रेखाएँ धुएँ की लकीर की तरह काँपकर मिटने लगीं और मन में छुपे संदेह के राक्षस बाना बदल योगी के रूप में घूमने लगे।

और पंद्रह-बीस रोज बाद जब जगपती की हालत सुधर गई, तो चंदा उसे लेकर घर लौट आई। जगपती चलने-फिरने लायक हो गया था। घर का ताला जब खोला, तब रात झुक आई थी। और फिर उनकी गली में तो शाम से ही अँधेरा झरना शुरू हो जाता था। पर गली में आते ही उन्हें लगा, जैसे कि वनवास काटकर राजधानी लौटे हों। नुक्कड़ पर ही जमुना सुनार की कोठरी में सुरही फिंक रही थी, जिसके दराजदार दरवाजों से लालटेन की रोशनी की लकीर झाँक रही थी और कच्ची तंबाकू का धुँआ रूँधी गली के मुहाने पर बुरी तरह भर गया था। सामने ही मुंशीजी अपनी जिंगला खटिया के गड्ढ़े में, कुप्पी के मद्धिम प्रकाश में खसरा-खतौनी बिछाए मीजान लगाने में मशगूल थे। जब जगपती के घर का दरवाजा खड़का, तो अँधेरे में उसकी चाची ने अपने जँगले से देखा और वहीं से बैठे-बैठे

अपने घर के भीतर ऐलान कर दिया, "राजा निरबंसिया अस्पताल से लौट आए··· कुलमा भी आई हैं।"

ये शब्द सुनकर घर के अँधेरे बरोठे में घुसते ही जगपती हाँफकर बैठ गया, झुँझलाकर चंदा से बोला, "अँधेरे में क्या मेरे हाथ-पैर तुड़वाओगी? भीतर जाकर लालटेन जला लाओ न।"

"तेल नहीं होगा, इस वक्त जरा ऐसे ही काम···"

"तुम्हारे कभी कुछ नहीं होगा। न तेल न···" कहते-कहते जगपती एकदम चुप रह गया। और चंदा को लगा कि आज पहली बार जगपती ने उसके व्यर्थ मातृत्व पर इतनी गहरी चोट कर दी, जिसकी गहराई की उसने कभी कल्पना नहीं की थी। दोनों खामोश, बिना एक बात किए अंदर चले गए।

रात के बढ़ते सन्नाटे में दोनों के सामने दो बातें थीं। जगपती के कानों में जैसे कोई व्यंग्य से कह रहा था, राजा निरबंसिया अस्पताल से आ गए!

और चंदा के दिल में यह बात चुभ रही थी, तुम्हारे कभी कुछ नहीं होगा। और सिसकती-सिसकती चंदा न जाने कब सो गई। पर जगपती की आँखों में नींद न आई। खाट पर पड़े-पड़े उसके चारों ओर एक मोहक, भयावना-सा जाल फैल गया। लेटे-लेटे उसे लगा, जैसे उसका स्वयं का आकार बहुत क्षीण होता-होता बिंदु-सा रह गया, पर बिंदु के हाथ थे, पैर थे और दिल की धड़कन भी। कोठरी का घुटा-घुटा-सा अँधियारा, मटमैली दीवारें और गहन गुफाओं-सी अलमारियाँ, जिनमें से बार-बार कोई झाँककर देखता था और वह सिहर उठता था फिर जैसे सबकुछ तब्दील हो गया हो। उसे लगा कि उसका आकार बढ़ता जा रहा है, बढ़ता जा रहा है। वह मनुष्य हुआ, लंबा-तगड़ा-तंदुरूस्त पुरुष हुआ, उसकी शिराओं में कुछ फूट पड़ने के लिए व्याकुलता से खौल उठा। उसके हाथ शरीर के अनुपात से बहुत बड़े, ड़रावने और भयानक हो गए, उनके लंबे-लंबे नाखून निकल आए वह राक्षस हुआ, दैत्य हुआ···आदिम, बर्बर!

और बड़ी तेजी से सारा कमरा एकबारगी चक्कर काट गया। फिर सब धीरे-धीरे स्थिर होने लगा और उसकी साँसें ठीक होती जान पड़ीं। फिर जैसे बहुत कोशिश करने पर घिग्घी बँध जाने के बाद उसकी आवाज फूटी, 'चंदा!'

चंदा की नरम साँसों की हलकी सरसराहट कमरे में जान डालने लगी। जगपती अपनी पाटी का सहारा लेकर झुका। काँपते पैर उसने जमीन पर रखे और

चंदा की खाट के पाए से सिर टिकाकर बैठ गया। उसे लगा, जैसे चंदा की इन साँसों की आवाज में जीवन का संगीत गूँज रहा है। वह उठा और चंदा के मुख पर झुक गया। उस अँधेरे में आँखें गड़ाए-गड़ाए जैसे बहुत देर बाद स्वयं चंदा के मुख पर आभा फूटकर अपने-आप बिखरने लगी। उसके नक्श उज्ज्वल हो उठे और जगपती की आँखों को ज्योति मिल गई। वह मुग्ध-सा ताकता रहा।

चंदा के बिखरे बाल, जिनमें हाल के जनमे बच्चे के गबुआरे बालों की-सी महक, दूध की कचाइंध, शरीर के रस की सी मिठास और स्नेह सी चिकनाहट और वह माथा जिस पर बालों के पास तमाम छोटे-छोटे, नरम-नरम से रोएँ रेशम से और उस पर कभी लगाई गई सिंदुर की बिंदी का हलका मिटा हुआ सा आभास। नन्हीं-नन्हीं निर्द्वंद्व सोई पलक! और उनकी मासूम सी काँटों की तरह बरौनियाँ और साँस में घुलकर आती हुई वह आत्मा की निष्कपट आवाज की लय···फूल की पंखुरी से पतले-पतले ओंठ, उन पर पड़ी अछूती रेखाएँ, जिनमें सिर्फ दूध-सी महक!

उसकी आँखों के सामने ममता-सी छा गई, केवल ममता, और उसके मुख से अस्फुट शब्द निकल गया, 'बच्ची!'

डरते-डरते उसके बालों की एक लट को बड़े जतन से उसने हथेली पर रखा और उँगली से उस पर जैसे लकीरें खींचने लगा। उसे लगा, जैसे कोई शिशु उसके अंक में आने के लिए छटपटाकर, निराश होकर सो गया हो। उसने दोनों हथेलियों को पसारकर उसके सिर को अपनी सीमा में भर लेना चाहा कि कोई कठोर चीज उसकी उँगलियों से टकराई। वह जैसे होश में आया हो।

बड़े सहारे से उसने चंदा के सिर के नीचे टटोला। एक रूमाल में बँधा कुछ उसके हाथ में आ गया। अपने को संयत करता वह वहीं जमीन पर बैठ गया, उसी अँधेरे में उस रूमाल को खोला, तो जैसे साँप सूँघ गया, चंदा के हाथों के दोनों सोने के कड़े उसमें लिपटे थे!

और तब उसके सामने सब सृष्टि धीरे-धीरे टुकड़े-टुकड़े होकर बिखरने लगी। ये कड़े तो चंदा बेचकर उसका इलाज कर रही थी। वे सब दवाइयाँ और ताकत के टॉनिक···उसने तो कहा था, ये दवाइयाँ किसी की मेहरबानी नहीं हैं, मैंने हाथ के कड़े बेचने को दे दिए···थे···! पर उसका गला बुरी तरह सूख गया। जबान जैसे तालु से चिपककर रह गई। उसने चाहा कि चंदा को झकझोरकर

उठाए, पर शरीर की शक्ति बह सी गई थी, रक्त पानी हो गया था। थोड़ा संयत हुआ, उसने वे कड़े उसी रूमाल में लपेटकर उसकी खाट के कोने पर रख दिए और बड़ी मुश्किल से अपनी खाट की पाटी पकड़कर लुढ़क गया।

चंदा झूठ बोली! पर क्यों? कड़े आज तक छुपाए रही। उसने इतना बड़ा दुराव क्यों किया? आखिर क्यों? किसलिए? और जगपती का दिल भारी हो गया। उसे फिर लगा कि उसका शरीर सिमटता जा रहा है और वह एक सींक का बना ढाँचा रह गया नितांत हलका, तिनके-सा, हवा में उड़कर भटकनेवाले तिनके-सा।

उस रात के बाद रोज जगपती सोचता रहा कि चंदा से कड़े माँगकर बेच ले और कोई छोटा-मोटा कारोबार ही शुरू कर दे, क्योंकि नौकरी छूट चुकी थी। इतने दिन की गैरहाजिरी के बाद वकील साहब ने दूसरा मुहर्रिर रख लिया था। वह रोज यही सोचता पर जब चंदा सामने आती, तो न जाने कैसी असहाय-सी उसकी अवस्था हो जाती। उसे लगता, जैसे कड़े माँगकर वह चंदा से पत्नीत्व का पद भी छीन लेगा। मातृत्व तो भगवान ने छीन ही लिया। वह सोचता आखिर चंदा क्या रह जाएगी? एक स्त्री से यदि पत्नीत्व और मातृत्व छीन लिया गया, तो उसके जीवन की सार्थकता ही क्या? चंदा के साथ वह यह अन्याय कैसे करे? उससे दूसरी आँख की रोशनी कैसे माँग ले? फिर तो वह नितांत अंधी हो जाएगी और उन कड़ों को माँगने के पीछे जिस इतिहास की आत्मा नंगी हो जाएगी, कैसे वह उस लज्जा को स्वयं ही उधार कर ढाँप पायेगा?

और वह उन्हीं खयालों में डूबा सुबह से शाम तक इधर-उधर काम की टोह में घूमता रहता। किसी से उधार ले ले? पर किस संपत्ति पर? क्या है उसके पास, जिसके आधार पर कोई उसे कुछ देगा? और मोहल्ले के लोग जो एक-एक पाई पर जान देते हैं, कोई चीज खरीदते वक्त भाव में एक पैसा कम मिलने पर मीलों पैदल जाकर एक पैसा बचाते हैं, एक-एक पैसे की मसाले की पुड़िया बँधवाकर ग्यारह मर्तबा पैसों का हिसाब जोड़कर एकाध पैसा उधारकर, मिन्नतें करते सौदा घर लाते हैं; गली में कोई खोंचेवाला फँस गया, तो दो पैसे की चीज को लड़-झगड़कर चार दाने ज्यादा पाने की नीयत से दो जगह बँधवाते हैं। भाव के जरा से फर्क पर घंटों बहस करते हैं, शाम को सड़ी-गली तरकारियों को किफायत के कारण लाते हैं, ऐसे लोगों से किस मुँह से माँगकर वह उनकी गरीबी के अहसास पर ठोकर लगाए!

पर उस दिन शाम को जब वह घर पहुँचा, तो बरोठे में ही एक साइकिल रखी नजर आई। दिमाग पर बहुत जोर डालने के बाद भी वह आगंतुक की कल्पना न कर पाया। भीतरवाले दरवाजे पर जब पहुँचा, तो सहसा हँसी की आवाज सुनकर ठिठक गया। उस हँसी में एक अजीब सा उन्माद था। और उसके बाद चंदा का स्वर, "अब आते ही होंगे, बैठिए न दो मिनट और! अपनी आँख से देख लीजिए और उन्हें समझाते जाइए कि अभी तंदुरूस्ती इस लायक नहीं, जो दिन-दिन भर घूमना बर्दाश्त कर सकें।"

"हाँ भई, कमजोरी इतनी जल्दी नहीं मिट सकती, खयाल नहीं करेंगे तो नुकसान उठाएँगे!" कोई पुरुष-स्वर था यह।

जगपती असमंजस में पड़ गया। वह एकदम भीतर घुस जाए? इसमें क्या हर्ज है? पर जब उसने पैर उठाए, तो वे बाहर जा रहे थे। बाहर बरोठे में साइकिल को पकड़ते ही उसे सूझ आई, वहीं से जैसे अनजान बनता बड़े प्रयत्न से आवाज को खोलता चिल्लाया, "अरे चंदा! यह साइकिल किसकी है? कौन मेहरबान···"

चंदा उसकी आवाज सुनकर कमरे से बाहर निकलकर जैसे खुश-खबरी सुना रही थी, "अपने कंपाउंडर साहब आए हैं। खोजते-खोजते आज घर का पता लगा पाए हैं, तुम्हारे इंतजार में बैठे हैं।"

"कौन बचनसिंह? अच्छा···अच्छा। वही तो मैं कहूँ, भला कौन···" कहता जगपती पास पहुँचा, और बातों में इस तरह उलझ गया, जैसे सारी परिस्थिति उसने स्वीकार कर ली हो। बचनसिंह जब फिर आने की बात कहकर चला गया, तो चंदा ने बहुत अपनेपन से जगपती के सामने बात शुरू की, "जाने कैसे-कैसे आदमी होते हैं।"

"क्यों, क्या हुआ? कैसे होते हैं आदमी?" जगपती ने पूछा।

"इतनी छोटी जान-पहचान में तुम मर्दों के घर में न रहते घुसकर बैठ सकते हो? तुम तो उलटे पैरों लौट आओगे।" चंदा कहकर जगपती के मुख पर कुछ इच्छित प्रतिक्रिया देख सकने के लिए गहरी निगाहों से ताकने लगी।

जगपती ने चंदा की ओर ऐसे देखा, जैसे यह बात भी कहने की या पूछने की है! फिर बोला, "बचनसिंह अपनी तरह का आदमी है, अपनी तरह का अकेला।"

"होगा, पर" कहते-कहते चंदा रुक गई।

"आड़े वक्त काम आनेवाला आदमी है, लेकिन उससे फायदा उठा

सकना जितना आसान है उतना…मेरा मतलब है कि जिससे कुछ लिया जाएगा, उसे दिया भी जाएगा।" जगपती ने आँखें दीवार पर गड़ाते हुए कहा। और चंदा उठकर चली गई।

□

उस दिन के बाद बचनसिंह लगभग रोज ही आने-जाने लगा। जगपती उसके साथ इधर-उधर घूमता भी रहता। बचनसिंह के साथ वह जब तक रहता, अजीब-सी घुटन उसके दिल को बाँध लेती, और तभी जीवन की तमाम विषमताएँ भी उसकी निगाहों के सामने उभरने लगतीं, आखिर वह स्वयं एक आदमी है, बेकार…यह माना कि उसके सामने पेट पालने की कोई इतनी विकराल समस्या नहीं, वह भूखों नहीं मर रहा है, जाड़े में काँप नहीं रहा है, पर उसके दो हाथ-पैर हैं, शरीर का पिंजरा है, जो कुछ माँगता है, कुछ! और वह सोचता, यह कुछ क्या है? सुख? शायद हाँ, शायद नहीं। वह तो दुःख में भी जी सकने का आदी है, अभावों में जीवित रह सकनेवाला आश्चर्यजनक कीड़ा है। तो फिर वासना? शायद हाँ, शायद नहीं। चंदा का शरीर लेकर उसने उस क्षणिकता को भी देखा है। तो फिर धन…शायद हाँ, शायद नहीं। उसने धन के लिए अपने को खपाया है। पर वह भी तो उस अदृश्य प्यास को बुझा नहीं पाया। तो फिर? तो फिर क्या? वह कुछ क्या है, जो उसकी आत्मा में नासूर-सा रिसता रहता है, अपना उपचार माँगता है? शायद काम! हाँ, यही, बिल्कुल यही, जो उसके जीवन की घड़ियों को निपट सूना न छोड़े, जिसमें वह अपनी शक्ति लगा सके, अपना मन डुबो सके, अपने को सार्थक अनुभव कर सके, चाहे उसमें सुख हो या दुःख, अरक्षा हो या सुरक्षा, शोषण हो या पोषण…उसे सिर्फ काम चाहिए! करने के लिए कुछ चाहिए। यही तो उसकी प्रकृत आवश्यकता है, पहली और आखिरी माँग है, क्योंकि वह उस घर में नहीं पैदा हुआ, जहाँ सिर्फ जबान हिलाकर शासन करनेवाले होते हैं। वह उस घर में भी नहीं पैदा हुआ, जहाँ सिर्फ माँगकर जीनेवाले होते हैं। वह उस घर का है, जो सिर्फ काम करना जानता है, काम ही जिसकी आस है। सिर्फ वह काम चाहता है, काम।

और एक दिन उसकी काम-धाम की समस्या भी हल हो गई। तालाब वाले ऊँचे मैदान के दक्षिण ओर जगपती की लकड़ी की टाल खुल गई। बोर्ड तक टँग गया। टाल की जमीन पर लक्ष्मी-पूजन भी हो गया और हवन भी हुआ। लकड़ी

को कोई कमी नहीं थी। गाँव से आनेवाली गाड़ियों को, इस कारोबार में पैरे हुए आदमियों की मदद से मोल-तोल करवा के वहाँ गिरवा दिया गया। गाँठें एक ओर रखी गईं, चैलों का चट्टा करीने से लग गया और गुद्दे चीरने के लिए डाल दिए गए। दो-तीन गाड़ियों का सौदा करके टाल चालू कर दी गई। भविष्य में स्वयं पेड़ खरीदकर कटाने का तय किया गया। बड़ी-बड़ी स्कीमें बनीं कि किस तरह जलाने की लकड़ी से बढ़ाते-बढ़ाते एक दिन इमारती लकड़ी की कोठी बनेगी। चीरने की नई मशीन लगेगी। कारबार बढ़ जाने पर बचनसिंह भी नौकरी छोड़कर उसी में लग जाएगा। और उसने महसूस किया कि वह काम में लग गया है, अब चौबीसों घंटे उसके सामने काम है,उसके समय का उपयोग है। दिनभर में वह एक घंटे के लिए किसी का मित्र हो सकता है, कुछ देर के लिए वह पति हो सकता है, पर बाकी समय ? दिन और रात के बाकी घंटे, उन घंटों के अभाव को सिर्फ उसका अपना काम ही भर सकता है···और अब वह कामदार था।

वह कामदार तो था, लेकिन जब टाल की उस ऊँची जमीन पर पड़े छप्पर के नीचे तखत पर वह गल्ला रखकर बैठता, सामने लगे लकड़ियों के ढेर, कटे हुए पेड़ के तने, जड़ों को लुढ़का हुआ देखता, तो एक निरीहता बरबस उसके दिल को बाँधने लगती। उसे लगता, एक व्यर्थ पिशाच का शरीर टुकड़े-टुकड़े करके उसके सामने डाल दिया गया है। फिर इन पर कुल्हाड़ी चलेगी और इनके रेशे-रेशे अलग हो जाएँगे और तब इनकी ठठरियों को सुखाकर किसी पैसेवाले के हाथ तक पर तौलकर बेच दिया जाएगा।

और तब उसकी निगाहें सामने खड़े ताड़ पर अटक जातीं, जिसके बड़े-बड़े पत्तों पर सुर्ख गर्दनवाले गिद्ध पर फड़फड़ाकर देर तक खामोश बैठे रहते। ताड़ का काला गड़रेदार तना और उसके सामने ठहरी हुई वायु में निस्सहाय काँपती, भारहीन नीम की पत्तियाँ चकराती झड़ती रहतीं···धूल-भरी धरती पर लकड़ी की गाड़ियों के पहियों की पड़ी हुई लीक धुँधली-सी चमक उठती और बगलवाले मूँगफली के पेंच की एकरस खरखराती आवाज कानों में भरने लगती। बगलवाली कच्ची पगडंडी से कोई गुजरकर, टीले के ढलान से तालाब की निचाई में उतर जाता, जिसके गँदले पानी में कूड़ा तैरता रहता और सूअर कीचड़ में मुँह डालकर उस कूड़े को रौंदते रहते···

दोपहर सिमटती और शाम की धुंध छाने लगती, तो वह लालटेन जलाकर

छप्पर के खंभे की कील में टाँग देता और उसके थोड़ी ही देर बाद अस्पतालवाली सड़क से बचनसिंह एक काले धब्बे की तरह आता दिखाई पड़ता।

गहरे पड़ते अँधेरे में उसका आकार धीरे-धीरे बढ़ता जाता और जगपती के सामने जब वह आकर खड़ा होता, तो वह उसे बहुत विशाल-सा लगने लगता, जिसके सामने उसे अपना अस्तित्व डूबता महसूस होता।

एक-आध बिक्री की बातें होतीं और तब दोनों घर की ओर चल देते। घर पहुँचकर बचनसिंह कुछ देर जरूर रुकता, बैठता, इधर-उधर की बातें करता। कभी मौका पड़ जाता, तो जगपती और बचनसिंह की थाली भी साथ लग जाती। चंदा सामने बैठकर दोनों को खिलाती।

बचनसिंह बोलता जाता, "क्या तरकारी बनी है! मसाला ऐसा पड़ा है कि उसकी भी बहार है और तरकारी का स्वाद भी न मरा। होटलों में या तो मसाला ही मसाला रहेगा या सिर्फ तरकारी ही तरकारी। वाह! वाह! क्या बात है अंदाज की!"

और चंदा बीच-बीच में टोककर बोलती जाती, "इन्हें तो जब तक दाल में प्याज का भुना घी न मिले, तब तक पेट ही नहीं भरता।"

या, "सिरका अगर इन्हें मिल जाए, तो समझो, सबकुछ मिल गया। पहले मुझे सिरका न जाने कैसा लगता था, पर अब ऐसा जबान पर चढ़ा है कि···

या, इन्हें कागज सी पतली रोटी पसंद ही नहीं आती। अब मुझसे कोई पतली रोटी बनाने को कहे, तो बनती ही नहीं, आदत पड़ गई है, और फिर मन ही नहीं करता···" पर चंदा की आँखें बचनसिंह की थाली पर ही जमीं रहतीं। रोटी निबटी, तो रोटी परोस दी, दाल खत्म नहीं हुई, तो भी एक चमचा और परोस दी। और जगपती सिर झुकाए खाता रहता। सिर्फ एक गिलास पानी माँगता और चंदा चौंककर पानी देने से पहले कहती, "अरे तुमने तो कुछ लिया भी नहीं!" कहते-कहते वह पानी दे देती और तब उसके दिल पर गहरी-सी चोट लगती, न जाने क्यों वह खामोशी की चोट उसे बड़ी पीड़ा दे जाती···पर वह अपने को समझा लेती, कोई मेहमान तो नहीं हैं···माँग सकते थे। भूख नहीं होगी।

जगपती खाना खाकर टाल पर लेटने चला जाता, क्योंकि अभी तक कोई चौकीदार नहीं मिला था। छप्पर के नीचे तख्त पर जब वह लेटता, तो अनायास ही उसका दिल भर-भर आता। पता नहीं कौन-कोन से दर्द एक-दूसरे से मिलकर तरह-तरह की टीस, चटख और ऐंठन पैदा करने लगते। कोई एक रग दुःखती

तो वह सहलाता भी, जब सभी नसें चटखती हों तो कहाँ-कहाँ राहत का अकेला हाथ सहलाए!

लेटे-लेटे उसकी निगाह ताड़ के उस ओर बनी पुख्ता कब्र पर जम जाती, जिसके सिराहने कँटीला बबूल का एकाकी पेड़ सुन्न-सा खड़ा रहता। उस कब्र पर एक परदानशीन औरत बड़े लिहाज से आकर सवेरे-सवेरे बेला और चमेली के फूल चढा जाती, घूम-घूमकर उसके फेरे लेती और माथा टेककर कुछ कदम उदास-उदास-सी चलकर एकदम तेजी से मुड़कर बिसातियों के मोहल्ले में खो जाती। शाम होते फिर आती। एक दीया बारती और अगरबत्तियाँ जलाती, फिर मुड़ते हुए ओढनी का पल्ला कंधों पर डालती, तो दीये की लौ काँपती, कभी काँपकर बुझ जाती, पर उसके कदम बढ़ चुके होते, पहले धीमे, थके, उदास से और फिर तेज सधे सामान्य से। और वह फिर उसी मोहल्ले में खो जाती और तब रात की तनहाइयों में बबूल के काँटों के बीच, उस सांय-सांय करते ऊँचे-नीचे मैदान में जैसे उस कब्र से कोई रूह निकलकर निपट अकेली भटकती रहती।

तभी ताड़ पर बैठे सुर्ख गर्दनवाले गिद्ध मनहूस सी आवाज में किलबिला उठते और ताड़ के पत्ते भयानकता से खड़बड़ा उठते। जगपती का बदन काँप जाता और वह भटकती रूह जिंदा रह सकने के लिए जैसे कब्र की ईंटों में, बबूल के साया तले दुबक जाती। जगपती अपनी टाँगों को पेट से भींचकर, कंबल से मुँह छुपा औंधा लेट जाता। तड़के ही ठेके पर लगे लकड़हारे लकड़ी चीरने आ जाते। तब जगपती कंबल लपेट, घर की ओर चला जाता।

□

"राजा रोज सवेरे टहलने जाते थे," माँ सुनाया करती थीं, "एक दिन जैसे ही महल के बाहर निकलकर आए कि सड़क पर झाड़ू लगानेवाली मेहतरानी उन्हें देखते ही अपना झाड़ूपंजा पटककर माथा पीटने लगी और कहने लगी, "हाय राम! आज राजा निरबंसिया का मुँह देखा है, न जाने रोटी भी नसीब होगी कि नहीं न जाने कौन सी बिपत टूट पड़े!" राजा को इतना दुःख हुआ कि उलटे पैरों महल को लौट गए। मंत्री को हुक्म दिया कि उस मेहतरानी का घर नाज से भर दें। और सब राजसी वस्त्र उतार, राजा उसी क्षण जंगल की ओर चले गए। उसी रात रानी को सपना हुआ कि कल की रात तेरी मनोकामना पूरी करनेवाली है। रानी बहुत पछता रही थी। पर फौरन ही रानी राजा को खोजती-खोजती उस सराय में पहुँच

गई, जहाँ वह टिके हुए थे। रानी भेस बदलकर सेवा होनेवाली भटियारिन बनकर राजा के पास रात में पहुँची। रातभर उनके साथ रही और सुबह राजा के जगने से पहले सराय छोड़ महल में लौट गई। राजा सुबह उठकर दूसरे देश की ओर चले गए। दो ही दिनों में राजा के निकल जाने की खबर राजभर में फैल गई, राजा निकल गए, चारों तरफ यही खबर फैली थी।"

□

और उस दिन टोले-मोहल्ले के हर आँगन में बरसात के मेह की तरह यह खबर बरसकर फैल गई कि चंदा के बाल-बच्चा होनेवाला है।

नुक्कड़ पर जमुना सुनार की कोठरी में फिंकती सुरही रुक गई। मुंशीजी ने अपना मीजान लगाना छोड़ विस्फारित नेत्रों से ताककर खबर सुनी। बंसी किरानेवाले ने कुएँ में से आधी गई रस्सी खींच, डोल मन पर पटककर सुना। सुदर्शन दर्जी ने मशीन के पहिए को हथेली से रगडकर रोककर सुना। हंसराज पंजाबी ने अपनी नील लगी मलगुजी कमीज की आस्तीनें चढ़ाते हुए सुना। और जगपती की बेवा चाची ने औरतों के जमघट में बड़े विश्वास, पर भेद-भरे स्वर में सुनाया, "आज छह साल हो गए शादी को न बाल, न बच्चा, न जाने किसका पाप है उसके पेट में। और किसका होगा सिवा उस मुसटंडे कंपोटर के! न जाने कहाँ से कुलच्छनी इस मोहल्ले में आ गई! इस गली की तो पुश्तों से ऐसी मरजाद रही है कि गैर-मर्द औरत की परछाई तब नहीं देख पाए। यहाँ के मर्द तो बस अपने घर की औरतों को जानते हैं, उन्हें तो पड़ोसी के घर की जनानियों की गिनती तक नहीं मालूम।" यह कहते-कहते उनका चेहरा तमतमा आया और सब औरतें देवलोक की देवियाँ की तरह गंभीर बनीं, अपनी पवित्रता की महानता के बोझ से दबी धीरे-धीरे खिसक गई।

सुबह यह खबर फैलने से पहले जगपती टाल पर चला गया था। पर सुनी उसने भी आज ही थी। दिनभर वह तख्त पर कोने की ओर मुँह किए पड़ा रहा। न ठेके की लकड़ियाँ चिराईं, न बिक्री की ओर ध्यान दिया, न दोपहर का खाना खाने ही घर गया। जब रात अच्छी तरह फैल गई, वह हिंसक पशु की भाँति उठा। उसने अपनी उँगलियाँ चटकाई, मुट्ठी बाँधकर बाँह का जोर देखा, तो नसें तनी और बाह में कठोर कंपन-सा हुआ। उसने तीन-चार पूरी साँसें खींची और मजबूत कदमों से घर की ओर चल पड़ा। मैदान खत्म हुआ, कंकड़ की सड़क आई,

सड़क खत्म हुई, गली आई। पर गली के अँधेरे में घुसते वह सहम गया, जैसे किसी ने अदृश्य हाथों से उसे पकड़कर सारा रक्त निचोड़ लिया, उसकी फटी हुई शक्ति की नस पर हिम-शीतल होंठ रखकर सारा रस चूस लिया। और गली के अँधेरे की हिकारत-भरी कालिख और भी भारी हो गई, जिसमें घुसने से उसकी सांस रुक जाएगी, घुट जाएगी।

वह पीछे मुड़ा, पर रुक गया। फिर कुछ संयत होकर वह चोरों की तरह निःशब्द कदमों से किसी तरह घर की भीतरी देहरी तक पहुँच गया।

दाईं ओर की रसोईवाली दहलीज में कुप्पी टिमटिमा रही थी और चंदा अस्त-व्यस्त सी दीवार से सिर टेके शायद आसमान निहारते-निहारते सो गई थी। कुप्पी का प्रकाश उसके आधे चेहरे को उजागर किए था और आधा चेहरा गहन कालिमा में डूबा अदृश्य था। वह खामोशी से खड़ा ताकता रहा। चंदा के चेहरे पर नारीत्व की प्रौढ़ता आज उसे दिखाई दी। चेहरे की सारी कमनीयता न जाने कहाँ खो गई थी, उसका अछूतापन न जाने कहाँ लुप्त हो गया था। फूला-फूला मुख। जैसे टहनी से तोड़े फूल को पानी में डालकर ताजा किया गया हो, जिसकी पँखुड़ियों में टूटन की सुरमई रेखाएँ पड़ गई हों, पर भीगने से भारीपन आ गया हो।

उसके खुले पैर पर उसकी निगाह पड़ी, तो सूजा सा लगा। एड़ियाँ भरी, सूजी सी और नाखूनों के पास अजब सा सूखापन। जगपती का दिल एक बार मसोस उठा। उसने चाहा कि बढ़कर उसे उठा ले। अपने हाथों से उसका पूरा शरीर छू-छूकर सारा कलुष पोंछ दे, उसे अपनी साँसों की अग्नि में तपाकर एक बार फिर पवित्र कर ले, और उसकी आँखों की गहराई में झाँककर कहे—देवलोक से किस शापवश निर्वासित हो तुम इधर आ गई, चंदा? यह शाप तो अमिट था।

तभी चंदा ने हडबड़ाकर आँखें खोलीं। जगपती को सामने देख उसे लगा कि वह एकदम नंगी हो गई हो। अतिशय लज्जित हो उसने अपने पैर समेट लिए। घुटनों से धोती नीचे सरकाई और बहुत संयत-सी उठकर रसोई के अँधेरे में खो गई। जगपती एकदम हताश हो, वहीं कमरे की देहरी पर चौखट से सिर टिका बैठ गया। नजर कमरे में गई, तो लगा कि पराए स्वर यहाँ गूँज रहे हैं, जिनमें चंदा का भी एक है। एक तरफ घर के हर कोने से, अँधेरा सैलाब की तरह बढ़ता आ रहा था। एक अजीब निस्तब्धता, असमंजस। गति, पर पथभ्रष्ट! शक्लें, पर आकारहीन।

"खाना खा लेते," चंदा का स्वर कानों में पड़ा। वह अनजाने ऐसे उठ बैठा,

जैसे तैयार बैठा हो। उसकी बात की आज तक उसने अवज्ञा न की थी। खाने तो बैठ गया, पर कौर नीचे नहीं सरक रहा था। तभी चंदा ने बड़े सधे शब्दों में कहा, "कल मैं गाँव जाना चाहती हूँ।"

जैसे वह इस सूचना से परिचित था, बोला, "अच्छा।"

चंदा फिर बोली, "मैंने बहुत पहले घर चिठ्ठी डाल दी थी, भैया कल लेने आ रहे हैं।"

"तो ठीक है।" जगपती वैसे ही डूबा-डूबा बोला।

चंदा का बाँध टूट गया और वह वहीं घुटनों में मुँह दबाकर कातर-सी फफक-फफककर रो पड़ी। न उठ सकी, न हिल सकी।

जगपती क्षणभर को विचलित हुआ, पर जैसे जम जाने के लिए। उसके ओठ फड़के और क्रोध के ज्वालामुखी को जबरन दबाते हुए भी वह फूट पड़ा, "यह सब मुझे क्या दिखा रही है? बेशर्म! बेगैरत! उस वक्त नहीं सोचा था, जब···जब···मेरी लाश तले···"

"तब···तब की बात झूठ है।", सिसकियों के बीच चंदा का स्वर फूटा, "लेकिन जब तुमने मुझे बेच दिया···"

एक भरपूर हाथ चंदा की कनपटी पर आग सुलगाता पड़ा। और जगपती अपनी हथेली को दूसरी से दबाता, खाना छोड़ कोठरी में घुस गया और रातभर कुंडी चढाए उसी कालिख में घुटता रहा।

दूसरे दिन चंदा घर छोड़ अपने गाँव चली गई।

□

जगपती पूरा दिन और रात टाल पर ही काट देता, उसी वीराने में, तालाब के बगल, कब्र, बबूल और ताड़ के पड़ोस में। पर मन मुर्दा हो गया था। जबरदस्ती वह अपने को वहीं रोके रहता। उसका दिल होता, कहीं निकल जाए। पर ऐसी कमजोरी उसके तन और मन को खोखला कर गई थी कि चाहने पर भी वह जा न पाता। हिकारत भरी नजरें सहता, पर वहीं पड़ा रहता। काफी दिनों बाद जब नहीं रहा गया, तो एक दिन जगपती घर पर ताला लगा, नजदीक के गाँव में लकड़ी कटाने चला गया। उसे लग रहा था कि अब वह पंगु हो गया है, बिल्कुल लँगड़ा, एक रेंगता कीडा, जिसके न आँख है, न कान, न मन, न इच्छा।

वह उस बाग में पहुँच गया, जहाँ खरीदे पेड़ कटने थे। दो आरेवालों ने पतले

पेड़ के तने पर आरा रखा और कर्र-कर्र का अबाध शोर शुरू हो गया। दूसरे पेड़ पर बन्ने और शकूरे की कुल्हाड़ी बज उठी। और गाँव से दूर उस बाग में एक लयपूर्ण शोर शुरू हो गया। जड़ पर कुल्हाड़ी पड़ती तो पूरा पेड़ थर्रा जाता।

करीब के खेत की मेड़ पर बैठे जगपती का शरीर भी जैसे काँप-काँप उठता। चंदा ने कहा था, "लेकिन जब तुमने मुझे बेच दिया" क्या वह ठीक कहती थी! क्या बचनसिंह ने टाल के लिए जो रुपए दिए थे, उसका ब्याज इधर चुकता हुआ? क्या सिर्फ वही रुपए आग बन गए, जिसकी आँच में उसकी सहनशीलता, विश्वास और आदर्श मोम-से पिघल गए?

"शकूरे!" बाग से लगे दड़े पर से किसी ने आवाज लगाई। शकूरे ने कुल्हाड़ी रोककर वहीं से हाँक लगाई, "कोने के खेत से लीक बनी है, जरा मेड़ मारकर नँघा ला गाड़ी।"

जगपती का ध्यान भंग हुआ। उसने मुडकर दड़े पर आँखें गड़ाईं। दो भैंसा-गाड़ियाँ लकड़ी भरने के लिए आ पहुँची थीं। शकूरे ने जगपती के पास आकर कहा, "एक गाड़ी का भुर्त तो हो गया, बल्कि डेढ का···अब इस पतरिया पेड़ को न छाँट दें?"

जगपती ने उस पेड़ की ओर देखा, जिसे काटने के लिए शकूरे ने इशारा किया था। पेड़ की शाख हरी पत्तियों से भरी थी। वह बोला, "अरे, यह तो हरा है अभी इसे छोड़ दो।"

"हरा होने से क्या, उखट तो गया है। न फूल का, न फल का। अब कौन इसमें फल-फूल आएँगे, चार दिन में पत्ती झुरा जाएँगी।" शकूरे ने पेड़ की ओर देखते हुए उस्तादी अंदाज से कहा।

"जैसा ठीक समझो तुम," जगपती ने कहा, और उठकर मेड़-मेड़ पक्के कुएँ पर पानी पीने चला गया।

दोपहर ढलते गाड़ियाँ भरकर तैयार हुईं और शहर की ओर रवाना हो गईं। जगपती को उनके साथ आना पड़ा। गाड़ियाँ लकड़ी से लदी शहर की ओर चली जा रही थीं और जगपती गर्दन झुकाए कच्ची सड़क की धूल में डूबा, भारी कदमों से धीरे-धीरे उन्हीं की बजती घंटियों के साथ निर्जीव-सा बढ़ता जा रहा था···

□

"कई बरस बाद राजा परदेस से बहुत-सा धन कमाकर गाड़ी में लादकर

अपने देश की ओर लौटे, "माँ सुनाया करती थीं," राजा की गाड़ी का पहिया महल से कुछ दूर पतेल की झाड़ी में उलझ गया। हर तरह कोशिश की, पर पहिया न निकला। तब एक पंडित ने बताया कि 'सकट' के दिन का जनमा बालक अगर अपने घर की सुपारी लाकर इसमें छुआ दे, तो पहिया निकल जाएगा। वहीं दो बालक खेल रहे थे। उन्होंने यह सुना तो कूदकर पहुँचे और कहने लगे कि हमारी पैदाइश सकट की है, पर सुपारी तब लाएँगे, जब तुम आधा धन देने का वादा करो। राजा ने बात मान ली। बालक दौड़े-दौड़े घर गए। सुपारी लाकर छुआ दी, फिर घर का रास्ता बताते आगे-आगे चले। आखिर गाड़ी महल के सामने उन्होंने रोक ली।

राजा को बड़ा अचरज हुआ कि हमारे ही महल में ये दो बालक कहाँ से आ गए? भीतर पहुँचे, तो रानी खुशी से बेहाल हो गई।

"पर राजा ने पहले उन बालकों के बारे में पूछा, तो रानी ने कहा कि ये दोनों बालक उन्हीं के राजकुमार हैं। राजा को विश्वास नहीं हुआ। रानी बहुत दुःखी हुई।"

□

गाड़ियाँ जब टाल पर आकर लगीं और जगपती तखत पर हाथ-पैर ढीले करके बैठ गया, तो पगडंडी से गुजरते मुंशीजी ने उसके पास आकर बताया, अभी उस दिन वसूली में तुम्हारी ससुराल के नजदीक एक गाँव में जाना हुआ, तो पता लगा कि पंद्रह-बीस दिन हुए, चंदा के लड़का हुआ है।" और फिर जैसे मोहल्ले में सुनी-सुनाई बातों पर परदा डालते हुए बोले, "भगवान के राज में देर है, अँधेर नहीं, जगपती भैया!"

जगपती ने सुना तो पहले उसने गहरी नजरों से मुंशीजी को ताका, पर वह उनके तीर का निशाना ठीक-ठीक नहीं खोज पाया। पर सबकुछ सहन करते हुए बोला, "देर और अँधेर दोनों हैं!"

"अँधेर तो सरासर है, तिरिया चरित्तर है सब! बड़े-बड़े हार गए हैं," कहते-कहते मुंशीजी रुक गए, पर कुछ इस तरह, जैसे कोई बड़ी भेद-भरी बात है, जिसे उनकी गोल होती हुई आँखें समझा देंगी। जगपती मुंशीजी की तरफ ताकता रह गया। मिनट भर मनहूस सा मौन छाया रहा, उसे तोड़ते हुए मुंशीजी बड़ी दर्द-भरी आवाज में बोले, "सुन तो लिया होगा, तुमने?"

"क्या?" कहने को जगपती कह गया, पर उसे लगा कि अभी मुंशीजी उस गाँव में फैली बातों को ही बड़ी बेदर्दी से कह डालेंगे, उसने नाहक पूछा।

तभी मुंशीजी ने उसकी नाक के पास मुँह ले जाते हुए कहा, "चंदा दूसरे के घर बैठ रही है···कोई मदसूदन है वहीं का। पर बच्चा दीवार बन गया है। चाहते तो वो यही हैं कि मर जाए तो रास्ता खुले, पर रामजी की मर्जी। सुना है, बच्चा रहते भी वह चंदा को बैठाने को तैयार है।"

जगपती की सांस गले में अटककर रह गई। बस, आँखें मुंशीजी के चेहरे पर पथराई सी जड़ी थीं।

मुंशीजी बोले, "अदालत से बच्चा तुम्हें मिल सकता है। अब काहे का शरम-लिहाज!"

"अपना कहकर किस मुँह से माँगूँ, बाबा? हर तरफ तो कर्ज से दबा हूँ, तन से, मन से, पैसे से, इज्जत से, किसके बल पर दुनिया सँजोने की कोशिश करूँ?" कहते-कहते वह अपने में खो गया।

मुंशीजी वहीं बैठ गए। जब रात झुक आई तो जगपती के साथ ही मुंशीजी भी उठे। उसके कंधे पर हाथ रखे वे उसे गली तक लाए। अपनी कोठरी आने पर पीठ सहलाकर उन्होंने उसे छोड़ दिया। वह गर्दन झुकाए गली के अँधेरे में उन्हीं ख्यालों में डूबा ऐसे चलता चला आया, जैसे कुछ हुआ ही न हो। पर कुछ ऐसा बोझ था, जो न सोचने देता था और न समझने। जब चाची की बैठक के पास से गुजरने लगा, तो सहसा उसके कानों में भनक पड़ी, "आ गए सत्यानासी! कुलबोरन!"

उसने जरा नजर उठाकर देखा, तो गली की चाची-भौजाइयाँ बैठक में जमा थीं और चंदा की चर्चा छिड़ी थी। पर वह चुपचाप निकल गया।

इतने दिनों बाद ताला खोला और बरोठे के अँधेरे में कुछ सूझ न पड़ा, तो एकाएक वह रात उसकी आँखों के सामने घूम गई, जब वह अस्पताल से चंदा के साथ लौटा था। बेवा चाची का वह जहर-बुझ तीर, "आ गए राजा निरबंसिया अस्पताल से।" और आज "सत्यानासी! कुलबोरन!" और स्वयं उसका वह वाक्य, जो चंदा को छेद गया था, "तुम्हारे कभी कुछ न होगा।" और उस रात की शिशु चंदा!

चंदा का लड़का हुआ है। वह कुछ और जनती, आदमी का बच्चा न जनती।

वह और कुछ भी जनती, कंकड़-पत्थर! वह नारी न बनती, बच्ची ही बनी रहती, उस रात की शिशु चंदा। पर चंदा यह सब क्या करने जा रही है? उसके जीते-जी वह दूसरे के घर बैठने जा रही है? कितने बड़े पाप में धकेल दिया चंदा को··· पर उसे भी तो कुछ सोचना चाहिए। आखिर क्या? पर मेरे जीते-जी तो यह सब अच्छा नहीं। वह इतनी घृणा बर्दाश्त करके भी जीने को तैयार है, या मुझे जलाने को। वह मुझे नीच समझती है, कायर,नहीं तो एक बार खबर तो लेती। बच्चा हुआ तो पता लगता। पर नहीं, वह उसका कौन है? कोई भी नहीं। औलाद ही तो वह स्नेह की धुरी है, जो आदमी-औरत के पहियों को साधकर तन के दलदल से पार ले जाती है···नहीं तो हर औरत वेश्या है और हर आदमी वासना का कीड़ा। तो क्या चंदा औरत नहीं रही? वह जरूर औरत थी, पर स्वयं मैंने उसे नरक में डाल दिया। वह बच्चा मेरा कोई नहीं, पर चंदा तो मेरी है। एक बार उसे ले आता, फिर यहाँ रात के मोहक अँधेरे में उसके फूल-से अधरों को देखता,निर्द्वंद्व सोई पलकों को निहारता, साँसों की दूध-सी अछूती महक को समेट लेता।

□

आज का अँधेरा! घर में तेल भी नहीं जो दीया जला ले। और फिर किसके लिए कौन जलाए? चंदा के लिए···पर उसे तो बेच दिया था। सिवा चंदा के कौन-सी सम्पत्ति उसके पास थी, जिसके आधार पर कोई कर्ज देता? कर्ज न मिलता तो यह सब कैसे चलता? काम···पेड़ कहाँ से कटते? और तब शकूरे के वे शब्द उसके कानों में गूँज गए, "हरा होने से क्या, उखट तो गया है।" वह स्वयं भी तो एक उखटा हुआ पेड़ है, न फल का, न फूल का, सब व्यर्थ ही तो है। जो कुछ सोचा, उस पर कभी विश्वास न कर पाया। चंदा को चाहता रहा, पर उसके दिल में चाहत न जगा पाया। उसे कहीं से एक पैसा माँगने पर डाँटता रहा, पर खुद लेता रहा और आज···वह दूसरे के घर बैठ रही है···उसे छोड़कर वह अकेला है··· हर तरफ बोझ है, जिसमें उसकी नस-नस कुचली जा रही हैं, रग-रग फट गई है। और वह किसी तरह टटोल-टटोलकर भीतर घर में पहुँचा।

□

"रानी अपने कुल-देवता के मंदिर में पहुँचीं," माँ सुनाया करती थीं, "अपने सतीत्व को सिद्ध करने के लिए उन्होंने घोर तपस्या की। राजा देखते रहे। कुल-देवता प्रसन्न हुए और उन्होंने अपनी दैवी शक्ति से दोनों बालकों को तत्काल

जनमे शिशुओं में बदल दिया। रानी की छातियों में दूध भर आया और उनमें से धार फूट पड़ी, जो शिशुओं के मुँह में गिरने लगी। राजा को रानी के सतीत्व का सबूत मिल गया। उन्होंने रानी के चरण पकड़ लिये और कहा कि तुम देवी हो! ये मेरे पुत्र हैं! और उस दिन से राजा ने फिर से राज-काज सँभाल लिया।"

□

पर उसी रात जगपती अपना सारा कारोबार त्याग, अफीम और तेल पीकर मर गया क्योंकि चंदा के पास कोई दैवी शक्ति नहीं थी और जगपती राजा नहीं, बचनसिंह कंपाउंडर का कर्जदार था।···

□

"राजा ने दो बातें कीं," माँ सुनाती थीं, "एक तो रानी के नाम से उन्होंने बहुत बड़ा मंदिर बनवाया और दूसरे, राज के नए सिक्कों पर बड़े राजकुमार का नाम खुदवाकर चालू किया, जिससे राज भर में अगले उत्तराधिकारी की खबर हो जाए।"

□

जगपती ने मरते वक्त दो परचे छोड़े, एक चंदा के नाम, दूसरा कानून के नाम।

चंदा को उसने लिखा था, "चंदा, मेरी अंतिम चाह यही है कि तुम बच्चे को लेकर चली आना। अभी एक-दो दिन मेरी लाश की दुर्गति होगी, तब तक तुम आ सकोगी। चंदा, आदमी को पाप नहीं, पश्चाताप मारता है, मैं बहुत पहले मर चुका था। बच्चे को लेकर जरूर चली आना।"

कानून को उसने लिखा था, "किसी ने मुझे मारा नहीं है, किसी आदमी ने नहीं। मैं जानता हूँ कि मेरे जहर की पहचान करने के लिए मेरा सीना चीरा जाएगा। उसमें जहर है। मैंने अफीम नहीं, रुपए खाए हैं। उन रुपयों में कर्ज का जहर था, उसी ने मुझे मारा है। मेरी लाश तब तक न जलाई जाए, जब तक चंदा बच्चे को लेकर न आ जाए। आग बच्चे से दिलवाई जाए। बस।"

माँ जब कहानी समाप्त करती थीं, तो आसपास बैठे बच्चे फूल चढ़ाते थे।

मेरी कहानी भी खत्म हो गई, पर···

□

नीली झील

बहुत दूर से ही वह नीली झील दिखाई पड़ने लगती है। सपाट मैदानों के छोर पर, पेड़ों के झुरमुट के पीछे, ऐसा मालूम पड़ता है, जैसे धरती एकदम ढालू होकर छिप गयी हो, लेकिन गौर से देखने पर ऊँचे-ऊँचे पेड़ों के बीच से एक बहुत बड़ा शीशा झलकता दिखाई पड़ता है।

यही वह झील है।

और इसी झील पर जल-पक्षियों के शिकार के लिए आए हुए अँग्रेज-कलक्टर ने कहा था, "कितनी खूबसूरत है यह झील! जैसे जमीन में हार जड़ा हो-झील तक पहुँचने के लिए पक्का रास्ता होना चाहिए।"

यह तीस साल पहले की बात है।

और तब बस्ती से झील तक रास्ता बनाने के लिए आए मजदूरों की टोली में वह भी आया था और अंग्रेज साहब की मेम की आखों को देखकर उसने कहा था, 'कित्ती खूबसूरत है मेम! इसकी आँखें नीली झील की तरह लगती हैं।'

तगड़े और बदसूरत मजदूरों ने तब आँखें बचाकर गंदे इशारे किए थे। और गहरी और भीगी जमीन में कार के पहिए फँसते ही वह सबसे पहले दौड़कर उस ओर धक्का लगाने के लिए जुट गया था, जिधर मेम बैठी थीं···उसका मन होता था कि बहाने से हाथ डालकर फूल सी मेम को छुए, पर हिम्मत नहीं पड़ती थी। और मजदूरों को उसकी इस सीनाजोरी पर बड़ा गुस्सा आया था और वे भीतर-ही-भीतर चाहते थे कि उसकी मरम्मत हो जाए।

रात को जब पेड़ तले बीनी हुई लकड़ियों के साझे चूल्हे जले और उस वीराने में मजदूरों के मुँह आग की लौ में शैतानों की तरह चमकने लगे, तो भजनू ने काँख से तमाखू का बटुआ निकालते हुए कहा, "इस साले को मेट

से कहकर निकलवाया जाए! मेम जान पाती तो चमड़ी उतर जाती!···साला आशिक बनता है!"

"बनने दो, तुम्हारा का लेता है?" भूख से क्लांत और जल्दी-जल्दी बाटियाँ सेंकते हुए होरी ने बात तोड़ देनी चाही।

"हम सबकी रोजी जाएगी।" आग कुरेदते हुए एक और ने जोड़ा।

तभी दूसरे पेड़-तले से बड़ी भद्दी और मोटी आवाज में एक गीत का बोल उभरा—

"होए मेमिया तोरी अँखियाँ बड़ो जुलुम ढायो री···"

और पीतल की थाली ठनक उठी थी और महेसा शैतान की तरह नाच रहा था। बाटियाँ पकाते साथियों की हँसी और वाहवाही से शोर मच गया था। भूखे और थके मजदूरों की आँखों में एक वहशी चमक आ गई थी और एक क्षण के लिए वे जैसे तन की पीड़ा भूल गए थे। महेसा गा-गाकर कुछ देर तक नाचता रहा।···पेड़ों की पत्तियाँ आग की दमक में ताँबे की तरह लग रही थीं और उनके काले, पपोटेदार तने अजगरों की तरह झिलमिला रहे थे। आसमान सीप की पीठ की तरह धुँधला और काला था और झील की ओर से अजीब तरह के सूने-सूने स्वर आ रहे थे।

इसी समय तीखी आवाज में चीखता एक सारस गुजर गया। उसके बड़े-बड़े पंखों से निःश्वास-सा निकल रहा था। सारस की चीख की प्रतिध्वनि कुछ क्षण तक आती रही और महेसा का स्वांग रुक गया।

"अब सीधा होके बैठ, रोटी खा ले!" काने मेट की आवाज थी यह। नाराज साथियों को मेट का इस तरह अपनेपन से बोलना अच्छा नहीं लगा। भजनू ने धीरे से कहा, "बदमाश ने मेट को खुस कर लिया है! काना भी ऐबी है न, उसे भी मजा आता है!"

गुदारी बाटियों और उड़द की पकी हुई दाल की महक से सबकी भूख चमक आई थी। बड़ी रात तक बतकही के बीच खाना चलता रहा। धीरे-धीरे चूल्हों की आग मँझाकर राख में दुबक गई और पेड़ों का अँधियारा घना हो गया।

सुबह काम शुरू होते ही सैलानियों की एक पार्टी वहाँ आकर रुक गई। कुछ हिंदुस्तानी साहब थे और साथ में कुछ अच्छी-अच्छी औरतें। औरतों के कंधों पर कैमरे लटक रहे थे और साहबों के कंधों पर एयरगन और कारतूसों

की पेटियाँ। खाने-पीने का सामान कंडियों में था और वह बोझ उनसे चल नहीं रहा था। औरतों के खूबसूरत चेहरों पर पसीने का पनीलापन था और साड़ियों के छोर कमर में खुँसे हुए थे। धूल से बचाने के लिए साड़ियाँ एक तरफ से कुछ ऊँची कर ली गई थीं। उन्हें देखते ही मजदूरों ने रुकने का मतलब भाँप लिया था और वे अपने काम में इतने मशगूल हो गए थे जैसे उन लोगों की उपस्थिति का उन्हें एहसास ही न हो। पर महेसा हाथ रोककर, फेंटा कसने के बहाने कनखियों से उन्हें ताक रहा था। वह इसी इंतजार में लगता था कि अभी उनमें से कोई औरत सामान उठाने के लिए कहेगी और वह मेट की मर्जी देखकर निश्चय ही उनकी सहायता के लिए तैयार हो जाएगा।

साहब लोग भी किसी मजदूर से आँखें मिलने की ताड़ में थे। बाकी सब आँख बचा रहे थे, सिर्फ महेसा आँख मिलाने के लिए उतावला था; पर साहबों से नहीं। जैसे उसने यही तय किया था कि नीली साड़ीवाली औरत अगर कहेगी तो वह फावड़ा छोड़कर सामान उठा लेगा। वह बार-बार उसे ही हैरत से ताक रहा था कि नीली साड़ीवाली औरत ने ही मौका पाकर बड़ी मीठी आवाज में कहा, "कोई मजदूर मिल जाएगा यहाँ ?"

महेसा को यह बात नहीं जँची। "मजदूर ही चाहती हैं तो खोज लें!" उसने ठसक से कहा, "हम लोग सरकारी गैंग के आदमी हैं!" कुछ इस तरह जैसे सरकार से रुपया पाकर मजदूरी करना कुछ ऊँची बात हो।

"अरे, जरा-सी मदद के लिए चाहिए।...यह सामान झील तक पहुँचाना है।" उसी नीली साड़ीवाली की मीठी आवाज थी।

महेसा का दिल बहक उठा। बड़प्पन और शान से बोला, "मदद मिल सकती है, ऐसे बोलिए!"

महेसा के तुच्छ से गर्व को लक्ष्य करके वह धीरे से हँसी। और महेसा एक क्षण के लिए अपलक उसके साफ दाँतों को देखता रहा। फिर दौड़कर मेट के पास पहुँचा और सामान उठाने की इजाजत माँगकर चला आया।

आते ही उसने गर्व से उनका सामान उठाया और नीली साड़ीवाली के कंधे में लटके थरमस को माँगने के बहाने बोला, "यह बोतल भी दे दीजिए।"

मीठी आवाज वाली औरत ने कुछ जवाब नहीं दिया। पर वह ऐसे मानने

वाला नहीं था। चलते-चलते उसने फिर पूछा, "आप लोग शिकार के लिए आए हैं? कहाँ से आए हैं?

लेकिन वह नीली साड़ी वाली औरत एक आदमी से मुसकरा-मुसकराकर बातें कर रही थी। महेसा को यह अच्छा नहीं लग रहा था। एक अजीब तरह की परेशानी उसे हो रही थी। कुछ दूर तो उसने बर्दाश्त किया, फिर उसका मन हुआ कि सामान पटककर उसी आदमी से कहे कि उठाइए अपना तामझाम! मैं मजूर नहीं हूँ! पर उनके साथ चल सकना भी उसे कम भला न लग रहा था। उसे बोलने का फिर मौका मिला, गलत रास्ते पर मुड़ते देख वह लपककर नीली साड़ीवाली के पास पहुँचा और एकदम उनके अज्ञान पर जैसे चीख पड़ा, "आप लोगों को रास्ता नहीं मालूम, हमारे साथ आइए! इधर से दलदल पड़ेगा।"

"दलदल! ओह!" नीली साड़ीवाली कुछ ज्यादा चौंक गई थी। उसका यह चौंकना महेसा को बहुत अच्छा लगा था। उसे अनिर्वचनीय सुख-सा मिला था।··· कानपुर में मिल से छुट्टी पाते ही वह चौराहे वाले कोने पर रुककर इसी तरह औरतों को देख-देखकर खुश होता था···

झुरमुट के पास पहुँचते ही सब लोग रुक गए। सामान वहीं उतरवा लिया गया। सभी औरतें हवा की ठंडक में अपने बालों की लटें ऊपर करती हुई या साड़ियाँ सँभालती हुई बेफिक्री से बैठ गईं।

हलकी-हलकी हवा झील की ओर से आ रही थी और छाया में कुछ सर्दी भी थी। झील के पानी के भीतर बादल तैर रहे थे और नरकुल धीरे-धीरे काँप रहे थे।···दूर से जिधर पानी उथला था, देवहंसों, मुर्गाबियों और पतारी के झुंडों के चुगने की और पंख फड़फड़ाने की आवाजें आ रही थीं। देवहंस शायद सिवार खा रहे थे और मुर्गाबी घोंघे या केकड़े खोजने में मशगूल थे। पेड़ों पर चिड़ियाँ चहक रही थीं।

सहसा नीली साड़ीवाली ने झील के पानी की ओर इशारा करते हुए हैरत से कहा, "पानी का साँप! साँप तैर रहा है!"

सभी कौतूहल से देखने लगे। महेसा खिलखिलाकर हँस पड़ा। कैसे समझाए इन साहबों को, वे इतना भी नहीं जानते! वह सिर्फ नीली साड़ीवाली को ही बताना चाहता था। एकदम बोला, "पनिया साँप नहीं है, एक चिड़िया है वह!"

"चिड़िया? बकता है!" नीली साड़ीवाली ने प्यार से कहा।

"न मानें तो देखती रहें!" फिर इधर-उधर नजर दौड़ाकर बोला, "वह उस

पानी में उगे ठूँठ को देख रही हैं?···वह···उस पर जो काली चिड़िया बैठी है, उसी का साथी है यह, सरपपच्छी।"

"वह काली चिड़िया!" नीली साड़ीवाली उससे बात कर रही थी और वह तन्मय होकर बता रहा था, "हाँ-हाँ, वही! सरपपच्छी तैरने का बहुत शौकीन होता है। बस, भाले-सी काली चोंच निकालकर तैरता रहता है।"

"खाता क्या है?" उसने उत्सुकता से पूछा।

"मछली!" उसकी आँखों में चमक आती जा रही थी। और बात करने के लिए उसने बात जोड़ दी, "अभी जब थक जाएगा तो किसी ठूँठ पर पंख और दुम फैलाकर सुखाएगा।"

"अभी निकलेगा?" नीली साड़ीवाली का मुख खुला रह गया।

और उसके सफेद दाँतों को महेसा निहारता रहा···नकबा के सफेद पंखों की तरह धुले हुए व चमकदार! उसका मन जाने को नहीं हो रहा था, पर मेट ने कहा था जल्दी लौटना और फिर साथियों के कलेजे पर साँप लोट रहे होंगे!

तभी एक साहब को बंदूक सँभालते देख उसका मन उचाट हो गया। वह नीली साड़ीवाली भी अब बंदूक की ओर ज्यादा ध्यान दे रही थी।

उनके साथ के एक साहब ने उसे कुछ पैसे दिए और अभी एक क्षण पहले का महेसा अपना सारा आकर्षण भूलकर चल पड़ा। उसका मन भारी हो आया था। रह-रहकर उसकी आँखों के सामने वह बंदूक घूम रही थी और कानों में चिड़िया का शोर समाया हुआ था। हर आवाज वह पहचानता था—उन पक्षियों की भी, जो सालभर इसी झील के किनारे रहते थे और उनकी भी, जो इस ऋतु में दूर पहाड़ों से उतरकर कुछ दिनों के लिए मेहमानों की तरह आते थे। उनकी हर आवाज का अर्थ वह समझता था—वे लड़ रहे हैं, या आनंद से भरकर गा रहे हैं, या साथियों को खतरे का बिगुल सुना रहे हैं। झील के पानी में किलोलें करते हर पक्षी के पंखों की सरसराहट का एहसास है उसे, चाहे वह मुर्गाबी हो, सुरखाब, जंगली बत्तख, चाहे बगुला, सारस, नकटा, रेती, सरपपच्छी या सोनापतारी! उनकी सीटियों की मधुर आवाजें उसके कानों में बसी हुई हैं···और तभी उसका मन उस बंदूक की याद से धड़कने लगा।

उधर बंदूक चली थी और गोली की टूटती हुई आवाज बादलों में गूँज गई थी। और उसके बाद पक्षियों का कातर शोर! मन पर चोट-सी लगी थी। उसका

मन उदास हो आया था। दूरी पर साथी मजदूर काम में लगे दिखाई पड़ रहे थे। एक क्षण ठिठककर उसने पीछे देखा, दलदल खामोश था और ऊपर से उड़कर भागती हुई चिड़ियों की भयातुर आवाज को शालीनता से पीता जा रहा था।...मुड़कर वह तेज कदमों से लौट आया और अपने काम में जुट गया।

रात को जब पेड़ों के नीचे साँझे चूल्हे जले, तो महेसा नहीं था। गाँव से प्याज और मसाला लानेवाले चरनसिंह ने बताया, "वह तो बदमास घी की चुपड़ी रोटी खायेगा आज।"

"कहाँ? गाँव में है?" भजनू ने आश्चर्य से पूछा।

"वहीं पंडिताइन के घर है। चबूतरे पर बैठा लुगाई से मिसकौट कर रहा था। ...और वह नासमारी मुसकरा-मुसकराकर बतिया रही थी, पत्तीदार बाल काढ़े और जेवर पहने साथ बैठी थी।...मरा साला!" कहकर चरनसिंह ने पिच्च से थूका और प्याज की गाँठ छीलकर खाने लगा।

"उससे कैसे आसनाई हो गई?" भजनू ने तसले में आटा सँभालते हुए रहस्य-भरी आवाज में पूछा।

"तू चाहे तो तू कर ले! कौन मुश्किल है!...लेकिन उस नरक में कूदे कौन?...बखत था जब हमारे पीछे लग गई थी..." आदत के मुताबिक चरनसिंह बात अपने से जोड़ रहा था।

"कुबड़ा न होता तो शायद ब्याह रचा लेती!" होरी ने जैसे चरनसिंह के कुबड़ेपन पर गहरा वार किया। "बैठ जा सीधी तरह, हूँ! ...तेरे पीछे लग गई थी! गाँव के ठाकुर ने जान दे दी, पर नजर नहीं मिलाई उसने!"

"असल में उसे पैसे का गरूर है!" भजनू ने रोटी गरम तवे पर डालते हुए कहा, "दस गाँव में ऐसी औरत नहीं मिलेगी! का रूप है और का काठी है! रामकसम!"

चरनसिंह ने सिसकारी भरी और भजनू की बात का मतलब साफ हो गया। चूल्हे की आँच में उसका कूबड़ कद्दू की तरह लग रहा था। होरी की आँख के नीचे लटका हुआ बड़ा-सा मांस का लोथड़ा सूजा हुआ था। "कीड़े ने काट लिया", कहते हुए उसने सने हाथ से आँख के नीचे सहलाया और बोलता गया, "घी-मेवा खाती है, ठसक से रहती है पंडिताइन!"

"चालीस की लगती नहीं," भजनू ने रोटी पलटी। "महेसा की उमर कितनी होगी?" उसने दरयाफ्त किया।

"होगा पच्चीस-छब्बीस का!" चरनसिंह बोला।

"फिर तो···" कहकर होरी शैतानी से हँस पड़ा।

झील तक वह सड़क तो पूरी नहीं बन पाई, पर महेसा गैंग से बिछुड़ गया। विधवा पंडिताइन ने उससे शादी कर ली थी। लोगों ने तरह-तरह की बातें कहीं··· किसी का कहना था कि जवान देखकर पंडिताइन ने फाँस लिया और कोई कहता था कि महेसा रुपया-पैसा देखकर ढरक गया···। जो भी हो, दोनों तरह से लोगों को यह अच्छा नहीं लगा था, क्योंकि किसी को बुरा देखकर लोग बर्दाश्त नहीं कर पाते और अच्छा बनते देखना उनसे सहा नहीं जाता। लेकिन महेसा ने किसी की परवाह नहीं की। पंडिताइन फिर से सुहागिन हुई थी और इतने दिनों बाद जब उसकी मांग में सिंदुर और गोरे माथे पर पत्तीदार बालों के बीच बिंदिया चमचमाई, तो उसका रूप दुगुना हो गया। दुहरे बदन की पंडिताइन जब चाँदी की करधनी बाँधकर चलती और पैरों में झाँझें जब झन्न-झन्न बोलतीं तो लोगों के कलेजे दरक जाते। राह में साथ चलते महेसा से पारवती पंडिताइन कहती, "तुम्हें तो जरा भी सऊर नहीं है! मरद घरवाली के आगे-आगे चलता है, साथ नहीं!···लोग क्या कहेंगे?···आगे चलो!"

और सिर पर साफा बाँधे महेसा कहता, "बड़ी सरम आए रही है! सहर में मेम लोग इसी माफिक चलती हैं, बल्किन बाँह में हाथ फँसा के" और बस्ती के बाजार से खरीदा, चमकदार केलासन का जंफर झिलमिलाता देख उसका माथा गर्व से उठ जाता। पारबती कित्ती खूबसूरत है।

और एक दिन देवियों की पूजा के लिए जब पारबती ने महावर लगाया, तो चमचे में घुला लाल रंग उँगली में लेकर उसने पारबती के होंठों पर लगा दिया। पारबती छुटाने लगी तो उसने अपनी कसम दे दी और नुमाइश से लाए शीशे को उसके सामने कर दिया। पारबती ने लजाते हुए अपने लाल होंठों को देखा, पर अपनी खूबसूरती को शोखी से भरकर बोली, "तुम तो मेम से सादी करते! लाली-पौडरवाली से।" और वह अपने को खुद किसी मेम से कम नहीं लगी थी!

तभी महेसा ने उसकी गुदारी कलाई पकड़ते हुए कहा, "तुम किधर से कम हो!" और हँसती पारबती के उजले दाँतों को देखकर उसका मन खिल गया।

पारबती के दाँत ठीक वैसे ही थे, जैसे उसने कभी देखे थे, हंस के पंखों की तरह धुले हुए!

पारबती के कहने से उसने कलमें बड़ी-बड़ी रखवाई थीं, चोटी में मोटी सी गाँठ बाँधता था और मूँछें छोटी करवा ली थीं। मेले-तमाशे पर जाने के लिए बैलों की एक गोई और छोटा-सा रब्बा भी खरीद लाया था। बैलों को खूब सजाकर रखता था। उनके गलों में चालीस घुँघरुओं की माला थी और सींगों में पालिश। रब्बे की छत के लिए रंगीन झालर पारबती ने सी थी और गछियाँ वह दर्जी से बनवा लाया था। पहियों के ऊपर रथ की तरह हाथा लगवाया था और सन की नहीं, सूत की रंगीन डोरियों से किनारे बुनवाए थे। सतरंगी रब्बा था महेसा का! एक दफा दौड़ में दाँव लगा आया था और पारबती के पीछे पड़ गया था, "तुम साथ नहीं बैठोगी तो दौड़ में नहीं जाऊँगा।" उसने बहुत समझाया था, "हमारा तमासा दिखाओगे?...बहुत लड़कपन है तुममें।"

महेसा हँस पड़ा था, "और तुम बूढ़ी हो गई हो न! सरम नहीं आती हमारे सामने कहते?...बतिया-बछरी-से दाँत हैं अभी, बात बड़ी-बूढ़ियों की तरह करोगी!"

और मेले की दौड़ के लिए जाते-जाते जब ऊसर से रब्बा गुजर रहा था, तो पारबती ने चतुराई से उसे मना लिया था और मन में कोई मलाल लाए बिना महेसा मेला दिखाकर बगैर दौड़ में हिस्सा लिए लौट आया था।

बस्ती में हरदम महेसा और पारबती की बात होती, पर दोनों को किसी की चिंता नहीं थी। पारबती रुपए का लेन-देन करती और सबकी चोटी अपने पाँव के नीचे रखती। बस्ती में कौन ऐसा था, जिसे वक्त-बेवक्त चार पैसे की जरूरत नहीं पड़ती! इसलिए वे लोग भी जो पीठ पीछे पारबती और महेसा को कोसते, सामने आकर चिकनी-चुपड़ी बातें करते।

इसका एहसास दोनों को था, पर दोनों इतने मुक्त थे कि कभी उन्होंने मन नहीं जलाया। महेसा अब निश्चिंत हो गया था। काम-धाम करने की उसे जरूरत नहीं रह गई थी। पर अब भी, जब वह सैलानी लोगों को झील की ओर जाते देखता और उनके साथ कोई सुंदर औरत होती, तो वह अपने को रोक न पाता; पीछे-पीछे चला ही जाता और चाहता कि वह औरत उससे बात करे। और जब वह औरत उससे बात नहीं करती, तो वह चिड़ियों में मशगूल हो जाता, शांत झील के किनारे-किनारे

चक्कर काटता, नरकुलों के बीच साबुदाने की तरह फैले हुए मछलियों के अंडों को देखता और नीलपक्षी के जोड़ों को निहारता···बगुले को ध्यानावस्थित खड़ा देखकर वह साँस रोककर ठहर जाता और उसके शिकार करने की प्रतीक्षा करता; देर हो जाती तो घर की याद आते ही लौट पड़ता।

एक बार वह दिन-भर नहीं आया, आधी रात को लौटा। पारबती ने नाराज होकर पूछा, तो सीधेपन से कह दिया, "जंगल तक गया था।"

"झील पर घूम के मन नहीं भरता?" पारबती ने उलाहना दिया, तो बड़ी सफाई से उसने बता दिया, "जंगल में तीतर देखने गया था, ससुरे धूल से नहाते हैं!"

"तीतर-वीतर नहीं, तुम कहीं और गए थे। सच-सच बताओ मुझे!" पारबती कुछ कड़ी पड़ गई, "तीतर देखना था तो बलदू के घर देख लेते, वह तो तीतर लड़ाता है।"

"पिंजरे में बंद तीतर का क्या देखना!" महेसा ने कहा, "मुझे कोई पालना तो है नहीं, पता नहीं लोग कैसे चिड़ियों को पालते हैं!"

तभी ऊपर आकाश में कुछ पक्षियों का झुंड उड़ता गुजर गया। उसकी आँखें आसमान में टँग गईं। एकदम बोला, "यह वाक का झुंड है···देख पारबती, अब रातभर ये मछली का शिकार करेंगे।"

पक्षियों के नरम पंखों की रेशमी आवाज दूर चली गई थी।

"वो कुछ भी करें, तुम हमारी बात का जवाब दो। सच-सच बताओ कहाँ गए थे?"

"ईमान से बता दिया।"

"लेकिन इत्ती रात तक तीतर ही देखते रहे?" पारबती के स्वर में शंका थी।

"हाँ-हाँ, पारबती माना करो!···देखो, पैरों में कितने काँटे चुभ गए हैं। लड़ना है तो सवेरे लड़ेंगे।" कहकर वह आराम से टाँगें फैलाकर लेट गया।

पारबती ने बात बदल दी, "रुपया बहुत फैल गया है, वसूल नहीं होता, तुम जरा लोगों को डाँटो-डपटो।"

"यह हमसे नहीं होगा।"

"अच्छा सुनो! मेरा मन है कि कुछ रुपया लगा के यहाँ चबूतरे पर एक मंदिर बनवा दिया जाए···और बन सके तो मुसाफिरों के लिए दो कोठरियाँ भी

बन जाएँ। हारे-थके लोगों को आराम मिलेगा और कुछ रुपया धरम के कारज में लग जाएगा।"

"यह धरम-करम तुम्हें कब से सताने लगा?"

"बहुत दिन की साध है मन में! मिस्त्री को बुला के जमीन भी दिखाई थी, फिर कुछ हो नहीं पाया।...मर जाऊँगी तो नाम का एक मंदिर तो रहेगा, दस दिलों से असीस निकलेगी!" पारबती ने बड़ी सच्चाई से बात कही।

"बेबखत यह बात कैसे सूझ गई तुम्हें?" महेसा ने पूछा।

"आज दिनभर यही सब सोचती रही।"

महेसा ने गौर से देखा पारबती को। चाँदनी उसके चेहरे पर पड़ रही थी। सचमुच पारबती बहुत बदली-सी लगी। आज उसे लगा कि सचमुच पारबती उससे बहुत बड़ी है।...और उसके चेहरे पर नीली लकीरों का जाल बनना शुरू हो रहा है। बाँहों का खिंचाव ढीला पड़ गया है, कूल्हे पर भारीपन आ गया है। लेकिन फिर भी उसके पत्तीदार बाल उसे अच्छे लग रहे थे।...

"का देख रहे हो?" पारबती ने आँचल का खूँट ऊपर सरका लिया।

महेसा चुपचाप देखता रहा, बोला कुछ नहीं। पारबती ने फिर टोका तो महेसा ने यों ही कह दिया, "मंदिर बनना जरूरी है?"

पारबती समझ गई कि उसके मन की बात यह नहीं है। महेसा की आँखों में अभी जो सूनापन उसने देखा था, वह कुछ और ही कह रहा था। पारबती ने कुछ उदास स्वर में पूछा, "हमसे सादी करके पछताते तो नहीं हो?"

"ऐं?" महेसा इस सवाल के लिए तैयार नहीं था।

"आज सोच-सोच के बड़ा दुःख हुआ।...अपने सुख की खातिर हमने तुम्हें खराब कर दिया।" पारबती की आँखों में पनीलापन था, "पछतावा तो होता होगा, सच-सच बताना!"

"काहे का पछतावा पारबती?" महेसा ने कहा, "हमने कभी यह सब सोचा ही नहीं, जरूरत ही नहीं पड़ी।"

"तुमने कभी कुछ नहीं सोचा? सादी की बाबत भी नहीं सोचा था?" पारबती ने जैसे उसे कुरेदा, "अभी तुम अपने को आजाद समझते हो, बाल-बच्चे होते तो समझते!" कहते-कहते उसकी आवाज भारी हो आई। चाँद पर बादल आ जाने से चाँदनी मटमैली हो गई थी और पारबती का चेहरा धुँधला पड़ गया था। लालटेन

चौखट में कुंडी से लटकी थी और उसकी रोशनी में खाट की अरदावन परछाइयों की सलाखें बना रही थी।

महेसा को एकाएक लगा कि शादी के बाद सब घरों में बच्चे होते हैं, उसके घर में अभी तक कुछ नहीं हुआ। उसने गहरी नजरों से पारबती को देखा। इस समय की बात वह समझ नहीं पा रहा था। आखिर पारबती कहना क्या चाहती है? घर में चारों ओर सन्नाटा छाया हुआ था। ऐसे सूनेपन में उसने पारबती के साथ कभी अकेलापन नहीं महसूस किया, पर आज वह इतनी अलग-सी क्यों मालूम हो रही है? हमेशा, रात हो या दिन, अकेलेपन में उसके मन में प्यार ही उमड़ा है, और उसने भी कभी ऐसी उखड़ी बातें नहीं की।

"तुम्हें हुआ का है?" महेसा ने शायद आज पहली बार इतना सोचकर कुछ पूछा था।

"पता नहीं का हुआ है! बस्ती का अस्पताल बहुत छोटा है, यहाँ मेरी देखभाल नहीं हो पाएगी।"

"अस्पताल! लेकिन अस्पताल की का जरूरत है?" महेसा और उलझ रहा था।

"तुम्हारी नासमझी के लिए का कहूँ! यहाँ घर पर मेरी देखभाल कौन करेगा? सगे-संबंधी भी नहीं, जो जरूरत-बखत पर आ जाते।···सुना है अस्पताल में तकलीफ भी नहीं होती, ऐसी दवा देते हैं डाकटरजी।"

महेसा हँसा। वह अब समझ पाया था। उत्साह से भरकर बोला, "जिला अस्पताल में चली चलना! पैसा सब देखभाल करा देगा, भगवान का दिया सब-कुछ है!"

लेकिन पारबती उसकी खुशी में हिस्सा नहीं बँटा पाई। उसके मन में जैसे डर समाया हुआ था। बोली, "एक बात कहूँ?···हमें बड़ा डर लगता है, लगता है जान चली जाएगी।"

"बेकार डरती हो तुम!"

"बेकार नहीं, न जाने मन में कैसी-कैसी बातें व्यापती हैं! बड़े डरावने सपने दिखाई पड़ते हैं! साँस रुकने लगती हैं!" पारबती ने बाँहें छाती पर कस ली थीं।

"तो हमारे साथ लेटा करो," महेसा ने उपाय बता दिया।

"कुछ तो सोचा करो!"

"हम कहें कि आजकल तुम कतरायी-कतरायी काहे रहती हो!"बेकार की बातें मन में मत लाया करो पारवती! आ, खाट टीन में कर लें।"

पारबती ने उठकर खाट पकड़ते हुए कहा, "अब इतना बाहर मत रहा करो, न जाने कब क्या हो जाए!"

महेसा ने खटिया से खटिया मिला ली और पाटी के पास सरककर हाथ उसकी बाँह पर रख दिया, "अब डर नहीं लगेगा तुम्हें।"

कुछ देर बाद पारबती सो गई, पर महेसा को नींद नहीं आ रही थी। पारबती का पैर एकाएक हिला और साँस तेज हो आई, जैसे वह डर रही हो। महेसा ने उठकर उसके माथे पर हाथ फेरा। बड़ी देर तक बैठा देखता रहा और जब उसे नींद आने लगी, तो लोहे का एक चाकू लाकर उसने पारबती के सिरहाने रखा और लेट गया, जैसे पारवती नन्हीं-सी बच्ची हो!

इन दिनों उसका मन बहुत भरा-भरा रहता। पारबती इस लायक नहीं थी कि उसे झील तक ले जाता, खुद भी बैठता और उसे भी दिखाता वहाँ की सुंदरता। इसलिए वह आसपास ही कुछ देर के लिए चला जाता। हाफिजजी की बिसाती की दुकान पर अगर बैठ जाता, तो पारबती के लिए नाखूनों की लाली, कोई छोटा-सा शीशा या और कोई ऐसी चीज खरीद लाता जिसे हाफिजजी नई चाल की बता देते"एक दफा हाफिजजी ने उसे फोटो-फ्रेम दिखाकर कहा, "इसमें मियाँ-बीवी की तसवीर लगती है। बड़े घरों में लोग इसे रखते हैं।" फोटो-फ्रेम तो वह ले आया, पर तसवीर नहीं थी। तीसरे ही दिन उसने पारबती को तैयार कराया, सारे गहने उसे पहनने को मजबूर किया और खूब तेल लगाकर रामा फोटोग्राफर की दुकान पर जा पहुँचा।

साथ-साथ बैठते हुए उसने पारबती के सिर का पल्ला कानों के पीछे कर दिया और अपनी कमीज की जेब में सतरंगा रेशमी रुमाल रख लिया। अपने गले का तावीज भी खींचकर ऊपर कमीज पर निकाल लिया, ताकि तसवीर में सब-कुछ दिखाई पड़े। अपने पीछे बाग का परदा लगवाया, जिसमें दो चिड़ियाँ चोंच से चोंच मिलाए बैठी थीं। पारबती को भी वह परदा पसंद आया था।

लेकिन तसवीर में और सब तो ठीक आ गया, अफसोस सिर्फ बालों का था।

"ससुरे ने हमें बूढ़ा बना दिया! काहे, पारबती?"

"तुम्हें ही बड़ा शौक चर्राया था। एक रुपया खराब कर दिया!"

पर महेसा को इस बात का मलाल नहीं था। उसने तसवीर को फ्रेम में लगाकर बरामदे वाली घरोंची पर सजा दिया। ऐसी तसवीर मुश्किल से किसी के घर निकलेगी···मुख्तार साहब के घर ही हो सकती है!

उस दिन भी वह हाफिजजी की दुकान पर बैठकर लौट रहा था। पारबती के बालों में लगाने के लिए विलायती पिन लाया था। पिन के पत्ते पर बनी मेम को वह ताक रहा था कि पारबती ने पूछा, "मंदिर के लिए मिस्त्री से बात हुई?"

"मिस्त्री तो नहीं मिले, पर एक नई बात सुनने में आई है।"

"का?" पारबती ने उत्सुकता से जानना चाहा।

"अपनी बस्ती में बिजली लग रही है; चुंगीवाले बड़ी कोशिश में हैं, पर पैसा पास नहीं है चुंगी के।"

"तो बिजली का लगेगी?"

"सुना, चुंगी अपनी कुछ जमीनें बेचने की बात सोच रही है, ऐसी जमीनें जो उसके लिए बेकार हैं!" महेसा ने कहा तो पारबती एकदम बोली, "चुंगी अगर बेचे तो अपने चबूतरे के पास वाला कूड़ाखाना हम खरीद लें!···चबूतरे पर मंदिर हो जाएगा और उधर मुसाफिरों के लिए छोटी-सी धरमसाला! तुम जरा सच्ची बात पता लगाओ!"

"बात तो सच्ची है। हाफिजजी का रोज चुंगी में आना-जाना लगा रहता है, गलत खबर नहीं लाएँगे, वो ही बता रहे थे।" महेसा ने जैसे उसे इत्मीनान दिलाया, "मौका लगा तो खरीद लेंगे।"

"का पता कब तक हो!"

झील की ओर से तभी चिड़ियों का कातर शोर सुनाई पड़ा और उसका मन बहक गया। एकदम बोला, "शायद शिकारी आए हैं।"

ऊपर आसमान से 'आंग-आंग' करते चक्रवाकों के जोड़े गुजर रहे थे। महेसा का मन ग्लानि से भर आया। बोला, "इन्हें मारने से फायदा! इत्ती सुंदर चिड़िया है, पर मुर्दा खाती है!"

"आजकल नई-नई चिड़ियाँ बहुत दिखाई पड़ती हैं, पहचान में भी नहीं आतीं," पारबती ने कहा, "न जाने कहाँ से इतनी आ जाती हैं!"

"ये चिड़ियाँ मेहमान हैं।···कातिक खत्म होते आती हैं और फागुन-चैत तक

चली जाती हैं।" महेसा पारबती को बता रहा था, "हमने चिड़ियों के अंडे भी जमा किए हैं, तुझे नहीं बताया, नहीं तो घर से निकाल देती।"

"अब भी निकाल सकती हूँ।" पारबती कह ही रही थी कि 'दिखाऊँ' कहता हुआ महेसा उठकर गया और तरह-तरह के सफेद, चितकबरे, हरियाले से अंडे उठाकर ले आया।

"देख पारबती, यह वाक का अंडा है, यह सारस का और यह सोनापतारी का!" महेसा एक-एक अंडा उठाकर दिखाने लगा। वैसे तो पारबती नहीं छूती, पर उसने सोनापतारी का अंडा हाथ में ले ही लिया। घुमाकर देखते ही हाथ से छूटकर वह गिर पड़ा और टूट गया, तो पारबती के मुँह से चीख निकल गई, "हाय दइया!"

"टूट गया तो क्या हुआ?" महेसा ने सरलता से कह दिया।

पर पारबती के चेहरे पर काले बादल-से छा गए थे, उसका दिल धक्-से रह गया था, बहुत धीमे स्वर में बोली, "असगुन हो गया," और आँचल में मुँह छिपाकर रो पड़ी।

और पारबती उस दिन भविष्य के आशंकामय परिणामों को सोचकर रोई थी "बिल्कुल वैसे ही करुणापूर्ण और असहायता से भरी उसकी आवाज जच्चा-बच्चा अस्पताल में थी···"

महेसा को सबकुछ याद आता है। यह कैसे होता है कि आदमी हमेशा एक ही तरह से रोता है!···पारबती की वह आवाज उसे भूलती नहीं, जब उसने अस्पताल के पलंग पर पड़े हुए महेसा को अपने पास बुलाया था, "इतने दिन चढ़ गए हैं, डॉक्टरनी कहती है कि चीरा लगाना पड़ेगा!" पारबती का रोम-रोम जैसे काँप रहा था चीरे का नाम सुनकर। आँखों में आँसू भरकर उसने महेसा की बाँह पकड़ ली थी और बड़े ही दर्द-भरे स्वर में कहा था, "अब मेरा कोई ठिकाना नहीं, पता नहीं ईश्वर को क्या मंजूर है!"

"दिल छोटा क्यों करती हो पारबती? तुम जीती-जागती घर पहुँचोगी।···मैं मंदिर बनवाऊँगा और मुसाफिरों के लिए धरमसाला!"

लेकिन पारबती जीती-जागती घर नहीं पहुँची। बच्चा पेट में मर गया था और ऑपरेशन के बाद भी उसकी बिगड़ती हालत को अकेली डॉक्टरनी सँभाल नहीं पाई थी।···सारा शरीर नीला पड़ गया था, पारबती के शरीर में जहर फैल गया था।

और महेसा को पारबती का हलका नीलापन लिये शरीर ठीक वैसा ही लगा

था, जैसा कि उस दिन चाँदनी में उसने देखा था। पारबती की साँसें धीमी पड़ती जा रही थीं, वह एकदम निश्चिंत लग रही थी, और उसने महेसा को पास बुलाकर कहा था, "अब मंदिर जरूर बनवा देना, पारबती मंदिर!"

मंदिर! सोचकर महेसा का कलेजा फट गया था। आखिरी आस थी उसे, चीखकर बोला था, "ऐसा मत कहो पारबती! बच्चा मर गया तो क्या हुआ, तू तो जीती-जागती है!"

"मुझे देख लो, अच्छी तरह देख लो!" पारबती की आँखों से आँसुओं की धार बह-बहकर कानों के पास से होते हुए नीचे गिर रही थी।...फिर...फिर उससे नहीं देखा गया, जैसे पारबती के प्राण खिंच रहे थे और फिर पारबती के निचले होंठ सूखकर चटक गए थे।...

महेसा की दुनिया वीरान हो गई और वीरानापन देखकर आदमी पगला जाता है।

बस्ती के आदमियों का यही कहना था कि महेसा पगला गया। जो आदमी, आदमी का खयाल नहीं करता, वह पागल नहीं तो और क्या है? आदमी के दुःख-दर्द को जो नहीं समझता, उसे और क्या कहा जाए? महेसा, वह मुक्त और निश्चिंत महेसा, एकदम बदल गया था!

उसे सिर्फ पैसे की फिक्र थी। पारबती का फैला हुआ रुपया वह बड़ी कड़ाई से वसूल कर रहा था।...घर का अकेलापन उसे काटने दौड़ता।...इतना प्यार पाकर अब जैसे उसकी आदत बिगड़ चुकी थी।

लोगों ने कहा, "महेसा पंडित, दूसरी शादी कर लो। इतना रुपया-पैसा किस काम आएगा? आस-औलाद भी तो नहीं!"

महेसा ने जवाब दे दिया, "पारबती के बराबर कोई मेरा ख्याल करे तो सोचूँ भी...नहीं, तो भी न सोचूँ। गलत बात बोल गया।...बेकार का मखौल मत किया करो! अब बूढ़ा हो चला।"

यों पारबती से दस बरस छोटा था महेसा, पर पारबती की मौत के बाद वह उससे दस बरस बड़ा लगने लगा। कनपटियों पर तीन ही बरस में सफेदी आ गई और गरदन के नीचे की खाल झुर्रियों से भर गई। सचमुच, आदमी बूढ़ा नहीं होता, वक्त उसे बूढ़ा बना जाता है।

सूने घर में महेसा आठ-आठ आँसू रोता और उसे पारबती की एक-एक बात

याद आती···चीजें देखता तो आँखों में आँसू भर आते···वह टीन का बक्सा, जिसमें उसके कपड़े रहते थे···और जिसमें पारवती अपने रुक्के और रुपए भी रखती थी··· संदूक के ऊपरवाली कील में किनारी में बँधी चूड़ियों का लच्छा देखकर वह उस दिन रो पड़ा था।···एक-एक चूड़ी उसने पहचानी थी···कौन-सी किस मेले में पहनाई थी उसने···और दूसरा जोड़ा पहनने के वक्त उसने कब-कब इन चूड़ियों को उतारा था···भरी आँखों से वह देखता रहा।···घर का सूनापन उसे अब काटने दौड़ता।···दीवार पर सगनौती की लकीरें देखकर उसे फिर कुछ याद आया···जब एक बार वह दो दिन के लिए कहकर चार दिन बाद लौटा था, शायद तभी पारबती ने गेरू से यह सगनौती उठाई होगी···वह जो कुछ करती थी उसमें सिर्फ उसी के लिए तो सबकुछ था, और कौन था उसका? न पारबती का कोई था और न अब महेसा का कोई रह गया है!···

और जब वह जगन नाई के घर धरना देकर बैठ गया कि आज हिसाब मय मूल-ब्याज के चुकता करके उठेगा, तो उसकी औरत ने भीतर से उकराकर कहा, "पंडित, तुम जो इतने जालिम हो कि किसी की पत नहीं देखते!···पारबती चाची मुँह से चाहे जितना बिगड़ें, पर आदमी की मरजाद और इज्जत का तो ख्याल करती थीं।"

"ये सब हम नहीं जानते! हम रुपया लेके उठेंगे आज! पूरा सौ रुपया है मय ब्याज के!" महेसा ने कड़कती आवाज में कहा और चोटी की गाँठ खोल ली।

जगन नाई बहुत गिड़गिड़ाया, "महाराज, घर की नींव खुदवा लो तो भी इस बखत पच्चीस से एक पाई ज्यादा नहीं निकलेगा।···थोड़ी सी मोहलत और मिल जाए!"

आखिर चार भले आदमियों ने आकर जब बहुत समझाया तो महेसा किसी तरह राम-राम करके उठा।

कुछ दिनों बाद महेसा, जो अब महेस पांडे के नाम से पुकारा जाता था, बस्ती से चला गया। सुना, चुनार-मिर्जापुर की तरफ पत्थर की तलाश में गया है। कर्जदारों ने सुख की साँस ली थी, पर वह पंद्रह दिन के भीतर-भीतर लौट आया। चौधरी के बाग में बैठकर बता रहा था, "पारबती मंदिर के लिए सामान देखने गया था। मूरत-जयपुर से बनवाऊँगा।"

लोगों का कहना था कि सोना-चाँदी मिलाकर कुल आठ-दस हजार की

पूँजी है उसके पास। और जो दबा-दबाया हो सो अलग। इस बीच उसने काफी बकाया रुपया वसूल कर लिया था।

धीरे-धीरे रुपए की उसकी तृष्णा भरती-सी लगी। हाफिजजी की दुकान से गुजरता तो आवाज सुनकर कह देता, "अब क्या करूँगा बैठके हाफिज मियाँ? पहनने-ओढ़ने वाली तो चली गई।"

एक दिन हाफिजजी ने उसे हाथ पकड़कर बैठा लिया। बैठे-बैठे बात चल निकली, "सुना, मंदिर बनवाने की फिकर में हो!"

"बस, यही एक काम करना है हाफिजजी! किसी तरह मंदिर और एक छोटी-सी धरमसाला बन जाए, तो मन को शांति मिले। पारबती यही कहती-कहती मरी थी।"

"यह तो धरम का काम है। बनाने खड़े होंगे तो दस आदमी हाथ बँटाएँगे। तुम शुरू तो करो।" हाफिजजी ने उसकी उदास नजरें देखकर तसल्ली दी, "कभी जरूरत पड़े तो दस-बीस रुपए हमसे भी ले लेना।"

"रुपया पूरा नहीं है। लोग समझते हैं मेरे पास खत्ती खुदी है। पर सच हाफिजजी, कुल चार हजार हैं, इतने में तो सीमेंट भी नहीं आएगा।"

ग्राहक आया देख हाफिजजी भी उधर उलझ गए और महेस पांडे उठकर चल दिया। ऐसे ही एक दिन वह बस्ती की तरफ से घर जा रहा था कि झीलवाले रास्ते पर कुछ लोग दिखाई पड़े। उसके पैर उधर ही उठ गए। कुछ सैलानी थे, चार मर्द और दो औरतें। औरतें सुंदर तो नहीं थीं, लेकिन फिर भी वह उनके पीछे-पीछे चल दिया। काफी दिनों बाद आया था वह इधर।

नीली झील खामोश थी। किनारों पर गीली आँखों की तरह नमी थी और घास की टहनियाँ हवा के साथ धीरे-धीरे पानी को सहला रही थीं। नरकुल की लंबी पत्तियाँ, पक्षियों की कलगी की तरह काँप रही थीं और पानी में डूबी सिवार के सूतों से मछलियों के बच्चे कतरा-कतराकर निकल रहे थे। वह किनारे आकर बैठ गया। पानी के नन्हें-नन्हें बबूले नीचे से ऊपर सतह तक आए, तो लगा किसी मछली ने मोती उगल दिए हों। जलचरों की बारीक आवाजें झील के पानी में गूँज रही थीं और ऊपर पेड़ों पर पक्षियों के पंखों की सरसराहट और सीटियों की मद्धम आवाजें थीं।

काले सिर और श्वेत वक्षवाली गंगाकुररी की हलकी-सी सीटी उसके कानों में पड़ी। आँखें उधर अटक गईं। झील के ऊपर वह चक्कर काट रही थी, कुछ इस

तरह, जैसे उसे चक्कर में उड़ानेवाली अदृश्य डोर किसी के हाथों में हो और वह बस घूमती ही जा रही हो। वह जानता है कि गंगाकुररी पेड़ पर नहीं बैठेगी। तभी वह तीर की तरह पानी के ऊपर गिरी और चमकदार मछली उसकी लंबी चोंच में थी।

तभी संगीत की आवाज उसके कानों में पड़ी। आए हुए सैलानी लोग कुछ गा-बजा रहे थे। नीली झील के शांत पानी पर उनके स्वर तैरते हुए दूर तक जा रहे थे। उसे बड़ी शांति मिली।

फिर पवनहंसों का एक झुंड अपने राग का स्वर मिलाता हुआ झील के दूसरे किनारे पर उतर पड़ा और दो-चार हंस गेहूँ और चने के खेत में घुसकर अंकुर खाने लगे। गरदन उठा-उठाकर वे ऐसे देख रहे थे, जैसे अजनबी हों, और सचमुच वे अजनबी ही हैं। महेस पांडे का मन न जाने क्यों भर आया! वे पवनहंस अब आए हैं, चार-पाँच महीने रहकर पारबती की तरह चले जाएँगे, या फिर किसी शिकारी का शिकार हो जाएँगे, जैसे पारबती हो गई। इनके धूसर पंख खून की लकीरों से रँग जाएँगे और इनके पंखों को पकड़कर शिकारी ऐसे लटका ले जाएगा जैसे मुर्दा पारवती को अस्पताल के भंगी पलंग से उठाकर उस सूने बरामदे में ले आए थे।...

तभी करकर्रा बोला, सफेद कलगी की शान में वह गरदन लपकाता हुआ चला जा रहा था। शायद आरामदेह, रेतीली जमीन खोज रहा है करकर्रा। ...फिर एक भयंकर धड़ाके की आवाज से वह चौंक उठा। बाईं ओर फैले दलदल से सारसनी की तुरही-सी तेज चीख आई और गूँजती रही। वह बार-बार चीख रही थी और सारस अकुलाया-सा कुछ ऊपर चक्कर काट रहा था। कभी वह दलदल में उतरकर चीखता, कभी लंबे-लंबे डग भरकर इधर-उधर लपकता और वैसी ही तेज आवाज में चीखने लगता। गिरी हुई सारसनी की आवाज फट गई थी और उसकी गरदन कुचले हुए साँप की तरह फड़फड़ा रही थी।

पवनहंसों का झुंड तट से भागकर खेतों में चला गया।...अभी-अभी कुछ क्षण पहले का स्वप्निल वातावरण एकदम भयानक हो उठा था। झील का पानी सीमा में बद्ध जैसे थर्रा रहा था और भीगे किनारों पर निर्जीव स्वर टकरा रहे थे। पेड़ों में अभी-अभी सनसनाहट भर गई थी। दलदल में घायल पड़े सारस को उठाकर लाने की हिम्मत नहीं पड़ रही थी किसी की।

महेस पांडे ने पास आकर उन सैलानियों को देखा। उसे उम्मीद थी कि पारबती की तरह ऐसे क्षण में इन औरतों की आँखों में पानी डबडबा आया होगा,

पर उनमें तो शिकारी के निशाने की प्रशंसा भरी थी।

वह घर लौट आया। रातभर उस अकेले घर में उसे बार-बार वही तेज आवाज सुनाई पड़ती रही। फिर जाने कहाँ से अस्पताल में चीखती पारबती की आवाज आने लगीं।···सुबह होते ही उससे रुका नहीं गया। वह सीधा झील पहुँचा। झील के ऊपर का धुआँ धीरे-धीरे साफ हो रहा था। कांद का जोड़ा किनारे पर बैठा काई खा रहा था। झील के शांत सौंदर्य ने उसे इस क्षण बिल्कुल प्रभावित नहीं किया। उसके पैर दलदल की ओर बढ़ रहे थे। उसे सारस दिखाई दिया। वह मृत पड़ी सारसनी के पंखों में चोंच गड़ा-गड़ाकर उसे जगा रहा था शायद, और जब सारसनी नहीं जगी, तो वह विलाप करता झील की ओर चला आया।

वहीं पेड़ के नीचे बैठकर वह देखता रहा-मानसरोवर और कैलास से आए देवहंसों को, जो गंधर्वों के देश से आए थे, प्रवास के लिए···कोमल और पवित्र पक्षी!···हलकी किरणों में सोनापतारी के स्वर्णपंख चमचमा उठे। उसका मन उदासी से भर गया। इन परदेसी पक्षियों से क्या नाता जोड़ना! बैठे-बैठे जब वह ऊब जाता, तो बस्ती की ओर चला आता।

बस्ती में नाप-जोख होने लगी तो लोगों को विश्वास हुआ कि अब बिजली लग जाएगी। महेस पांडे ने भी हाँ में हाँ मिलाई, "सुना, उत्तर की तरफ बहुत बिजली पैदा की जा रही है, वहीं से यहाँ आ रही है।"

तभी मुनादीवाला ऐलान करता सुनाई पड़ा, "ब-हुकुम चियरमन साहब के, चुंगी की कुछ जमीनों का नीलाम ब-तारीख चार जनवरी सोमवार को चुंगी अहाते में सवेरे आठ बजे से होगा··· । जमीनों के नकसे दफ्तर चुंगी में खरीदारों के लिए लगे हैं!···हर खास व आम को खबर दी जाती है कि···" और मुनादी वाले ने तबले पर बाँस की खपच्चियों से चोट की और आगे बढ़ गया।

चार जनवरी में अभी बीस दिन थे। महेस पांडे के दिमाग में चबूतरे के पासवाली जमीन घूमने लगी। चुंगी को बिजली के लिए रुपए की जरूरत है और उसे धर्मशाला के लिए उस जमीन की।

मंदिर और धर्मशाला की बात को लेकर वह सभी के पास पहुँचा, "धरम का काम है। सबसे ज्यादा रुपया हम लगाएँगे, कुछ मदद आप लोग करें। धरमसाला पंचायती कर दी जाएगी। आप लोग दस-दस, बीस-बीस रुपए से भी मदद करें तो यह कारज हो सकता है।"

मारवाड़ी मिलवालों ने एकमुश्त पचास रुपया दे दिया, लेकिन उसका खाता डाकखाने में खुलवा दिया। महेस पांडे ने तीन हजार रुपया भी उसी खाते में जमा कर दिया। इन बीस दिनों के बीच वह घर-घर घूमा। मुख्तारों के पास गया, हलवाइयों और वैद्यों के पास गया, कपड़े के आढ़तियों से लेकर अंग्रेजी डॉक्टरों तक पहुँचा और कुल मिलाकर एक हजार रुपया और जमा हो गया।

सबकी आँखों में महेस पांडे का रुतबा और सम्मान एकाएक बढ़ गया था। अब सिर पर वह गेरुआ साफ़ा बाँधने लगा था और हाथ में लाठी लेकर चलता था। शरीर कुछ शिथिल हो रहा था।

लेकिन इस ढलते शरीर के साथ भी वह दिनभर घूमता और अपने साफे में किसी चिड़िया का गिरा हुआ सुंदर-सा पर कलगी की तरह खोंस लेता। चुंगी दफ्तर में जाकर वह नक्शे भी देख आया था। नीलाम का दिन पास आ रहा था, और जैसे-जैसे वह दिन निकट आता जाता, महेस पांडे की उदासी और बढ़ती जाती।

झील पर शिकार खेलने के लिए आदमियों की बहुत सी टोलियाँ इस बीच आईं और गईं, और अपने घर पर बैठे या बस्ती में घूमते हुए उसने जब-जब चीत्कारें सुनीं और साहब शिकारियों को नरम पंख वाली चिड़ियों को लटकाए ले जाते देखा, तब-तब उसे पारबती की याद आई बेतरह। उसकी हालत भी तो उस सारस के जोड़े की तरह ही थी···

घर में लेटता तो उड़ते पक्षियों के नरम, कोमल पंखों की सरसराहट उसे महसूस होती, जैसे पारबती केलासन की धोती पहने अदृश्य रूप से गुजर गई हो।··· पर्वतों से आए मेहमान पक्षियों के सफेद और सेमल की रूई से सजीले पंख और पारबती के सफेद दाँत!

सुबह उठा तो मन नहीं लगा और वह शांति पाने के लिए झील की ओर चला।

झील पर पहुँचकर अपनी लाठी से वह काई को छितराता रहा। सिवार के सूतों को उलझाकर उसने निकाला, नन्हें-नन्हें बीज चुनकर मुँह में डाल लिए और उठकर उधर चला गया, जिस ओर जलमंजरी खिली हुई थी। जलमंजरी के पास से ही दलदल शुरू हो जाता था। नारी की बेल पानी में तारों की तरह बिछी हुई थी और गाँठों के पास नन्हे-नन्हे घोंघे चिपके हुए थे। सूत-सी सफेद नन्हीं-नन्हीं जड़ें मछली के उजले पंखों की तरह धीरे-धीरे काँप रही थीं। दलदल में घुसकर उसने

जलमंजरी के फूल तोड़े और गुच्छा बनाकर लौटने लगा।

सोनापतारी का झुंड रातभर चारा खाकर उड़ने ही वाला था कि एक गोली उस पार से छूटी और उड़ते सोनापतारी के झुंड में से एक पक्षी बिलबिलाकर छप्प-से झील के बीचोबीच गिर पड़ा। उसके सोने से पंख पानी पर छितरा गए और नीली झील के खामोश पानी पर एक हलचल हुई। एक क्षण बाद ही लाल खून की एक पतली-सी लकीर पानी पर खिंची और सोनापतारी तैरती हुई उस पार जाने की कोशिश करने लगी। उसके नरम पंख फड़फड़ा रहे थे और पानी पर खून की लकीर उसका पीछा कर रही थी।

झुरमुट में से शिकारी निकले। उन्होंने देखा, पर वह पक्षी, तैरता हुआ उस किनारे निकलकर किसी झाड़ी में दुबककर खामोश हो गया। शिकारियों ने बहुत खोजा पर पक्षी नहीं मिला। झील पर मिटती हुई लकीर के बीच एकाध पंख पड़ा था।

उसका मन उचाट हो गया। जलमंजरी के फूलों को वहीं फेंककर वह लौट आया।

पारबती की याद उसे फिर आई और नीलामीवाले दिन उसने तीन हजार की बोली लगाकर चबूतरे के पासवाली जमीन नहीं, दलदली नीली झील खरीद ली। लोगों की आँखें फट गईं। इसका दिमाग तो नहीं खराब हो गया?

"मंदिर का नाम लेकर इसने धोखा दिया है। रुपया हजम कर गया है।"

लेकिन उसने किसी को कुछ भी जवाब नहीं दिया, और मन में लगता कि अब तो वह पारबती को भी जवाब नहीं दे सकता। उसके पास जवाब है ही क्या?

फागुन आते-आते मेहमान पक्षी उड़ गए। पवनहंस चले गए, सफेद सुरखाब अपने पुराने घरों में लौट गए। मुअर, संद, करकर्रा और सरपपच्छी भी चले गए।··· झील बहुत सूनी हो गई थी, पर महेस पांडे को विश्वास था कि ये फिर हमेशा की तरह अपने झुंडों के साथ कातिक-अगहन तक वापस आएँगे।

महेस पांडे लिखना-पढ़ना तो जानता नहीं था, बस झीलवाले रास्ते के पहले पेड़ पर उसने एक तख्ती टाँग दी थी, जिस पर उसने लिखा था, 'यहाँ शिकार करना मना है।' और नीचे की पंक्ति थी, 'दस्तखत नीली झील का मालिक, महेस पांडे!'

□

कस्बे का आदमी

सुबह पाँच बजे गाड़ी मिली। उसने एक कंपार्टमेंट में अपना बिस्तर लगा दिया। समय पर गाड़ी ने झाँसी छोड़ा और छह बजते-बजते डिब्बे में सुबह की रोशनी और ठंडक भरने लगी। हवा ने उसे कुछ गुदगुदाया। बाहर के दृश्य साफ हो रहे थे, जैसे कोई चित्रित कलाकृति पर से धीरे-धीरे ड्रेसिंग पेपर हटाता जा रहा हो। उसे यह सब बहुत भला-सा लगा। उसने अपनी चादर टाँगों पर डाल ली। पैर सिकोड़कर बैठा ही था कि आवाज सुनाई दी, "पढ़ो पटे सित्तारम सित्तारम…"

उसने मुड़कर देखा, तो प्रवचनकर्ता की पीठ दिखाई दी। कोई खास जाड़ा तो नहीं था, पर तोते के मालिक, रूई का कोट, जिस पर बर्फीनुमा सिलाई पड़ी थी और एक पतली मोहरी का पाजामा पहने नजर आए। सिर पर टोपा भी था और सीट के सहारे एक मोटा-सा सोंटा भी टिका था। पर न तो उनकी शक्ल ही दिखाई दे रही थी और न तोता। फिर वही आवाज गूँज उठी, "पढ़ो पटे सित्तारम सित्तारम…"

सभी लोगों की आँखें उधर ही ताकने लग गईं। आखिर उससे न रहा गया। वह उठकर उन्हें देखने के लिए खिड़की की ओर बढ़ा। वहाँ तोता भी था और उसका पिंजरा भी, और उसके हाथ में आटे की लोई भी, जिससे वे फुरती से गोलियाँ बनाते जा रहे थे और पक्षी को पुचकार-पुचकारकर खिलाते जा रहे थे। पर तोता पूरा तोता-चश्म ही था। उनकी बार-बार की मिन्नत के बावजूद उसका कंठ नहीं फूटा। गोलियाँ तो वह निगलता जा रहा था, पर ईश्वर का नाम उसकी जबान से नहीं फूट रहा था। लौटते में एक नजर उसने उन पर और डाली, तो लगा, जैसे चेहरा पहचाना हुआ है।

वह अपनी सीट पर आकर बैठ गया। दिमाग पर बहुत जोर डाला पर याद नहीं आया। तभी उन्होंने तोते की ओर से दृष्टि हटाकर शिवराज की ओर देखा, अँगूठा और तर्जनी निरंतर एक रफ्तार से अब भी गोली को शक्ल प्रदान कर रहे थे। माथे पर लहरें डालते हुए और आँखों को गोलकर कुछ अजीब निरीह सा मुँह बनाकर वे शिवराज को संबोधित करते हुए बोले, "शिब्बू शिवराज है न तू?"

और अपना नाम उनके मुँह से सुनते ही उसे सब याद आ गया। ये तो छोटे महराज हैं।

वे जाति के वैश्य थे, पर कर्म के कारण महराज पुकारे जाने लगे थे। म्युनिसिपालिटी की दुकानों के पासवाली इमली के नीचे बैठकर वे पानी पिलाया करते थे। कस्बे की सबसे रौनकदार जगह वही थी। वहीं कुएँ पर छोटे अपनी टाँगें तोड़े, जाँघ तक धोती सरकाए, जनेऊ डाले, चुटिया फहराए, नंगे बदन टीन की टूटी कुरसी पर जमे रहते। गाँववाले पानी पीकर एक-आध पैसा उनके पैरों के बीच उसी कुरसी पर रखकर चल देते। पैसा पाकर वह सामर्थ्य भर आशीर्वाद देते। जब एक कूल्हा दर्द करने लगता, तो दूसरी तरफ जोर डालने के लिए थोड़ा सा कसमसाते और इसमें अगर कहीं कुरसी ने खाल दाब ली, तो तीन-चार मिनिट लगातार कुरसी को गालियाँ देते रहते। लगे हाथों ननकू हलवाई को भी कोसते, जिसने प्याऊ के लिए यह कुरसी दी थी।

तब छोटे महराज की उमर कोई खास नहीं थी, यही 35-36 के करीब रही होगी। छोटे महराज के बाप-दादा सोने-चाँदी का काम करते थे। काफी पुराना घर था, दुकान थी। पर जब बाप मरे, तो छोटे की उमर बहुत कम थी। माँ पहले ही स्वर्ग सिधार चुकी थीं। बाप के मरने के बाद दूर के रिश्ते की एक चाची आकर सब देखभाल करने लगीं। फिर बहुत बड़ी-सी चोरी हुई और छोटे का घर तबाह हो गया। चाची को तीरथ की सूझी, तो छोटे को साथ लेकर चल दीं। खर्चे की जरूरत पड़ने पर एक मुख्तार से जब-तब रुपए मँगवाती रहीं। छोटे साथ थे, सो रसीद भेजते रहे। आखिर जब तीरथ से वापस आए, तब पाँच-छह बरस मकान में और रहना हुआ। फिर मुख्तार ने मूल और ब्याज के बदले एक दिन मकान कुर्क करा लिया, गवाही में छोटे के हाथ की रसीदें पेश कर दीं और औने-पौने में मकान झाड़ लिया। तब से उनकी चाची ने जनाने अस्पताल में नौकरी कर ली और छोटे बिस्कुटों का ठेला लगाने लगे और घूम-घूमकर बाजार

की सड़कों पर चीखने लगे, 'एक पैसे में पचास···पचास बिस्कुट इनाम···जितना लगाओगे, उतना पाओगे।'

ठेले में मैदे के छोटे-छोटे बिस्कुटों का ढेर लगा रहता। एक कोने पर एक बड़ी सी फिरकनी रखी रहती, जिस पर नंबर के खाने बने रहते और उस पर एक सुई नाचती रहती। जब कोई पैसा लगाकर घुमानेवाला न मिलता, तो खड़े-खड़े स्वयं घुमाते रहते, जितना नंबर आता, उतने बिस्किट गिनते और फिर ढेर में डालकर अनाज की तरह रोरते रहते। कभी करारे-करारे बीस-पचीस छाँट लेते, सुई घुमाते, अंटी से एक पैसा निकालकर पैसा रखनेवाले फूल के कटोरे में झन्न से मारते और जितना नंबर आता, उतने गिनकर, बाकी ढेर के सुपुर्द कर जलपान कर लेते।

लेकिन इस तरह कैसे पेट पलता। फिर एक होम्योपैथिक डॉक्टर की दुकान को रोज सुबह खोलने तथा झाड़ने-पोंछने का काम ले लिया। दो-चार घरों का पानी बाँध लिया। तड़के उठकर चार-चार डोल खींचकर डाल आते और डॉक्टर की दुकान की सफाई आदि करके कोने में पड़े मोढ़े पर इज्जत से दोपहर तक बैठे रहते। डॉक्टर साहब की अनुपस्थिति में मरीजों के हालचाल पूछ लेते। कुछ देसी दवाइयों के नुस्खे बताते और जर्मन दवाइयों की अहमियत समझाते।

तभी से छोटे अपने को बहुत-कुछ, एक छोटा-मोटा वैद्य समझने लगे थे। मरीज की दशा देखते ही रोग का ऐलान कर देते। तमाम रोगों के इलाज पर उन्होंने दखल जमा लिया था। जब मोतियाबिंद हो जाने के कारण डॉक्टर साहब को दुकान बंद कर देनी पड़ी, तो छोटे अपनी कोठरी में ही एक छोटा-सा औषधालय खोलने का मंसूबा बाँधने लगे। रतनलाल अत्तार के यहाँ से आठ-दस आने की जड़ी-बूटियाँ भी बँधवा लाए, जिन्हें घोंट-पीस और कपड़छन करके सफेद शीशियों में भरा और ताक में सजा दिया। फसली बुखार, हरे-पीले दस्त, नाक-कान-सिर-दर्द की हुक्मी दवाइयाँ बाँटने का ऐलान भी कर दिया। पर गली के परिवारों का सहयोग न मिलने के कारण उन्होंने इस नेक इरादे को छोड़ दिया। सारी हकीमी दवाइयों को थोड़ा-थोड़ा करके चूरन की पुड़ियों में मिलाकर उन्होंने आखिर अपने पैसे सीधे कर लिए।

इस तरह के न जाने कितने घरेलू धंधे उन्होंने चलाए। जन्म से वैश्य होते हुए भी प्रकृति से परोपकारी होने के कारण उन्हें ब्राह्मणत्व भी प्राप्त करना ही

था। इसीलिए जब गली-टोले के लड़कों ने उन्हें प्याऊ पर बैठते देखा और चमकदार काली पीठ पर जनेऊ दिखाई पड़ा, वे वंशगत भावनाओं से अनजान, कर्मगत संस्कारों के आधार पर उन्हें महराज पुकारने लगे। तभी से छोटेलाल छोटे महराज हो गए।

जिस इमली के नीचे वह बैठते थे, उस पर दैव की कृपा से महूक ने छत्ता धर लिया, तो एक दिन अँधियारे पाख में जाकर स्टेशन के पास से एक कंजर पकड़ लाए। छत्ता बटाई पर तय हो गया। पर छोटे महराज शहद का क्या करते। चलते वक्त उसे कस दिया कि आधे दाम कल आ जाएँ। पर महीना भर टल गया। झोंपड़ी पर तगादा करने पहुँचे। नगद पैसे तो मिले नहीं, अच्छी-खासी डाँट लगाकर पैसों के बदले में तोता छाँट लिया। कंजर ने मिन्नत की कि तीनों तोते पेशगी दामों के हैं, इस बार जाएगा तो उनके लिए भी पकड़ लाएगा। पर छोटे न माने, दो-चार गालियाँ सुना दीं, तैश में बोले, "मेरे पैसे क्या हराम के थे, वह भी तो पेशगी में से ही हैं, ला निकाल जल्दी इस टुइयाँ को।" और तभी से यह तोता उनके पास है, जिसे जान की तरह चिपकाए रहते हैं।

शिवराज ने प्रसन्नता से उन्हें देखा। 'पालांगे महाराज' कहकर बोला, "इधर निकल आएँ महाराज, बहुत जगह है।"

जब वह पास आकर बैठ गए तो उसने पूछा, "झाँसी किस्के यहाँ गए थे?" "यहीं एक ब्याह था, उसमें आए थे, आना पड़ा···अपनी कहो···लेकिन देखा, पहचान कैसा। नजर कमजोर है लला, पर अपने गली-कूचे के पले लोगों की तो महक काफी होती है···" और वे धीरे-धीरे गरदन हिलाने लगे। उँगलियों के बीच गोली अब भी नाच रही थी और पिंजरे में बैठा संतू गोली के लालच से मुँह खोलता, आँखें बंद करता, पर बोलता नहीं था।

"बदन तो तुम्हारा एकदम लटक गया है, पहले से चोथाई भी नहीं रहा···" शिवराज बोला। उसे कुछ दुःख सा हो रहा था। जब उसने पिछली मरतबा देखा था, तब कितने हट्टे-कट्टे थे। यों उमर का उतार तो था, पर इतना फर्क तो बहुत है। भला उमर बने-बनाए आदमी को इतनी जल्दी भी तोड़ सकती है! गाड़ी की चाल धीमी पड़ गई। छोटे महराज ने संतू के पिंजरे को तनिक ऊपर उठाया। उसकी ओर प्यार-भरी दृष्टि से निहारते रहे। तोता कुछ बोला। छोटे महराज के मुख पर मुसकान दौड़ गई। बड़े स्नेह से पुचकारते हुए शिवराज को बताने

लगे, "इसका नाम संतू है! यानी संत जब बोले तो बानी बोले, हाँ, संत बानी सित्ताराम!" इतना कहते-कहते वे अपनी ही बात में डूब गए।

गाड़ी रुकी, कोई मामूली-सा स्टेशन था। छोटे महराज ने पेट पर हाथ फेरा और सिर हिलाते हुए बोले, "देखो शिब्बू, यहाँ कुछ खाने-पीने का डौल है?" मिठाईवाला पास से गुजरा, शिवराज ने रोक लिया। छोटे महराज बोले, "कुछ ठीक-ठाक हो तो पाव-आध पाव···"

मिठाई लेकर पैसे शिवराज ने दे दिए। दोनों हाथों में दोना पकड़कर शिवराज के सामने करते हुए वह बोले, "लो शिब्बू, चखो तो जरा, अच्छी हो तो पाव-भर और ले लो।"

और इससे पहले कि शिवराज चखे, उन्होंने खुद पोपले मुँह में एक टुकड़ा डालते हुए अपनी राय प्रकट कर दी, "है तो अच्छी बुलाओ उसे।"

शिवराज को बात कसक गई। वह चुप ही बैठा रहा। झाँककर मिठाईवाले को बुलाने की कोई दिखावटी चेष्टा भी उसने नहीं की। पर जैसे ही मिठाईवाला फिर गुजरा, उनकी दृष्टि पड़ गई। उसे रोकते हुए बोले, "हाँ भाई, जरा पावभर और देना तो।" फिर शिवराज की ओर मुखातिब होकर बोले, "ले लो, शिब्बू असल में बात यह है कि मुझसे अब कोई ऐसी-वैसी चीज तो खाई नहीं जाती, दाँत ही नहीं रहे। खोया-वोया थोड़ा आसान रहता है न।" कहकर उन्होंने निष्काम भाव से खाना शुरू कर दिया।

पैसे उसने फिर दे दिए। खाते समय छोटे महराज का निरीह-सा मुँह और एकदम सट जानेवाले जबड़े देखकर उसे रहम आ गया। उनकी झुकी गरदन, बार-बार पलकों का झपकना और जरा-जरा करके खाना, जैसे सारे कार्य और तन की सारी भाव-भंगिमाओं में लाचारी थी। उन्होंने एक टुकड़ा पिंजरे में डाल दिया। तोते ने खा लिया। पुचकारते हुए उन्होंने फिर एक टुकड़ा डाल दिया। वे स्वयं खाते रहे और संतू को खिलाते रहे। फिर बात चल निकली और उसी के मध्य उनका स्टेशन भी आ गया।

स्टेशन से बाहर आने पर शिवराज और छोटे महराज एक ही इक्के में बैठ गए। दो सवारियाँ और हो गईं। इक्का चला तो हिचकोला लगा। छोटे महराज अपने तोते के पिंजरे को पटरे से बाहर लटकाए किसी तरह बैठे रहे। अस्पताल के पास वह इक्के से उतर पड़े। संतू का पिंजरा पटरी पर रख दिया और झोले में

से कुछ निकालते हुए कहने लगे, "मैं यहीं उतरा जाता हूँ। चाची को ब्याह का हालचाल बताकर कोठरी पर आऊँगा! हाँ, तुमसे एक काम है। ये एक कपड़ा है सिलक का, वहीं शादी में मिला था। मेरे तो भला क्या काम आएगा, तुम अपने काम में ले आना!" बात खतम करते-करते वह कपड़ा झोले से निकालकर शिवराज की गोद में रख दिया।

शिवराज ने लेने से इनकार कर दिया। पर वे नहीं माने। शिवराज भी नहीं माना, तो बड़े झुँझलाकर कपड़ा इक्के में फेंककर संतू का पिंजरा, झोला और सोंटा लेकर बड़बड़ाते चल दिए, "अरे पूछो मेरे किसी काम का हो तो एक बात भी है। जिंदगीभर में एक चीज दी, उससे भी इनकार···सब वक्त की बातें हैं, रहम दिखाते हैं मुझ पर, तेरे बाप होते तो अभी इसी बात पर चटख जाती।" फिर मुड़कर ऊँचे स्वर में बोले, "पैसे नहीं हैं मेरे पास, इक्केवाले को दे देना।" और वे जनाने अस्पताल के फाटक में गुम हो गए।

दूसरे दिन सवेरे छोटे महराज अपनी कोठरी में दिखाई दिए। देहरी पर बैठे-बैठे कराह रहे थे। कभी-कभी बुरी तरह से खाँस उठते। साँस का दौरा पड़ गया था। गली से शिवराज निकला तो पिछले दिनवाली बात के कारण उसकी हिम्मत कुछ कहने की नहीं पड़ी। सोचा कतराकर निकल जाए, पर पैर ठिठक रहे थे। तभी हाँफते-हाँफते छोटे महराज बोले, "अरे शिब्बू!" फिर कराहकर टुकड़े-टुकड़े करके कहने लगे, "दौरा पड़ गया है, कल रात से, हाँ, अब कौन देखे संतू को। बड़ी खराब आदत है इसकी, गरदन सलाख से बाहर कर लेता है। रातभर बिल्ली चक्कर काटती रही, बेटा। छनभर को पलक नहीं लगी। अपने होश-हवास ठीक नहीं तो कौन रखवाली करे इसकी। अपने घर रख लो, बेफिकर हो जाऊँ।"

और इतना कहकर बुरी तरह हाँफने लगे। गले में कफ घड़घड़ा आया, तो औंधे होकर लेट रहे। पीठ बुरी तरह उठ-बैठ रही थी। शिवराज 'अच्छा' कहकर पिंजरा उठाकर चलने लगा, तोते को एक बार पूरी आँख खोलकर उन्होंने ताका। उनकी गंदली-गंदली आँखों में एक अजीब विरह-मिश्रित तृप्ति थी। जैसे किसी बूढ़े ने अपनी लड़की विदा कर दी हो। सिर नीचा करके उन्होंने एक गहरी साँस खींची, जैसे बहुत भारी ऋण से उऋण हो गए हों।

तीन-चार दिन हो गए थे। छोटे महराज की हालत खराब होती जा रही थी।

अकेले कोठरी में पड़े रहते। कोई पास बैठनेवाला भी नहीं था। चौथे दिन हालत कुछ ठीक नजर आई। सरककर देहरी तक आए। घुटनों पर कोहनियाँ रखे और हथेलियों से सिर को साधे कुछ ठीक से बैठे थे। कभी कराह उठते, धाँस लगती तो खाँस उठते। पर उनके चेहरे पर अथाह शोक की छाया व्याप रही थी, जैसे किसी भारी गम में डूबे हों। उनकी आँखों में कुछ ऐसा भाव था, जैसे किसी ने उन्हें गहरा धोखा दिया हो, उनके कानों में बार-बार संतू की वह आवाज गूँज रही थी, जो उन्होंने दोपहर सुनी थी।

दोपहर संतू की कातर आवाज जब शिवराज के बरोठे से सुनाई दी तो वे घबरा गए थे कि कहीं बिल्ली की घात तो नहीं लग गई। बड़े परेशान रहे, पर उठना तो बस में नहीं था। शिवराज के घर की ओर बहुत देर आस लगाए रहे कि कोई निकले, तो पता चले। काफी देर बाद मनुआ तोते के दो-तीन हरे-हरे पंखों का मुकुट बनाए माथे से बाँधे, दो-तीन बच्चों के साथ खेलता दिखाई पड़ा, देखते ही सनाका हो गया। संतू की पूँछ के लंबे-लंबे पंख! किसी तरह बुलाकर पूछा तो पता चला कि मुनुआ को राजा बनना था, सो उसने संतू की पूँछ पकड़ ली। बात की बात में दो-तीन पंख नुच आए।

छोटे महराज का जैसे सारा विश्वास उठ गया। ये लड़का तो उसे मार डालेगा! इस वक्त तबीयत कुछ ठीक मालूम हुई, बड़ी मुश्किल से उन्होंने अपना डंडा पकड़ा, हिलते-काँपते शिवराज के बरोठे में पहुँचे और अपना तोता वापस माँग लाए। कोठरी में आकर उसकी बूची पूँछ देखते रहे, पर मुँह से कुछ बोले नहीं। संतू को पुचकारा तक नहीं।

शाम हो आई थी। तिराहे पर लालटेन जल गई थी। पूरी गली में उदास अँधियारा भरता जा रहा था। उन्होंने संतू के पिंजरे को भीतर रखकर कोठरी के दरवाजे उढ़का लिये और फिर नहीं निकले। भीतर कुछ देर तक खुट-पुट करते रहे, फिर रातभर कोई आवाज नहीं आई।

सवेरे शिवराज उधर से निकला तो कोठरी की ओर निगाह डाली।

दरवाजे उसी तरह भिड़े थे। उसने धीरे से खोलकर झाँका, देखा महराज सो रहे थे। चुपचाप धीरे से दरवाजा बंद करने लगा, तो गली के रामनरायन बोल पड़े, “क्यों, आज नहीं उठे महराज अभी तक?”

और इतना कहते-कहते उन्होंने पूरे दरवाजे खोल दिए। दोनों ने गौर से

देखा, तोते का पिंजरा सिरहाने रखा था, जिस पर कपड़ा था कि कहीं बिल्ली की घात न लग जाए, परंतु छोटे महराज का पिंजरा खाली पड़ा था, पंछी उड़ गया था।

छोटे महराज ने स्वयं तो नहीं पढ़ा था, पर रामलीला आदि में सुनने के कारण यह उनका पक्का विश्वास था कि अंतिम काल में यदि राम का नाम कानों में पड़ जाए तो मुक्ति मिल जाती है। पता नहीं, उनके अंतिम क्षणों में भी संतू तोते की वाणी फूटी थी या नहीं।

□

तलाश

उसने बहुत धीरे-से दरवाजे को धक्का दिया। वह भीतर से बंद था। जब तक वह सोई थी, तब तक बीचवाला दरवाजा बंद नहीं किया गया था। भिड़े हुए दरवाजे की फाँक से रोशनी का एक आरा-सा गिरता रहा था, रोशनी मोमिया कागज-सी झिलमिलाती रही थी और उस झीनी लकीर में सिगरेट का धुआँ तरह-तरह के पैटर्न बना रहा था। बहुत देर तक उन अक्सों को देखती रही थी···

अपना दरवाजा खोलकर वह बरामदे में निकल आई। उसने उनके कमरे के बाहरवाले दरवाजे को हलके से छुआ। वह खुला हुआ था। खामोशी से वह जीने से उतरी···गली का दरवाजा भी बंद नहीं था। उसे कुछ शंका हुई। मम्मी बिना कुछ कहे, इतने सवेरे कहाँ निकल गई। मम्मी के पास काम भी बहुत था। मिस्टर चंद्रा कई रजिस्टर लेकर आए थे। दस या साढ़े दस बजे तो उसने दोनों को कॉफी पिलाई थी। ग्यारह-साढ़े ग्यारह बजे वह खुद सोई थी। वह प्याले ले जाने के इंतजार में कुछ देर वहीं कमरे में रुकी रही थी, मम्मी ने कहा, "तू सो जा, सुभी···हमें तो अभी दो-तीन घंटे लग जाएँगे···"

जीने से वह फिर ऊपर बरामदे में आ गई। आहिस्ता से उसने उनके कमरे का दरवाजा खोला। नीचे कालीन पर रजिस्टर बिखरे हुए थे। लाल-नीली पेंसिलें पड़ी हुई थीं। कार्बन का डिब्बा पड़ा था। नीली और लाल दवातें और होल्डर रखे थे। कॉफी के एक प्याले में जली हुई तीलियाँ, राख और सिगरेटों के बदरंग टुकड़े पड़े थे।

मम्मी शायद बहुत थक गई थीं। वह पलंग पर बेखबर सो रही थीं। जूड़े के पिन सिरहाने रखे हुए थे। दाहिनी तरफवाले तकिए पर एक हलका-सा गड्ढा

था। पलंग की सिरहाने वाली पाटी पर एक सिगरेट दबाकर बुझाई गई थो। टुकड़ा नीचे पड़ा था।

उनके चेहरे पर बेहद मासूमियत थी। उतना ही धुला-धुला-सा चेहरा था, जितना सुबह उठकर मुँह धोने के बाद निखर आया करता था। साथ-साथ चाय पीते वक्त वह अकसर बहुत लगाव से उनके चेहरे को देखा करती थी···ओस में धुले हुए कमल-सी ताजगी उभर आया करती है···मम्मी के चेहरे पर। पता नहीं ऐसा क्या था मम्मी के चेहरे में कि वह डूबी-डूबी-सी देखती रह जाती थी!

वह चुपचाप उनके कमरे से निकल आई थी। अपने कमरे में आकर उनके जागने का इंतजार करती रही थी। कुछ ही देर बाद उनके कमरे में कुछ आहट हुई थी और उसे लगा कि मम्मी ने बरामदेवाले दरवाजे की चटखनी बहुत आहिस्ता से बंद की थी और उतने ही धीमे से बीचवाले दरवाजे की चटखनी खोली थी। चटखनी खोलने के बाद वह एकदम उसके कमरे में नहीं आई थीं। कुछ क्षणों तक चुपचाप वहीं खड़ी रहीं। फिर उन्होंने हलके से आवाज दी थी, "सुमी, जाग गई?" और वह कमरे से होती हुई बाथरूम की तरफ चली गई थीं। उनके साथ ही कमरे में एक ठंडा-सा झोंका आया था···शीतल-सी गंध फैल गई···जैसे वह बिस्तर से नहीं, गुसलखाने से नहाकर निकली हों।

जब तक वह बाथरूम से आईं, सुमी ने चाय तैयार कर ली थी। वह रोज की तरह ही चाय पीने के लिए बैठी थीं। साड़ी उन्होंने जरूर कंधों से कुहनियों तक लपेट रखी थी। सलवटें कुछ ज्यादा ही थीं। साड़ी के नीचे उनकी भरी-भरी संगमरमरी बाँहें झिलमिला रही थीं। आँखों में अथाह गहराइयाँ थीं। उनके बैठने में भी रोज जैसा फैलाव न था, शालीन तनाव था।

"शायद मुझे दो रोज के लिए बाहर जाना पड़े···ग्रांट बाकी पड़ी है। साल खत्म होने से पहले सांइटिफिक इंस्ट्रमेंटस खरीदने हैं," मम्मी ने निहायत आसानी से कहा था।

"मैं बनी रहूँगी···आप हो आइएगा," सुमी ने दूसरा प्याला बनाकर उनके सामने रख दिया था।

"किसी दाई को कह दूँगी। वह यहाँ सो जाया करेगी। दो दिन की बात है।" उन्होंने कहा, तो सुमी ने उतनी ही आसानी से स्वीकार कर लिया, "जैसा

आप ठीक समझें। दिन को तो कोई दिक्कत है नहीं, ऑफिस से आने में ही छह बज जाते हैं।"

"इस मामले में यह घर बहुत सेफ है!" उन्होंने कहा, तो सुमी ने उत्साह से जोड़ दिया, "यह तो सही है। डर बिल्कुल नहीं लगता।"

और वे दोनों अपने-अपने काम पर जाने के लिए तैयार होने लगी थीं। अपने कपड़े निकालते हुए वह देख रही थी कि मम्मी कुछ उलझन में हैं। बार-बार वह ब्लाउजों को निकालकर देख रही थी। आखिर उन्होंने बाँहवाला एक ब्लाउज निकाल लिया था। उनके पास वह शायद इकलौता था। उसके साथ की कोई साड़ी भी नहीं थी। वह हमेशा सलीवलेस ही पहनती थीं। जैसे-तैसे उन्होंने कंट्रास्ट बना लिया था। उसे कुछ अटपटा-सा लगा। मम्मी की खुली हुई बाँहें सचमुच बहुत खूबसूरत और सुडौल लगती थीं···कभी-कभी तो उसे स्वयं उनकी बाँहों से ईर्ष्या होती थी।

फिर वह ड्रेसिंग-टेबल पर चली गईं। और उसने देखा था कि वह एक सिम्त से बैठकर बाँहों की पिछली ओर एक निशान पर बेसक्रीम लगा रही थीं··· शायद बाँह पर कोई नील था और उन्होंने बाँहोंवाला ब्लाउज पहन लिया था।

एक क्षण के लिए सुमी को वह कुछ ज्यादा उम्र की दिखाई दी थीं। पर वह टोकना नहीं चाहती थी। तैयार होकर वह बस के आने का इंतजार करने लगी थीं। कॉलेज की बस में स्टाफ के लोग भी जाया करते थे। वह बारजे पर कुछ इस तरह खड़ी इंतजार कर रही थीं, जैसे स्कूली बच्चे करते हैं।

सुमी यह सब देखती रही। वह जब छोटी थी, तब भी उसे अपनी मम्मी बहुत सुंदर लगती थीं। उनके सुडौल हाथ-पैर, तराशे हुए नक्श और ताजगी! उनमें ऐसी ताजगी थी, जो उम्र के साथ खिलती आई थी। उसकी किसी मित्र ने उन्हें देखकर माँ नहीं समझा था। ज्यादा से ज्यादा बड़ी बहन ही माना था। उनका रख-रखाव भी ऐसा था कि अपने तन को उन्होंने बिगड़ने नहीं दिया था···उसमें वही लोच और नरमी थी, जो सुमी को अपने में लगती थी। उनके तन से ऐसी अछूती गंध फूटती थी, जो सबको अपनी तरफ खींचती है।

महीने में एक बार तो उनका तन इतना तेज महकता था कि सुमी बार-बार किसी-न-किसी बहाने से उनके कंधों पर अपना सिर रख देती थी। तब जैसे गंध का एक झरना बहने लगता था।

दो कमरों का घर उस घाटी–सा गमकने लगता था, जिसमें कस्तूरी मृग आ गया हो। फिर दो–तीन दिनों बाद वह गंध धीरे–धीरे डूबने लगती थी।

बस आई और मम्मी चली गईं। सुमी उन्हें जाते हुए देखती रही। बस में स्टाफ के लोग थे और कॉलेज की कुछ लड़कियाँ भी।

उनके जाते ही वह अकेली रह गई थी। एकाएक उसे लगा था, जैसे सुमी ही बाहर चली गई थी और वह मम्मी की तरह घर में रह गई हो। अकस्मात उसने अजीब तरह की जिम्मेदारी महसूस की और उनके कमरे में जाकर उसने सब सामान करीने से लगाना शुरू कर दिया था। रजिस्टर और कापियाँ बटोरकर एक ओर छोटी मेज पर रख दीं। बिस्तर झाड़कर कवर कर दिया था। बिस्तर झाड़ते वक्त जरूर एक अव्यक्त–सी तकलीफ उसे हुई थी और लगा था कि मम्मी की चीजें छूने का उसे कोई अधिकार नहीं है···फिर कमरे में खड़े–खड़े फ्रेम में वह तसवीर देखती रही थी, जिसमें पापा और मम्मी के साथ नन्ही–सी वह बैठी हुई है। न जाने क्यों उस तसवीर को वह उठा लाई और उसे अपने कमरे में रखकर, जगह मम्मी के कमरे में वह वाली तसवीर रख आई थी, जिसमें सागर उमड़ रहा था और ऊँचे आसमान में जलपक्षी उड़ रहे थे।

उसे वक्त का खयाल भी नहीं रहा था। एक बक्सा खोलकर उसने पापा की वह डायरी निकाली थी, जिसमें वह हर महत्त्वपूर्ण घटना को नोट किया करते थे। उसमें रिश्तेदारों के कुछ पते, कुछ हिसाब और जन्मतिथियाँ लिखी हुई थीं। मम्मी की जन्मतिथि भी थी और उसकी भी···देखा, तो एकाएक देखती रह गई··· मम्मी कुल उन्नीस बरस बड़ी हैं। बीस की वह और उन्तालीस की मम्मी।

मम्मी का जन्मदिन तब से मनाया ही नहीं गया···सचमुच मम्मी को कितना सूना लगता होगा! आठ बरस निकल गए···पर लगता है, पापा जैसे अभी–अभी उठकर चले गए हों। उनके मरने की बात अब बहुत पुरानी–सी लगती है। एक बीती हुई बात की तरह। लोग ठहर जाते हैं; पर कुछ बातें हैं, जो बीत जाती हैं··· पापा की बातें तो जैसे बीत गई हैं; पर वह खुद अभी तक रुके हुए हैं। लेकिन अब कुछ–कुछ ऐसा लगता है, जैसे पापा डगमगा गए हों और चुपचाप घर से चले जाना चाहते हों। जैसे वह अपनी गलती महसूस कर रहे हों। यूँ चुपचाप आठ बरस तक खामोश बैठे रहकर उन्होंने अच्छा नहीं किया।

वह आहिस्ता से पापा को उठाकर अपने कमरे में ले आईं। बहुत देर वह

चुपचाप बैठी रही और उन्हें ताकती रही। वह खामोश थे। उन्होंने कुछ नहीं कहा।

शाम को मम्मी पहले लौट आती हैं। वह वापस आई, तो उन्होंने चाय बना ली थी। घर आकर मम्मी ने साड़ी तो बदली थी, पर ब्लाउज नहीं। मन में आया था कि पूछ लें, पर लगा था कि ब्लाउज न बदलनेवाली बात पूछने का अधिकार सिर्फ पापा को है···पर वह खामोश बैठे हुए थे।

"मम्मी, तुम कहीं घूम आया करो। तुमने तो अपने को एकदम बाँध लिया है···इतना काम करती हो···" सुमी बोली, तो अपनी ही आवाज बहुत बूढ़ी-सी लगी।

मम्मी ने उसे गौर से ताका था। सचमुच उसका वह मतलब नहीं था, अपनी बात को सहज बनाने के लिए उसने आगे जोड़ दिया था, "तुम्हारे साथ-साथ मैं भी निकल चला करूँगी···कभी-कभी मन बहुत ऊबता है।"

मम्मी के होंठों पर हलकी-सी मुसकराहट आ गई थी।

"चल, आज पिक्चर देख आएँ···वहीं कुछ खा-पी लेंगे," मम्मी ने कहा था।

उसने प्रस्ताव मंजूर कर लिया था। मम्मी फिर साड़ी के चुनाव में उलझ गईं, तो उसने अपनी साड़ी उनके सामने रख दी, "यह पहन लो, मम्मी···बहुत अच्छी लगेगी।" एक क्षण के संकोच के बाद उन्होंने सुमी की साड़ी बाँध ली थी और तितली की तरह तैयार हो गई थीं।

घर से निकलते वक्त सुमी ने बत्तियाँ बुझाईं और ताला लगाया था। जीने में उतरते वक्त मम्मी ने धीरे से कहा था, "शायद बिजली का बिल अभी तक पड़ा हुआ है!"

"मैं कल जमा करवा दूँगी।"

और फिर धीरे-धीरे उसने सब हिसाब-किताब सँभाल लिया था। अंडेवाले ने इस बार जब उससे पूछा था, "मेम साहब, क्रीम तो नहीं चाहिए?" तो उसे कुछ अटपटा-सा लगा था।

घर-खर्च की सारी परचियाँ, बिल और कैशमेमों उसके कमरे में जमा हो गए थे। धोबी की किताब उसकी अलमारी में आ गई थी। दूधवाले की पर्ची उसके पर्स में पहुँच गई थी।

उसकी चार साड़ियाँ और ब्लाउज मम्मी के कपड़ों में जा मिले थे।

वह हर सुबह मम्मी के तैयार होने की राह देखती। उन्हें जो चप्पल पहननी होती, पहन लेतीं। उसके बाद वह कोई-सी भी चप्पल पहनकर चली जाती।

वह खुद जिद करके भी मम्मी को पहनाती थी। उसने जबर्दस्ती उनका शॉल उतरवाकर कार्डिगन पहना दिया था।

"यह क्या तमाशा करती है, सुमी···तू क्या पहनेगी, बता?" मम्मी ने प्यार से झिड़कते हुए कहा था।

"मेरे पास कोट है।"

"वह पुराना···"

"इतनी जल्दी कपड़े पुराने नहीं होते···कल ड्राइक्लीन करवा लिया था, एकदम नया निकल आया है।" वह बोली थी।

"पुरखिन हो गई!" मम्मी ने प्यार से कहा था।

और शाम को जब वह लौटी, तो मम्मी के कमरे में फिर रजिस्टर और कापियाँ फैली थीं। ट्रे में चाय के खाली बरतन पड़े थे। लाल-नीली दवातें थीं, पेंसिलें थीं और एक प्लेट में सिगरेट के टुकड़े, राख और तीलियाँ थीं। मम्मी बारजे पर झुकी हुई दूर कुछ देख रही थीं। शायद कुछ ऐसा, जो सड़क की भीड़ में उन्हें कतई अलग दिखाई दे रहा था।

सुमी का आना उन्हें पता नहीं चला। कुछ क्षणों के बाद बारजे में ही वह कुछ सोचती-सी खड़ी हो गई थीं।

"मम्मी···चाय पी लो···" उसने पुकारा तो वह कुछ चौंक-सी गईं, "मुझे पता ही नहीं चला, तू कब आ गई। चाय भी बना ली···मैं जरा थक गई थी··· आजकल कॉलेज में काम बहुत बढ़ गया है। एक भी घंटा फ्री नहीं मिलता··· डिमॉन्सट्रेटर भी छुट्टी पर है···" तमाम टूटी-फूटी बातें कहती हुई वह सुमी के कमरे में आ गई थीं।

उनके माथे पर लाल स्याही से एक गोल बिंदी बनी हुई थी। स्याही की किनारियाँ सुखकर गोटे की लकीर की तरह झिलमिला रही थीं। मम्मी उतनी ही सुंदर लग रही थीं, पर वह बिंदी उसे खुलकर उन्हें देखने से रोक रही थी। शायद मम्मी को कुछ उलझन होने लगे या वह बर्दाश्त न कर पाएँ।

मुझे आज बहुत काम करना है, "सुमी ने धीरे से कहा था।"

"कुछ मैं करवा दूँ?" मम्मी ने सहारा पकड़ा था।···

"हमारे यहाँ एक और एक्सचेंज खुल रहा है⋯"कोड मैसेजेज" के लिए। उसकी क्लासेज शुरू हुई हैं, उन्हीं लेसंज को दुहराना है।" सुमी ने सब समझा दिया था।

"तो तू अपना काम कर⋯ खाना मैं बना लेती हूँ।"

"सूप बना लो, मम्मी, ज्यादा भूख भी नहीं है। सलाइसेज तल लेंगे, बस हो जाएगा।"

"अच्छा।" कहकर वह उठ गई थीं।

फिर खामोशी छा गई थी। दोनों कमरे दो अलग-अलग दुनियाओं में बदल गए थे। उसके कमरे में पापा अब भी रुके हुए थे। मम्मी शायद उनसे कुछ बात करना चाहती थीं। शायद उन्हें लग रहा था कि पापा की तरफ से अब सुमी ही बात कर सकती है। और सुमी को लगा कि यहाँ से निकलकर अगर चल दें, तो पापा भी नहीं रुक पाएँगे। वह उसके साथ पीछे-पीछे चले आएँगे। चुपचाप।

अपने कमरे में जाकर मम्मी ने पुराने कागजों और सामान को उलटना-पुलटना शुरू कर दिया था। उन्हीं में पापा के कुछ पुराने खत निकल आए थे। कुछ देर बाद उसने मम्मी को बाथरूम की तरफ जाते देखा। लौटकर वह आई तो मुँह धुला हुआ था। बिंदी मिटी हुई थी। चेहरा बहुत ताजा-ताजा लग रहा था।

"सुमी, जरा बड़ीवाली अलमारी खिसकाना है। उसके पीछे कुछ कागज गिर गए हैं। आ तो जरा⋯" मम्मी ने कहा, तो वह उठकर गई थीं। अलमारी खिसकाई, तो कागजों का एक अंबार लुढ़क पड़ा और वह छड़ी भी, जो पापा ने पहाड़ पर खरीदी थी। एक बार उनके पैर में मोच आ गई थी। धूल का एक बगूला गिरे हुए कागजों से उठा था और मम्मी बेतरह खाँसने लगी थीं।

"तुमने अपने कमरे में क्या-क्या जमा कर रखा है, मम्मी? इतने सामान के बीच दम नहीं घुटता? कुछ उधर जीनेवाली अलमारी में रख देती हूँ।" उसने कहा, तो उन्होंने प्रतिवाद नहीं किया। दोनों ने मिलकर बहुत-सा सामान जीनेवाली अलमारी में लगा दिया।

"छड़ी मैं अपने कमरे में रखूँगी," सुमी ने कहा, तो बात में अजीब-सी विसंगति दिखाई दी, पर वह धीरे से फिर बोली, "कभी-कभी रात में उधर बिल्ली आती है⋯"

और मम्मी जब सूप बनाने के लिए चली गईं, तो जीनेवाली अलमारी से

वह पापा की फाइलें चुपचाप उठा लाई और उन्हें पलंग के नीचे रख लिया था।

पापा का वह बचा-खुचा सामान जैसे हर वक्त इधर-उधर चलता रहता था। वह छड़ी और वह सामान अपना ठिकाना नहीं खोज पा रहे थे। तीसरे दिन उसने सारे सामान को मेज की नीचेवाली पटरी पर सँभालकर रख दिया था, पर सफाई करते वक्त वह वहाँ से लुढ़क पड़ा। अलमारी के भीतर वे बड़ी-बड़ी फाइलें किसी भी सिम्त से समाती नहीं थीं। अलमारी बहुत सँकरी थी। हारकर उसने एक गठरी बाँध ली और उसे फिर पलंग के नीचे रख लिया था। पापा भी रुके हुए थे।

उसी दिन मम्मी ने कहा था, "मैं आज रात को गाड़ी से जाऊँगी। वो कॉलेज के लिए सामान खरीदना था न···मार्च खत्म होने से पहले-पहले पेमेंट करना होगा··· तीसरे दिन आ जाऊँगी। दाईं से मैंने कह दिया है। वह रात को होस्टल से आ जाएगी, यही दस-साढ़े दस बजे।"

"तुम्हारी गाड़ी किस वक्त जाती है?"

"आठ बजकर पाँच मिनट पर···"

"चपरासी आएगा न?" सुमी ने कहते ही अपनी गलती भाँप ली, तो उसे ठीक कर लिया, "तुम्हारा सामान ठीक कर दूँ···"

"दो दिन की तो बात है, कौन बहुत-सा सामान ले जाना है।" मम्मी ने कहा और वह सूटकेस खाली करने लगीं।

सुमी ने जिद करके अपनी साड़ियाँ और पर्स उन्हें दे दिया था। वह अपने कमरे में कपड़े बदलने चली गईं। सुमी ने रूमालों का एक सेट रखने के लिए सूटकेस खोला, तो जेब में चपटा-सा पैकट पड़ा देखकर वह बेहद सकुचा गई थी। सूटकेस बंद करके उसने रूमाल ऊपर रख दिए थे।

मम्मी साड़ी बदलकर आईं, तो उनके तन से गंध फूट रही थी···पर उनके कंधे पर सिर रखते हुए संकोच हो रहा था। तब एक क्षण के लिए उसने महसूस किया था कि वह गंध पिछले दो-तीन दिन से घर-भर में समाई हुई थी।

ठीक सवा सात बजे नीचे टैक्सी का हॉर्न बजा। मम्मी एकाएक घबरा-सी गईं। उतावलेपन में वह अपना सूटकेस उठाकर खुद ही सीढ़ियाँ उतरने लगीं। तभी टैक्सीवाला सरदार ऊपर आ गया। सुमी ने बिस्तर उसके लिए लुढ़का दिया और उनके हाथ से सूटकेस लेना चाहा, तो उन्होंने बड़ी आसानी से कहा था, "वह ले जाएगा।"

जब तक टैक्सीवाला सरदार दुबारा नहीं आया, वह वहीं सीढ़ियों पर रुके-रुके उससे बात करती रहीं, "दाई जरूर आ जाएगी···इधर का दरवाजा बंद रखना··· रुपए हैं न···दाई से कहना, वह शाम का खाना भी बना देगी।"

और वह जरा तेजी से सीढ़ियाँ उतर गई थीं। सुमी बारजे पर आ गई। टैक्सी की खिड़की से उन्होंने ऊपर देखते हुए धीरे से हाथ हिलाया था। टैक्सी चल पड़ी थी। उधरवाली खिड़की से सिगरेट का एक सुलगता हुआ टुकड़ा सड़क पर गिरा था। सुमी वहीं खड़ी-खड़ी उस टुकड़े को ताकती रही थी।

बहुत-सी पेटियों में सामान आया था। मम्मी रात को वापस आई थीं, इसलिए पेटियाँ घर पर ही उतारी गई थीं। वह बहुत खुश थीं, "हमारे कॉलेज में जो-जो इंस्ट्रूमेंट्स अब आ गए हैं, किसी भी कॉलेज की लैब में नहीं हैं।"

और गंदे कपड़े निकालने के लिए जब उन्होंने होल्डाल खोला था, तो सबसे पहले रूमाल निकालकर सुमो को दिए थे, "एक भी नहीं खोया···पाँच ये रहे, एक पर्स में है। ठीक है न···"

मलगुजे रूमालों में उड़ा-उड़ा सेंट महक रहा था···एक साड़ी के साथ ऊनी मोजा झाँक आया, तो मम्मी ने वह साड़ी होल्डाल की जेब में दबाते हुए कहा, "फिर निकाल लेंगे जब धोबी आएगा।" और उसे लपेटकर पलंग के नीचे सरका दिया था।

उन दोनों के बीच पानी का एक रेला आ गया था। वे सिर्फ किनारों की तरफ समानांतर खड़ी रह गई थीं। और कभी-कभी मम्मी उसे देखकर ऐसे घबरा उठती थीं, जैसे पापा आ गए हों। और वह मम्मी को देखकर ऐसे अकुला, उठती थी, जैसे पापा चले गए हों। पर पापा थे कि न आते थे, न जाते थे··· वह सिर्फ रुके हुए थे।

आखिर सुमी ने दिल कड़ा करके एक दिन कह दिया था, "मम्मी, यहाँ से मुझे ऑफिस बहुत दूर पड़ता है···अगर दो-तीन महीने में तुम्हें कॉलेज का काटेज मिल गया, तो ऑफिस और भी दूर हो जाएगा···इस वक्त वर्किंग गर्ल्स होस्टल में जगह मिल सकती है···अगर तुम कहो तो मैं वहाँ सीट ले लूँ?"

मम्मी एकाएक गंभीर हो गईं थीं। उन्होंने गौर से सुमी को देखा था। पर उसके चेहरे पर कहीं भी विक्षोभ नहीं था। आँखों में कोई दूसरा रंग नहीं था और लहजे में भी कटुता नहीं थी। सबकुछ सहज था।

"वहाँ तुम्हें दिक्कत होगी।" मम्मी के स्वर में प्यार था।

"तो घर भाग आऊँगी।" सुमी के लहजे में बहुत अपनापन था। बात बहुत आसान-सी रह गई थी। उसमें कोई पेंच या मरोड़ नहीं था।

पहली तारीख को सुमी होस्टल में पहुँच गई। मम्मी उसके साथ आईं और कमरे में सामान सजा गई थीं। कुछ चीजें खरीदकर दे गई। बहुत-सी हिदायतें दे गई। शुरू-शुरू में कुछ दिनों तक तो वह हर शाम को कुछ देर के लिए आती रहीं, कभी-कभी सुमी जाती रही; फिर धीरे-धीरे टेलीफोन पर मुलाकात होने लगी···और फिर उसमें भी व्यवधान पड़ने लगा।

पर यह अच्छा हुआ था कि पापा उसके साथ चले आए थे। अब उसे पापा पर भी उतना तरस नहीं आता था। वह मम्मी के मोहताज नहीं रह गए थे। उसने उन्हें मुक्त कर लिया था। पर होस्टल का अकेलापन खाने दौड़ता था। सनकी लड़कियों के बीच दम घुटता था। लगता था कि ये सब भी पापा की तरह ही कहीं-न-कहीं रुकी हुई थीं।

एक दिन वह बहुत अकेली थी, तो पापा के कागज-पत्तर खोलकर बैठ गई। डायरी खोली, तो देखते-देखते नजर पड़ी मम्मी के जन्मदिन पर···पापा ने बड़े प्यार से मम्मी के बारे में कुछ लिखा था, जीवन भर सुख देने की शपथ खाई थी। ग्यारह बरस पहले उन्होंने वह सब लिखा था···उसे बड़ी शांति मिली थी। पापा की तरफ से उसने उन्हीं की इच्छा पूरी कर दी थी। उसने तारीख देखी। तीन दिन बाद मम्मी चालीस की हो रही थीं।

और वह मम्मी के जन्मदिन पर बहुत सुबह-सुबह ही नरगिस के फूलों का गुच्छा लेकर पहुँची थी। वहाँ पहुँचकर एकाएक वह असमंजस में पड़ गई थी। इस वक्त आकर उसने अच्छा नहीं किया। शायद मम्मी को उलझन हो। उसका इस तरह आना खल जाए। उसे कल फोन कर देना चाहिए था। लेकिन लौटते भी बन नहीं रहा था।

उसने धीरे से दरवाजे पर दस्तक दी।

"आई।" मम्मी की आवाज थी।

उन्होंने दरवाजा खोला, तो सुमी ने नरगिस के फूल लिये-लिये ही उन्हें प्यार से बाहों में कस लिया था। फिर हाथों में पकड़ा दिए थे।

मम्मी ने एक बार सुमी को देखा था, फिर फूलों को, और सोचती-सी

बोली थीं, "तेरे पापा भी यही फूल लाते थे···"

फिर अपने को सँभालते हुए वह जल्दी-जल्दी गईं और चाय बना लाई थीं। प्याला बनाकर उन्होंने सुमी के आगे बढ़ा दिया था। चाय पीते हुए, दोनों ही अपनी- अपनी जगह बहुत अलग-अलग सी एक-दूसरे को देख लेती थीं। आखिर मम्मी ने धीरे से पूछ लिया था, "सुमी, वहाँ कोई दिक्कत तो नहीं?"

"न मम्मी···बस, कभी-कभी बहुत सन्नाटा-सा लगता है।"

"यहाँ भी बहुत लगता है," मम्मी ने कहा था। फिर वह कुछ सकुचाई सी देखती रही थीं और अपने में उलझती हुई बोली थीं, "घर में नाश्ता भी तो नहीं है··· तुझे क्या कराऊँ?"

"अंडेवाला अभी नहीं आया?"

"उसे छुड़ा दिया था।" मम्मी की आँखें शायद हलकी सी नम हो आई थीं। वह इधर-उधर देखने लगीं। फिर अपने पर ही हँसती हुई-सी उठी थीं, कुछ और सहारा न पाकर मेज पर रखे कैलेंडर को देखने लगी थीं। हँसते-हँसते ही बोली थीं, "जब से तू गई, तारीख ही नहीं बदली। खयाल ही नहीं रहा।"

और सुमी चाहते हुए भी कुछ कह नहीं पा रही थी। उसे लग रहा था कि चलने के लिए उठने से पहले वह ज्यादा-से-ज्यादा पूछ पाएगी, तो यही कि "मम्मी, कितना बज गया है···"

□

जार्ज पंचम की नाक

यह बात उस समय की है जब इंग्लैंड की रानी ऐलिजाबेथ द्वितीय मय अपने पति के हिंदुस्तान पधारने वाली थीं। अखबारों में उनके चर्चे हो रहे थे। रोज लंदन के अखबारों में खबरें आ रही थीं कि शाही दौरे के लिए कैसी-कैसी तैयारियाँ हो रही हैं···रानी ऐलिजाबेथ का दर्जी परेशान था कि हिंदुस्तान, पाकिस्तान और नेपाल के दौरे पर रानी क्या पहनेगी? उनका सेक्रेटरी और जासूस भी उनके पहले ही इस महाद्वीप का तूफान दौरा करनेवाला था···आखिर कोई मजाक तो था नहीं, जमाना चूँकि नया था, फौज-फाटे के साथ निकलने के दिन बीत चुके थे इसलिए फोटोग्राफरों की फौज तैयार हो रही थी···

इंग्लैंड के अखबारों की कतरनें हिंदुस्तान के अखबारों में दूसरे दिन चिपकी नजर आती थीं··· कि रानी ने एक ऐसा हलके नीले रंग का सूट बनवाया है, जिसका रेशमी कपड़ा हिंदुस्तान से मँगवाया गया है···कि करीब 400 पौंड खर्चा उस सूट पर आया है।

रानी ऐलिजाबेथ की जन्मपत्री भी छपी। प्रिंस फिलिप के कारनामे छपे और तो और उनके नौकरो, बावर्चियों खानसामों, अंगरक्षकों की पूरी-की-पूरी जीवनियाँ देखने में आईं! शाही महल में रहने और पलने वाले कुत्तों तक की तसवीरें अखबारों में छप गईं···

बड़ी धूम थी। बड़ा शोर-शराबा था। शंख इंग्लैंड में बज रहा था, गूँज हिंदुस्तान में आ रही थी।

इन अखबारों से हिंदुस्तान में सनसनी फैल रही थी।···राजधानी में तहलका मचा हुआ था। जो रानी 5000 रुपए का रेशमी सूट पहनकर पालम के हवाई अड्डे पर उतरेगी उसके लिए कुछ तो होना ही चाहिए। कुछ क्या, बहुत कुछ

होना चाहिए। जिसके बावर्ची पहले महायुद्ध में जान हथेली पर लेकर लड़ चुके हैं, उसकी शान-शौकत के क्या कहने और वही रानी दिल्ली आ रही है···

नई दिल्ली ने अपनी तरफ देखा और बेसाख्ता मुँह से निकल गया, वह आएँ हमारे घर, खुदा की रहमत···कभी हम उनकों कभी अपने घर को देखते हैं। और देखते-देखते नई दिल्ली का कायापलट होने लगा।

और करिश्मा तो यह था कि किसी ने किसी से नहीं कहा, किसी ने किसी को नहीं देखा, पर सड़कें जवान हो गईं, बुढ़ापे की धूल साफ हो गई। इमारतों ने नाजनीनों की तरह श्रृंगार किया···

लेकिन एक बड़ी मुश्किल पेश थी···वह थी जार्ज पंचम की नाक! नई दिल्ली में सबकुछ था, सबकुछ होता जा रहा था, सबकुछ हो जाने की उम्मीद थी, पर पंचम की नाक की बड़ी मुसीबत थी! दिल्ली में सबकुछ था···सिर्फ नाक नहीं थी।

इस नाक की भी एक लंबी दास्तान है। इस नाक के लिए बड़े तहलके मचे थे किसी वक्त! आंदोलन हुए थे। राजनीतिक पार्टियों ने प्रस्ताव भी दिए थे। गरमागरम बहसें भी हुई थीं। अखबारों के पन्ने रंग गए थे। बहस इस बात पर थी कि जार्ज पंचम की नाक रहने दी जाए या हटा दी जाए! और जैसा कि हर राजनीतिक आंदोलन में होता है, कुछ पक्ष में थे कुछ विपक्ष में और ज्यादातर लोग खामोश थे। खामोश रहनेवालों की ताकत दोनों तरफ थी···

यह आंदोलन चल रहा था। जार्ज पंचम की नाक के लिए हथियारबंद पहरेदार तैनात कर दिए गए थे···क्या मजाल कि कोई उनकी नाक तक पहुँच जाए। हिंदुस्तान में जगह-जगह ऐसी नाकें खड़ी थीं और जिन तक लोगों के हाथ पहुँच गए उन्हें शानों-शौकत के साथ उतारकर अजायबघरों में पहुँचा दिया गया। शाही लाटों की नाकों के लिए गुरिल्ला युद्ध होता रहा।···

उसी जमाने में यह हादसा हुआ, इंडिया गेट के सामनेवाली जार्ज पंचम की लाट की नाक एकाएक गायब हो गई! हथियारबंद पहरेदार अपनी जगह तैनात रहे। गश्त लगाते रहे···और लाट की नाक चली गई।

रानी आए और नाक न हो!···एकाएक यह परेशानी बढ़ी। बढ़ी सरगर्मी शुरू हुई। देश के खैरख्वाहों की एक मीटिंग बुलाई गई और मसला पेश किया गया कि क्या किया जाए? वहाँ सभी एकमत से इस बात पर सहमत थे कि अगर

यह नाक नहीं है, तो हमारी भी नाक नहीं रह जाएगी···

उच्च स्तर पर मशवरे हुए। दिमाग खरोंचे गए और यह तय किया गया कि हर हालत में इस नाक का होना बहुत जरूरी है। यह तय होते ही एक मूर्तिकार को हुक्म दिया गया कि फौरन दिल्ली में हाजिर हो। मूर्तिकार यों तो कलाकार था, पर जरा पैसे से लाचार था। आते ही उसने हुक्मरानों के चेहरे देखे··· अजीब परेशानी थी उन चेहरों पर; कुछ लटके हुए थे, कुछ उदास थे और कुछ बदहवास थे। उनकी हालत देखकर लाचार कलाकार की आँखों में आँसू आ गए···तभी एक आवाज सुनाई दी "मूर्तिकार! जार्ज पंचम की नाक लगनी है।"

मूर्तिकार ने सुना और जवाब दिया "नाक लग जाएगी, पर मुझे पता होना चाहिए कि यह लाट कब और कहाँ बनी थी? इस लाट के लिए पत्थर कहाँ से लाया गया था?

सब हुक्मरानों ने एक-दूसरे की तरफ ताका···एक की नजर ने दूसरे से कहा कि यह बताना जिम्मेदारी तुम्हारी है! खैर मामला हल हुआ। एक क्लर्क को फोन किया गया और इस बात की पूरी छानबीन करने का काम सुपुर्द कर दिया गया!··· पुरातत्त्व विभाग की फाइलों के पेट चीरे गए, पर कुछ भी पता नहीं चला। क्लर्क ने लौटकर कमेटी के सामने काँपते हुए बयान किया, "सर! मेरी खता माफ हो फाइलें, सबकुछ हजम कर चुकी हैं!"

हुक्मरानों के चेहरों पर उदासी के बादल छा गए। एक खास कमेटी बनाई गई और उसके जिम्मे यह काम दे दिया गया कि जैसे भी हो यह काम होना है और इस नाक का दारोमदार आप पर है। आखिर मूर्तिकार को फिर बुलाया गया···उसने मसला हल कर दिया। वह बोला, "पत्थर की किस्म का ठीक पता नहीं चलता, तो परेशान मत होइए···मैं हिंदुस्तान के हर पहाड़ पर जाऊँगा और ऐसा ही पत्थर खोजकर लाऊँगा!" कमेटी के सदस्यों की जान-में-जान आई। सभापति ने चलते-चलते गर्व से कहा, "ऐसी क्या चीज, हैं जो अपने हिंदुस्तान में मिलती नहीं। हर चीज इस देश के गर्भ में छिपी है···जरूरत खोज लाने की है···खोज करने के लिए मेहनत करनी होगी, इस मेहनत का फल हमें मिलेगा··· आनेवाला जमाना खुशहाल होगा।"

वह छोटा सा भाषण फौरन अखबारों में छप गया।

मूर्तिकार हिंदुस्तान के पहाड़ी प्रदेशों और पत्थरों की खानों के दौरे पर

निकल पड़े। कुछ दिन बाद वह हताश लौटे, उनके चेहरे पर लानत बरस रही थी, उन्होंने सिर लटकाकर खबर दी, "हिंदुस्तान का चप्पा-चप्पा खोज डाला, पर इस किस्म का पत्थर कहीं नहीं मिला। यह पत्थर विदेशी है!"

सभापति ने तैश में आकर कहा, "लानत है आपकी अक्ल पर! विदेशों की सारी चीज हम अपना चुके हैं···दिल-दिमाग, तौर-तरीके और रहन-सहन···जब हिंदुस्तान में बाल डांस तक मिल जाता है तो पत्थर क्यों नहीं मिल सकता!"

मूर्तिकार चुप खड़ा था। सहसा उसकी आँखों में चमक आ गई। उसने कहा, "एक बात मैं कहना चाहूँगा, लेकिन इस शर्त पर कि यह बात अखबारवालों तक न पहुँचे···"

सभापति की आँखों में भी चमक आई। चपरासी को हुक्म हुआ और कमरे के सब दरवाजे बंद कर दिए गए। तब मूर्तिकार ने कहा, "देश में अपने नेताओं की मूर्तियाँ भी हैं···अगर इजाजत हो···अगर आप लोग ठीक समझें, तो मेरा मतलब है, तो···जिसकी नाक इस लाट पर ठीक बैठे. उसे उतार लाया जाए···"

सबने सबकी तरफ देखा। सबकी आँखों में एक क्षण की बदहवासी के बाद खुशी तैरने लगी। सभापति ने धीमे से कहा, "लेकिन बड़ी होशियारी से!"

और मूर्तिकार फिर देश-दौरे पर निकल पड़ा। जार्ज पंचम की खोई हुई नाक का नाप उसके पास था। दिल्ली से वह बंबई पहुँचा···दादाभाई नौरोजी, गोखले, तिलक, शिवाजी, कावस जी जहाँगीर—सबकी नाकें उसने टटोलीं, नापीं और गुजरात की ओर भागा—गांधीजी, सरदार पटेल, विट्ठलभाई पटेल, महादेव देसाई की मूर्तियों को परखा और बंगाल की ओर चला—गुरूदेव रवींद्रनाथ, सुभाषचंद्र बोस, राजा राममोहन राय आदि को भी देखा, नाप-जोख की और बिहार की तरफ चला। बिहार होता हुआ उत्तर प्रदेश की ओर आया···चंद्रशेखर आजाद, बिस्मिल, मोतीलाल नेहरु, मदमोहन मालवीय की लाटों के पास गया··· घबराहट में मद्रास भी पहुँचा, सत्यमूर्ति को भी देखा, और मैसूर, केरल आदि सभी प्रदेशों का दौरा करता हुआ पंजाब पहुँचा, लाला लाजपतराय और भगतसिंह की लाटों से भी सामना हुआ। आखिर दिल्ली पहुँचा और अपनी मुश्किल बयान की, "पूरे हिंदुस्तान की मूर्तियों की परिक्रमा कर आया। सबकी नाकों का नाप लिया, पर जार्ज पंचम की नाक से सब बड़ी निकलीं!···"

सुनकर सब हताश हो गए और झुँझलाने लगे। मूर्तिकार ने ढाढ़स बँधाते

हुए आगे कहा, "सुना था कि बिहार सेक्रेटेरियट के सामने सन् ब्यालीस में शहीद होनेवाले तीन बच्चों की मूर्तियाँ स्थापित हैं···शायद बच्चों की नाक ही फिट बैठ जाए, यह सोचकर वहाँ भी पहुँचा पर···इन तीनों की नाकें भी इससे कहीं बड़ी बैठती हैं। अब बताइए, मैं क्या करूँ?"

···राजधानी में सब तैयारियाँ थीं। जार्ज पंचम की लाट को मल-मलकर नहलाया गया था। रोगन लगाया गया था। सबकुछ था, सिर्फ नाक नहीं थी!

बात फिर बड़े हुक्मरानों तक पहुँची। बड़ी खलबली मची अगर जार्ज पंचम के नाक न लग पाई, तो फिर रानी का स्वागत करने का मतलब? यह तो अपनी नाक कटानेवाली बात हुई।

लेकिन मूर्तिकार पैसे से लाचार था···यानी हार माननेवाला कलाकार नहीं था। एक हैरतअंगेज ख्याल उसके दिमाग में कौंधा और उसने पहली शर्त दुहराई। जिस कमरे में कमेटी बैठी हुई थी, उसके दरवाजे फिर बंद हुए और मूर्तिकार ने अपनी नई योजना पेश की, "चूँकि नाक लगना एकदम जरुरी है, इसलिए मेरी राय है कि चालीस करोड़ में से कोई एक जिंदा नाक काटकर लगा दी जाए···"

बात के साथ ही सन्नाटा छा गया। कुछ मिनटों की खामोशी के बाद सभापति ने सबकी ओर देखा। सबको परेशान देखकर मूर्तिकार कुछ अचकचाया और धीरे-से बोला, "आप लोग क्यों घबराते हैं। यह काम मेरे ऊपर छोड़ दीजिए··· नाक चुनना मेरा काम है···आपकी सिर्फ इजाजत चाहिए!"

कानाफूसी हुई और मूर्तिकार को इजाजत दे दी गई।

अखबारों में सिर्फ इतना छपा कि नाक का मसला हल हो गया है और राजपथ पर इंडिया गेट के पासवाली जार्ज पंचम की लाट के नाक लग रही है।

नाक लगने से पहले फिर हथियारबंद पहरेदारों की तैनाती हुई। मूर्ति के आस-पास का तालाब सुखाकर साफ किया गया। उसकी खाद निकाली गई। और ताजा पानी डाला गया, ताकि जो जिंदा नाक लगाई जानेवाली थी वह सूखने न पाए। इस बात की खबर औरों को नहीं थी। यह सब तैयारियाँ भीतर-भीतर चल रही थीं। रानी के आने का दिन नजदीक आता जा रहा था। मूर्तिकार खुद अपने बताए हल से परेशान था। जिंदा नाक लाने के लिए उसने कमेटीवालों से कुछ और मदद माँगी। वह उसे दी गई। लेकिन इस हिदायत के साथ कि एक खास दिन हर हालत में नाक लग जाएगी।

और वह दिन आया।

जार्ज पंचम के नाक लग गई।

सब अखबारों ने खबरें छापीं कि जार्ज पंचम के जिंदा नाक लगाई गई है··· यानी ऐसी नाक जो कतई पत्थर की नहीं लगती।

लेकिन उस दिन के अखबारों में एक बात गौर करने की थी। उस दिन देश में कहीं भी किसी उद्घाटन की खबर नहीं थी। किसी ने कोई फीता नहीं काटा था। कोई सार्वजनिक सभा नहीं हुई थी। कहीं भी किसी का अभिनंदन नहीं हुआ था, कोई मानपत्र भेंट करने की नौबत नहीं आई थी। किसी हवाई अड्डे या स्टेशन पर स्वागत-समारोह नहीं हुआ था। किसी का ताजा चित्र नहीं छपा था।

सब अखबार खाली थे।

पता नहीं ऐसा क्यों हुआ था ?

नाक तो सिर्फ एक चाहिए थी और वह भी बुत के लिए।

(दिल्ली-1961)

□

दिल्ली में एक मौत

चारों तरफ कुहरा छाया हुआ है। सुबह के नौ बजे हैं, लेकिन पूरी दिल्ली धुंध में लिपटी हुई है। सड़कें नम हैं। पेड़ भीगे हुए हैं। कुछ भी साफ दिखाई नहीं देता। जिंदगी की हलचल का पता आवाजों से लग रहा है। ये आवाजें कानों में बस गई हैं। घर के हर हिस्से से आवाजें आ रही हैं। वासवानी के नौकर ने रोज की तरह स्टोव जला दिया है, उसकी सनसनाहट दीवार के पार से आ रही है। बगलवाले कमरे में अतुल मवानी जूते पर पालिश कर रहा है··· ऊपर सरदारजी मूँछों पर फिक्सो लगा रहे हैं···उनकी खिडकी के परदे के पार जलता हुआ बल्ब बड़े मोती की तरह चमक रहा है। सब दरवाजे बंद हैं, सब खिड़कियों पर परदे हैं, लेकिन हर हिस्से में जिंदगी की खनक है। तिमंजिले पर वासवानी ने बाथरूम का दरवाजा बंद किया है और पाइप खोल दिया है···

कुहरे में बसें दौड रही हैं। जूँ-जूँ करते भारी टायरों की आवाजें दूर से नजदीक आती हैं और फिर दूर होती जाती हैं। मोटर-रिक्शे बेतहाशा भागे चले जा रहे हैं। टैक्सी का मीटर अभी किसी ने डाउन किया है। पड़ोस के डॉक्टर के यहाँ फोन की घंटी बज रही है। और पिछवाड़े गली से गुजरती हुई कुछ लड़कियाँ सुबह की शिफ्ट पर जा रही हैं।

सख्त सर्दी है। सड़कें ठिठुरी हुई हैं और कोहरे के बादलों को चीरती हुई कारें और बसें हॉर्न बजाती हुई भाग रही हैं। सड़कों और पटरियों पर भीड़ है, पर कुहरे में लिपटा हुआ हर आदमी भटकती हुई रूह की तरह लग रहा है।

वे रूहें चुपचाप धुँध के समुद्र में बढ़ती जा रही हैं···बसों में भीड़ है। लोग ठंडी सीटों पर सिकुड़े हुए बैठे हैं और कुछ लोग बीच में ही ईसा की तरह सलीब

पर लटके हुए हैं बाँहें पसारे, उनकी हथेलियों में कीलें नहीं, बस की बर्फीली, चमकदार छड़ें हैं।

और ऐसे में दूर से एक अर्थी सड़क पर चली आ रही है। इस अर्थी की खबर अखबार में है। मैंने अभी-अभी पढ़ी है। इसी मौत की खबर होगी। अखबार में छपा है आज रात करोलबाग के मशहूर और लोकप्रिय बिजनेसमैन सेठ दीवानचंद की मौत इरविन अस्पताल में हो गई। उनका शव कोठी पर ले आया गया है। कल सुबह नौ बजे उनकी अर्थी आर्य समाज रोड से होती हुई पंचकुइयाँ श्मशान-भूमि में दाह-संस्कार के लिए जाएगी।

और इस वक्त सड़क पर आती हुई यह अर्थी उन्हीं की होगी। कुछ लोग टोपियाँ लगाए और मफलर बाँधे हुए खामोशी से पीछे-पीछे आ रहे हैं। उनकी चाल बहुत धीमी है। कुछ दिखाई पड़ रहा है, कुछ नहीं दिखाई पड़ रहा है, पर मुझे ऐसा लगता है अर्थी के पीछे कुछ आदमी हैं।

मेरे दरवाजे पर दस्तक होती है। मैं अखबार एक तरफ रखकर दरवाजा खोलता हूँ। अतुल मवानी सामने खड़ा है। 'यार, क्या मुसीबत है, आज कोई आयरन करनेवाला भी नहीं आया, जरा अपना आयरन देना। अतुल कहता है तो मुझे तसल्ली होती है। नहीं तो उसका चेहरा देखते ही मुझे खटका हुआ था कि कहीं शवयात्रा में जाने का बवाल न खड़ा कर दे। मैं उसे फौरन आयरन दे देता हूँ और निश्चिंत हो जाता हूँ कि अतुल अब अपनी पेंट पर लोहा करेगा और दूतावासों के चक्कर काटने के लिए निकल जाएगा।

जब से मैंने अखबार में सेठ दीवानचंद की मौत की खबर पढी थी, मुझे हर क्षण यही खटका लगा था कि कहीं कोई आकर इस सर्दी में शव के साथ जाने की बात न कह दे। बिल्डिंग के सभी लोग उनसे परिचित थे और सभी शरीफ, दुनियादार आदमी थे।

तभी सरदारजी का नौकर जीने से भड़भड़ाता हुआ आया और दरवाजा खोलकर बाहर जाने लगा। अपने मन को और सहारा देने के लिए मैंने उसे पुकारा, 'धर्मा! कहाँ जा रहा है?' "सरदारजी के लिए मक्खन लेने," उसने वहीं से जवाब दिया तो लगे हाथों लपककर मैंने भी अपनी सिगरेट मँगवाने के लिए उसे पैसे थमा दिए।

सरदारजी नाश्ते के लिए मक्खन मँगवा रहे हैं, इसका मतलब है वे भी

शवयात्रा में शामिल नहीं हो रहे हैं। मुझे कुछ और राहत मिली। जब अतुल मवानी और सरदारजी का इरादा शवयात्रा में जाने का नहीं है तो मेरा कोई सवाल ही नहीं उठता। इन दोनों का या वासवानी परिवार का ही सेठ दीवानचंद के यहाँ ज्यादा आना-जाना था। मेरी तो चार-पाँच बार की मुलाकात भर थी। अगर ये लोग ही शामिल नहीं हो रहे हैं तो मेरा सवाल ही नहीं उठता।

सामने बारजे पर मुझे मिसेस वासवानी दिखाई पड़ती हैं। उनके खूबसूरत चेहरे पर अजीब-सी सफेदी और होंठों पर पिछली शाम की लिपस्टिक की हलकी लाली अभी भी मौजूद थी। गाउन पहने हुए ही वे निकली हैं और अपना जूड़ा बाँध रही हैं। उनकी आवाज सुनाई पड़ती है, 'डार्लिंग, जरा मुझे पेस्ट देना, प्लीज…'

मुझे और राहत मिलती है। इसका मतलब है कि मिस्टर वासवानी भी मैयत में शामिल नहीं हो रहे हैं।

दूर आर्य समाज रोड पर वह अर्थी बहुत आहिस्ता-आहिस्ता बढ़ती आ रही है…

अतुल मवानी मुझे आयरन लौटाने आता है। मैं आयरन लेकर दरवाजा बंद कर लेना चाहता हूँ, पर वह भीतर आकर खड़ा हो जाता है और कहता है, 'तुमने सुना, दीवानचंदजी की कल मौत हो गई है।'

"मैंने अभी अखबार में पढ़ा है," मैं सीधा सा जवाब देता हूँ, ताकि मौत की बात आगे न बढ़े। अतुल मवानी के चेहरे पर सफेदी झलक रही है, वह शेव कर चुका है। वह आगे कहता है, "बड़े भले आदमी थे दीवानचंद।"

यह सुनकर मुझे लगता है कि अगर बात आगे बढ़ गई तो अभी शवयात्रा में शामिल होने की नैतिक जिम्मेदारी हो जाएगी, इसलिए मैं कहता हूँ, 'तुम्हारे उस काम का क्या हुआ?

"बस, मशीन आने भर की देर है। आते ही अपना कमीशन तो खड़ा हो जाएगा। यह कमीशन का काम भी बड़ा बेहूदा है। पर किया क्या जाए? आठ-दस मशीनें मेरे थ्रू निकल गईं तो अपना बिजनेस शुरू कर दूँगा।" अतुल मवानी कह रहा है, 'भई, शुरू-शुरू में जब मैं यहाँ आया था तो दीवानचंदजी ने बड़ी मदद की थी मेरी। उन्हीं की वजह से कुछ काम-धाम मिल गया था। लोग बहुत मानते थे उन्हें।

फिर दीवानचंद का नाम सुनते ही मेरे कान खड़े हो जाते हैं। तभी खिडकी से सरदारजी सिर निकालकर पूछने लगते हैं, "मिस्टर मवानी! कितने बजे चलना है?"

"वक्त तो नौ बजे का था, शायद सर्दी और कुहरे की वजह से कुछ देर हो जाए। वह कह रहा है और मुझे लगता है कि यह बात शवयात्रा के बारे में ही है।

सरदारजी का नौकर धर्मा मुझे सिगरेट देकर जा चुका है और ऊपर मेज पर चाय लगा रहा है। तभी मिसेज वासवानी की आवाज सुनाई पड़ती है, "मेरे खयाल से प्रमिला वहाँ जरूर पहुँचेगी, क्यों डार्लिंग?"

'पहुँचना तो चाहिए।...तुम जरा जल्दी तैयार हो जाओ। कहते हुए मिस्टर वासवानी बारजे से गुजर गए हैं।

अतुल मुझसे पूछ रहा है, "शाम को कॉफी-हाउस की तरफ आना होगा?"

"शायद चला आऊँ," कहते हुए मैं कंबल लपेट लेता हूँ और वह वापस अपने कमरे में चला जाता है। आधे मिनट बाद ही उसकी आवाज फिर आती है, 'भई, बिजली आ रही है? मैं जवाब दे देता हूँ, "हाँ, आ रही है।" मैं जानता हूँ कि वह इलेक्ट्रिक रॉड से पानी गरम कर रहा है, इसीलिए उसने यह पूछा है।

'पॉलिश! बूट पॉलिश वाला लड़का हर रोज की तरह अदब से आवाज लगाता है और सरदारजी उसे ऊपर पुकार लेते हैं। लड़का बाहर बैठकर पॉलिश करने लगता है और वह अपने नौकर को हिदायतें दे रहे हैं, 'खाना ठीक एक बजे लेकर आना।...पापड़ भूनकर लाना और सलाद भी बना लेना...। मैं जानता हूँ सरदारजी का नौकर कभी वक्त से खाना नहीं पहुँचाता और न उनके मन की चीजें ही पकाता है।

बाहर सड़क पर कुहरा अभी भी घना है। सूरज की किरणों का पता नहीं है। कुलचे-छोलेवाले वैष्णव ने अपनी रेढी लाकर खड़ी कर ली है। रोज की तरह वह प्लेटें सजा रहा है, उनकी खनखनाहट की आवाज आ रही है।

सात नंबर की बस छूट रही है। सूलियों पर लटके ईसा उसमें चले जा रहे हैं और क्यू में खड़े बाकी लोगों को कंडक्टर पेशगी टिकट बाँट रहा है। हर बार जब भी वह पैसे वापस करता है तो रेजगारी की खनक यहाँ तक आती है। धुंध में लिपटी रूहों के बीच काली वर्दी वाला कंडक्टर शैतान की तरह लग रहा है।

और अर्थी अब कुछ और पास आ गई है।

'नीली साड़ी पहन लूँ? मिसेज वासवानी पूछ रही हैं।

वासवानी के जवाब देने की घुटी-घुटी आवाज से लग रहा है कि वह टाई की नॉट ठीक कर रहा है।

सरदारजी के नौकर ने उनका सूट ब्रुश से साफ करके हैंगर पर लटका दिया है। और सरदारजी शीशे के सामने खड़े पगड़ी बाँध रहे हैं।

अतुल मवानी फिर मेरे सामने से निकला है। पोर्टफोलियो उसके हाथ में है। पिछले महीने बनवाया हुआ सूट उसने पहन रखा है। उसके चेहरे पर ताजगी है और जूतों पर चमक। आते ही वह मुझे पूछता है, 'तुम नहीं चल रहे हो? और मैं जब तक पूछूँ कि कहाँ चलने को वह पूछ रहा है, वह सरदारजी को आवाज लगाता है, 'आइए, सरदारजी! अब देर हो रही है। दस बज चुका है।

दो मिनट बाद ही सरदारजी तैयार होकर नीचे आते हैं कि वासवानी ऊपर से ही मवानी का सूट देखकर पूछता है, 'ये सूट किधर सिलवाया?

"उधर खान मार्केट में।"

"बहुत अच्छा सिला है। टेलर का पता हमें भी देना।" फिर वह अपनी मिसेज को पुकारता है, "अब आ जाओ, डियर!...अच्छा मैं नीचे खड़ा हूँ तुम आओ।" कहता हुआ वह भी मवानी और सरदारजी के पास आ जाता है और सूट को हाथ लगाते हुए पूछता है, 'लाइनिंग इंडियन है।

'इंग्लिश!

'बहुत अच्छा फिटिंग है! कहते हुए वह टेलर का पता डायरी में नोट करता है। मिसेज वासवानी बारजे पर दिखाई पड़ती हैं।

अर्थी अब सड़क पर ठीक मेरे कमरे के नीचे है। उसके साथ कुछेक आदमी हैं, एक-दो कारें भी हैं, जो धीरे-धीरे रेंग रही हैं। लोग बातों में मशगूल हैं।

मिसेज वासवानी जूड़े में फूल लगाते हुए नीचे उतरती हैं तो सरदारजी अपनी जेब का रुमाल ठीक करने लगते हैं। और इससे पहले कि वे लोग बाहर जाएँ वासवानी मुझसे पूछता है, "आप नहीं चल रहे?"

"आप चलिए मैं आ रहा हूँ मैं कहता हूँ पर दूसरे ही क्षण मुझे लगता है कि उसने मुझसे कहाँ चलने को कहा है? मैं अभी खड़ा सोच ही रहा रहा हूँ कि वे चारों घर के बाहर हो जाते हैं।

अर्थी कुछ और आगे निकल गई है। एक कार पीछे से आती है और अर्थी

के पास धीमी होती है। चलानेवाले साहब शवयात्रा में पैदल चलने वाले एक आदमी से कुछ बात करते हैं और कार सर्र से आगे बढ़ जाती है। अर्थी के साथ पीछे जानेवाली दोनों कारें भी उसी कार के पीछे सरसराती हुई चली जाती हैं।

मिसेज वासवानी और वे तीनों लोग टैक्सी स्टैंड की ओर जा रहे हैं। मैं उन्हें देखता रहता हूँ। मिसेज वासवानी ने फर-कालर डाल रखा है। और शायद सरदारजी अपने चमड़े के दास्ताने उन्हें दे रहे हैं या दिखा रहे हैं। टैक्सी-ड्राइवर आगे बढ़कर दरवाजा खोलता है और वे चारों टैक्सी में बैठ जाते हैं। अब टैक्सी इधर ही आ रही है और उसमें से खिलखिलाने की आवाज मुझे सुनाई पड़ रही है। वासवानी आगे सड़क पर जाती अर्थी की ओर इशारा करते हुए ड्राइवर को कुछ बता रहा है।···

मैं चुपचाप खड़ा सब देख रहा हूँ और अब न जाने क्यों मुझे मन में लग रहा है कि दीवानचंद की शवयात्रा में कम-से-कम मुझे तो शामिल हो ही जाना चाहिए था। उनके लड़के से मेरी खासी जान-पहचान है और ऐसे मौके पर तो दुश्मन का साथ भी दिया जाता है। सर्दी की वजह से मेरी हिम्मत छूट रही है··· पर मन में कहीं शवयात्रा में शामिल होने की बात भीतर-ही-भीतर कोंच रही है।

उन चारों की टैक्सी अर्थी के पास धीमी होती है। मवानी गर्दन निकालकर कुछ कहता है और दाहिने से रास्ता काटते हुए टैक्सी आगे बढ़ जाती है।

मुझे धक्का-सा लगता है और मैं ओवरकोट पहनकर, चप्पलें डालकर नीचे उतर आता हूँ। मुझे मेरे कदम अपने आप अर्थी के पास पहुँचा देते हैं, और मैं चुपचाप उसके पीछे-पीछे चलने लगता हूँ। चार आदमी कंधा दिए हुए हैं और सात आदमी साथ चल रहे हैं सातवाँ मैं ही हूँ। और मैं सोच रहा हूँ कि आदमी के मरते ही कितना फर्क पड़ जाता है। पिछले साल ही दीवानचंद ने अपनी लड़की की शादी की थी तो हजारों की भीड़ थी। कोठी के बाहर कारों की लाइन लगी हुई थी···

मैं अर्थी के साथ-साथ लिंक रोड पर पहुँच चुका हूँ। अगले मोड़ पर ही पंचकुइयाँ श्मशान भूमि है।

और जैसे ही अर्थी मोड़ पर घूमती है, लोगों की भीड़ और कारों की कतार मुझे दिखाई देने लगती है। कुछ स्कूटर भी खड़े हैं। औरतों की भीड़ एक तरफ खड़ी है। उनकी बातों की ऊँची ध्वनियाँ सुनाई पड़ रही हैं। उनके खड़े होने में

वही लचक है जो कनॉट प्लेस में दिखाई पड़ती है। सभी के जूड़ों के स्टाइल अलग-अलग हैं। मर्दों की भीड़ से सिगरेट का धुआँ उठ-उठकर कुहरे में घुला जा रहा है और बात करती हुई औरतों के लाल-लाल होंठ और सफेद दाँत चमक रहे हैं और उनकी आँखों में एक गरूर है···

अर्थी को बाहर बने चबूतरे पर रख दिया गया है। अब खामोशी छा गई है। इधर-उधर बिखरी हुई भीड़ शव के इर्द-गिर्द जमा हो गई है और कारों के शोफर हाथों में फूलों के गुलदस्ते और मालाएँ लिए अपनी मालकिनों की नजरों का इंतजार कर रहे हैं।

मेरी नजर वासवानी पर पड़ती है। वह अपनी मिसेज को आँख के इशारे से शव के पास जाने को कह रहा है और वह है कि एक औरत के साथ खड़ी बात कर रही है। सरदारजी और अतुल मवानी भी वहीं खड़े हुए हैं।

शव का मुँह खोल दिया गया है और अब औरतें फूल और मालाएँ उसके इर्द-गिर्द रखती जा रही हैं। शोफर खाली होकर अब कारों के पास खड़े सिगरेट पी रहे हैं।

एक महिला माला रखकर कोट की जेब से रुमाल निकालती है और आँखों पर रखकर नाक सुरसुराने लगती है और पीछे हट जाती है।

और अब सभी औरतों ने रुमाल निकाल लिये हैं और उनकी नाकों से आवाजें आ रही हैं।

कुछ आदमियों ने अगरबत्तियाँ जलाकर शव के सिरहाने रख दी हैं। वे निश्चल खड़े हैं।

आवाजों से लग रहा है औरतों के दिल को ज्यादा सदमा पहुँचा है।

अतुल मवानी अपने पोर्टफोलियो से कोई कागज निकालकर वासवानी को दिखा रहा है। मेरे खयाल से वह पासपोर्ट का फॉर्म है।

अब शव को भीतर श्मशान भूमि में ले जाया जा रहा है। भीड़ फाटक के बाहर खड़ी देख रही है। शोफरों ने सिगरेटें या तो पी ली हैं या बुझा दी हैं और वे अपनी-अपनी कारों के पास तैनात हैं।

शव अब भीतर पहुँच चुका है।

मातमपुरसी के लिए आए हुए आदमी और औरतें अब बाहर की तरफ लौट रहे हैं। कारों के दरवाजे खुलने और बंद होने की आवाजें आ रही हैं। स्कूटर

स्टार्ट हो रहे हैं। और कुछ लोग रिंग रोड, बस-स्टॉप की ओर बढ़ रहे हैं।

कुहरा अभी भी घना है। सड़क से बसें गुजर रही हैं और मिसेज वासवानी कह रही हैं, "प्रमिला ने शाम को बुलाया है, चलोगे न डियर? कार आ जाएगी। ठीक है न?"

वासवानी स्वीकृति में सिर हिला रहा है।

कारों में जाती हुई औरतें मुसकराते हुए एक-दूसरे से विदा ले रही हैं और बाय-बाय की कुछेक आवाजें आ रही हैं। कारें स्टार्ट होकर जा रही हैं।

अतुल मवानी और सरदारजी भी रिंग रोड, बस स्टॉप की ओर बढ़ गए हैं और मैं खड़ा सोच रहा हूँ कि अगर मैं भी तैयार होकर आया होता तो यहीं से सीधा काम पर निकल जाता। लेकिन अब तो साढ़े ग्यारह बज चुके हैं।

चिता में आग लगा दी गई है और चार-पाँच आदमी पेड़ के नीचे पड़ी बैंच पर बैठे हुए हैं। मेरी तरह वे भी यूँ ही चले आए हैं। उन्होंने जरूर छुट्टी ले रखी होगी, नहीं तो वे भी तैयार होकर आते।

मेरी समझ में नहीं आ रहा है कि घर जाकर तैयार होकर दफ्तर जाऊँ या अब एक मौत का बहाना बनाकर आज की छुट्टी ले लूँ···आखिर मौत तो हुई ही है और मैं शवयात्रा में शामिल भी हुआ हूँ।

□

मांस का दरिया

जाँच करनेवाली डॉक्टरनी ने इतना ही कहा था कि उसे कोई पोशीदा मर्ज नहीं है, पर तपेदिक के आसार जरूर हैं। उसने एक पर्चा भी लिख दिया था। खाने को गिजा बताई थी।

कमेटी पहले ही पेशे पर रोक लगा चुकी थी। सब परेशान थीं। समझ में नहीं आ रहा था कि क्या होगा? डॉक्टरी जाँच में बहुतों का पेशा और पहले ही ठप्प हो चुका था। इब्राहीम ठेकेदार ने जो चुनी थीं, वे सब 'पास' हो गई थीं। उनके नखरे बहुत बढ़ गए थे। वे बड़े गरूर से अपने खानदानों की चर्चा करती थीं।

इब्राहीम ने चुस्त-दुरुस्त लड़कियों को छाँट लिया था। धीरे-धीरे वे शहर के अच्छे हिस्सों में जा बसी थीं। इब्राहीम उनकी देखभाल करता था और जिस ठेके से जितनी ले गया था, उनका पैसा महीने-के-महीने चुकता कर जाता था।

एक बार जब जुगनू ज्यादा परेशान थी, तो उसने भी इब्राहीम से कहा था कि किसी ठौर-ठिकाने पर बैठा दे, पर इब्राहीम ने दो-टूक जवाब दे दिया था, "शादी तो है नहीं कि किसी की आँख में धूल झोंककर गले मढ़ दूँ! जो आएगा, वह तो बोटी-बोटी देखेगा।" और वह कतराकर चला गया था।

उस दिन उसके दिल पर पहली चोट लगी थी—अब वह इस लायक भी नहीं रही? दूसरी चोट तब लगी थी, जब साथ के बारजे से शहनाज ने हाथ मटकाते हुए गाली दी थी, "अरे, अल्ला तुझे वह दिन भी दिखाएगा जब गाहक तेरी सीढ़ियों पर क़दम तक नहीं रखेगा।"

शहनाज की इस बात पर मोहल्ले में बड़ा बावेला मचा था। यह गाली तो

बुरी-से-बुरी को नहीं दी जाती···सबके गाहक जीते-जागते रहें। खुदा मर्दों को रोजी दे··· जाँघ में जोर दे!

और उसी दिन पहली बार झिझकता हुआ वह आया था। फत्ते उसे लाया था। उसके हाथ में बड़ा-सा थैला था। खाकी पैंट और नीली कमीज पहने था। दाढ़ी बढ़ी हुई थी। कानों के रोओं और भौंहों पर धूल की हलकी परत थी। कमरे में जाकर जुगनू खाट पर खुद बैठ गई थी, तो वह अचकचाया-सा खड़ा रह गया था। उसकी समझ में नहीं आ रहा था कि थैला कहाँ रख दे। तभी जुगनू ने बड़ी आसानी से थैला लेकर सिरहाने रख दिया था। वह चुपचाप खाट पर बैठ गया था। कुछ क्षणों की खामोशी के बाद जुगनू ने कहा था, "जूते उतार लो।···" उसने किरमिच के जूते उतारे थे तो बदबू का एक भभका उठा था···कुछ-कुछ वैसा ही जैसा कि बहुतों के कपड़े उतारने पर उठा करता था···खास तौर से उस मनसू किरानी के पास से फूटता था, जो रात के ग्यारह बजे के बाद ही आया करता था और निबट चुकने के बाद कमर में दर्द की वजह से शिला की तरह बैठा रह जाता था। तब जुगनू ही उसे उठाती थी और वह जाँघें खुजलाता हुआ चला जाता था। या फिर कँवरजीत होटलवाले की तरह, जो बदबू तो देता ही था और उठने से पहले खाट पर बैठा हुआ 'ओं··· ओं' करके डकारें लेता था।

वह भभक उससे बर्दाश्त नहीं हुई तो बोली, "जूते पहन लो!"

वह जूते पहनकर फिर बैठ गया था। तब उसे बड़ी कोफ्त हुई थी। एक मिनट वह उसे घूरती रही थी, फिर चिढ़कर बोली थी, "यह घर की बैठक नहीं है··· फारिग होके अपना रास्ता नापो!" उसने अपमानित महसूस किया था और अपने को सँभालने के बाद अचकचाकर बोला था, "तुम्हारा नाम कया है?"

"जुगनू!" वह बोली थी।

"कहाँ की हो?"

"तुम अपना काम करो···" वह फिर चिढ़ गई थी।

और तब उसने उसकी तरह ही पूछा था, "तुम्हें यह पेशा पसंद है?"

"हाँ!··· तुम्हें नहीं है?" कहते हुए वह लेट गई थी। उसने साड़ी जाँघों तक खिसका ली थी। वह भी लेट गया था और उसने ब्लाउज के भीतर हाथ डालने की झिझकभरी कोशिश की थी।

"परेशान न करो तो अच्छा है···" वह बोली थी, "क्यों खोलते हो··· ?"

उसके लिए कुछ भी कर सकना मुमकिन नहीं रह गया था। जुगन के चेहरे पर सस्ते पाउडर की परत थी···गर्दन में पाउडर की डोरियाँ-सी बन गई थीं। होठों पर खून सूखकर चिपक गया था। कानों के टॉप्स मेंढक की आँखों की तरह उभरे हुए थे। बाल तेल से भीगे थे। तकिया निहायत गंदा था और चादर कुचले हुए चमेली के फूल की तरह मैली थी।

सँकरी कोठरी में अजीब-सी बदबू भरी हुई थी। एक कोने में पानी का घड़ा रखा था और तामचीनी का एक डिब्बा। कोने में ही कुछ चिथड़े भी पड़े थे।

वह पड़ा-पड़ा इधर-उधर देखता रहा। जुगनू के सिरहाने ही छोटी-सी अलमारी थी। उसका पत्थर तेल के चिकने चकत्तों से भरा हुआ था। एक टूटा हुआ कंघा, सस्ती नेलपॉलिस की शीशी और जूड़े के कुछ पिन उसमें पड़े थे। अलमारी की दीवार पर पेंसिल से कुछ नाम और पते लिखे हुए थे। सिनेमा के गीतों की कुछ किताबें एक कोने में रखी थीं, उन्हीं के पास मरे साँपों की तरह चुटीले पड़े थे। देखते-देखते उसके मन में गिजगिजाहट भर गई थी। आसरे के लिए उसने जुगनू की जाँघ पर हाथ रख लिया था। जाँघ बासी मछली की तरह पुलपुली और खद्दर की तरह खुरदरी थी। जुगनू के खुले हुए आधे तन से मावे की महक आ रही थी। उसने हाथ हटाया तो जाँघों के नीचे चादर पर आ गया था। उसे लगा जैसे चादर भीगी हुई हो···

"यही कमाई का वक्त होता है···इतने में तो चार खुश हो गए होते!" जुगनू ने कहा और दोनों बाँहों में कसकर उसे भींच लिया था।

और जब वह उठकर बैठा तो जुगनू ने मजाक-मजाक में उसका थैला खोल लिया था, "बहुत रुपया भरकर चलते हो!" उसे लगा कि शायद वह मजाक में एकाध रुपया और हथियाना चाहती है। थैले में कागज, अखबार और रोटी देखकर सकुचा गई थी।

"फिर कभी आना तो पूछ लेना···सीधे आओगे न?" जुगनू ने कोठरी से बाहर निकलते-निकलते कहा था। तब उसने जुगनू को पहली बार गौर से देखा था और चुपचाप चला गया था।

जब भी जुगनू बाजार से निकलती, तो सिर पर पल्ला डालकर। वह इतनी छिछोरी भी नहीं थी कि कोई फबती कसता। सब उसे ऐसे देखते थे, जैसे उस पर उनका समान अधिकार हो। वह रास्ता चलते कनखियों से उन लोगों को जरूर

देख लेती थी, जिन्हें वह अच्छी तरह पहचानती थी और जो उसके मर्दों की तरह उसके पास आते-जाते थे। तभी एक दिन वह दिखाई पड़ा था, वही थैलेवाला आदमी। एक इमारत की पहली मंजिल के बारजे पर कोहनियाँ टेके वह बीड़ी पी रहा था। वही कमीज पहने था। इमारत पर लाल झण्डा लगा हुआ था, जिसकी छाया उसके कंधों पर काँप रही थी।

टूटी हुई चप्पल जुड़वाने के लिए वह वहीं रुक गई थी। वह शायद भीतर चला गया था।

रात को वह आया था। उसकी आँखों में पहचान थी। इस बार वह सकुचा नहीं रहा था। खाट पर बैठे-बैठे जुगनू ने उससे पूछा था, 'तुम क्या काम करते हो ?'

"कुछ नहीं!" वह बोला था, 'मजदूरों में काम करता हूँ...

"हमारा भी कुछ काम कर दिया करो...हम भी मजदूर हैं!" जुगनू ने मजाक किया था।

"तुम्हें देर तो नहीं हो रही है!" उसने कहा था

"आज तबीयत ठीक नहीं है।" जुगनू अलसाते हुए बोली थी।

"क्या हुआ ?"

"कमर बहुत दुःख रही है। सारे बदन में हड़फूटन है"...जुगनू बोली थी, "पता नहीं क्या हो गया है...तारा को बुला दूँ?...बहुत शराफत से पेश आएगी... समझदार औरत है..."

उसने मना कर दिया था। कुछेक मिनट बैठकर वह चलने लगा था, तो सिर्फ इतना ही बोला था, "मैं ऐसे ही चला आया था।" और वह चुपचाप अँधेरी सीढ़ियों में उतर गया था। जुगनू खामोशी से आकर खिड़की पर खड़ी हो गई थी। उसे लगा था कि वह किसी और जीने में चढ़ जाएगा। गली में ज्यादा आमदरफ्त नहीं थी। थोड़ी-थोड़ी दूर पर आदमियों के तीन-चार गोल खड़े हुए थे। उनमें से फूटकर कभी-कभी कोई किसी जीने में चढ़ जाता था। नानबाई की चिमनी में से धुआँ निकल रहा था...वह उसे देखती रही थी। वह कहीं रुका नहीं। धीरे-धीरे गली पारकर सड़क की तरफ मुड़ गया था—उसी सड़क पर, जिस पर वह इमारत थी, जिसमें वह रहता था।

जुगनू को उसका यूँ लौट जाना बहुत अच्छा लगा था। हलकी-सी खुशी हुई थी। कोठरी के पलंग पर आकर वह लेट रही थी।

कोठरी में बहुत सीलन थी और घुटी-घुटी-सी बदबू। दरवाजा उसने बंद कर लिया था और सिनेमा के गीतों की किताब उठाकर मन-ही-मन पढ़ती रही थी।

तभी किवाड़ों पर दस्तक हुई थी और अम्मा की आवाज आई थी, 'जुगनू बेटे! मुआ बेहोश तो नहीं हो गया!'

'यहाँ कोई नहीं है, अम्मा!'

'तो बारजे पर निकल आ, बेटे···बड़ी अच्छी हवा चल रही है···गली में रौनक भी है···' कहते हुए अम्मा ने दरवाजा खोल दिया था, 'तबीयत तो ठीक है!'

'कुछ गड़बड़ है, अम्मा!'

'तो एक गिलास दूध पी ले, बेटा···अभी तो वक्त है, कोई आ ही गया तो···'

और वह उठ आई थी। उसकी गर्दन पर उल्टा हाथ रखते हुए अम्मा ने बुखार देखा था और कमर के ऊपर पीठ के माँस की लौटती सलवटें देखकर बोली थी, 'सेहत का खयाल छोड़ दिया है तूने···कमर पर कितनी मोटी परतें गिरने लगी हैं···थोड़ी-सी वर्जिश कर लिया कर···' कहती हुई वह दूसरी कोठरी की ओर चली गई थी। दूसरी कोठरी से कुछ तेज-तेज़ आवाजें आ रही थीं। और अम्मा बड़बड़ाती हुई भीतर चली गई थी, 'यह चुड़ैल बिना लड़े लगाम नहीं डालने देती···किसी दिन इस कोठरी में कतल होगा···!'

यह रोज की बात थी···बिलकीस को अम्मा यों ही कोसती थी। खुद बिलकीस का कहना था कि उसके पास से कोई बिना अपनी कमर पकड़े वापस नहीं जा सकता। बिलकीस को इसमें मजा भी आता था। आदमी को छोड़ते ही वह दरवाजे पर आकर खड़ी हो जाती थी और उसे हारकर जाते हुए देखकर तालियाँ चटकाकर बड़ी ऊँची हँसी में हँसती थी, 'अरी, ओ मरी जुबेदा! जरा देख···रुस्तम जारिया है! बड़ा आया था पैलवान का बच्चा! ये मरदुआ सोएगा औरत के साथ!'

एक दिन एक आदमी बिगड़ गया था, 'क्या बक रही है?'

"अरे, जा-जा भिश्ती की औलाद···ले, ये चवन्नी ले जा, छटाँक भर मलाई खा लीजो···"

और वह आदमी बहुत अपमानित-सा सीढ़ियाँ उतर गया था। पूरे कोठे में बिलकीस को लेकर दहशत छाई रहती थी। पता नहीं कब झगड़ा हो जाए!

और वह हाथ नचा-नचाकर बड़े फख्र से हमेशा कहा करती थी, 'अपने तो बरम्मचारी की औरत हैं···'

जुगनू को देखकर बिलकीस हमेशा ताना देती थी, 'तू तो किसी घर बैठ जा···' पर जुगनू किसी से लड़ी नहीं। वह जानती थी कि बिलकीस बहुत मुँहफट है। अम्मा तक को नहीं धर गाँठती। और अम्मा थी कि सबके तन-बदन का खयाल रखती थी। बदन चुस्त-दरुस्त रखने के लिए वह हमेशा चीखती ही रहती थी। 'भैंस की तरह फैलती ही जा रही है। साटन की पेटीकोट पहना कर। आलू खाना बंद कर कलमुँही!'

पेट पर ढलान आते ही वह जुबेदा के लिए भीतर बक्से में से पेटी निकाल लाई थी, "दिन में इसे बाँधा कर! चाय पीना कम कर···" और उसने जीन की हर नाप की अँगियाँ लाकर रख दी थीं। उसे बस एक ही फिक्र रहती थी, 'मेरा बस चले तो उमर रोक दूँ तुम लोगों के लिए···'

दोपहर में अम्मा बड़े प्यार से कभी किसी के बाल साफ करने बैठ जाती, कभी शाम के लिए साड़ियों पर इस्त्री करती और बसंत के दिन तो वह सबके लिए बसंती जोड़ा रँगती थी। फत्ते के लिए रूमाल रँगना भी न भूलती। ईद-बकरीद, होली-दीवाली बड़े हौसले से मनाती और कभी-कभी कमला की याद करके डबडबाई आँखों से कहती, "उस जैसी लड़की तो हजार कोखें नहीं जनम पाएँगी···खुदा ने क्या खूबसूरती बख्शी थी, हाथ लगाते मैली होती थी···उसे तो पैसोंवालों का डाह खा गया। जहर दे दिया कुत्तों ने···बहुत छटपटाई थी बेचारी। हाय, मैं अस्पताल तक न ले जा पाई··· ।"

···जुगनू बारजे में आकर बैठ गई थी। आते-जातों को देख रही थी। भीड़ धीरे- धीरे हलकी हो रही थो। फूल-गजरेवाले उठकर जा रहे थे और उसने देखा था—रोज की तरह मन्नन माली ने जाते हुए एक गजरा कलावती की खिड़की में फेंका था और कलावती ने रोज की तरह मुसकराकर गालियाँ दी थीं। बन्ने कलईवाला धुला हुआ तहमद और जालीदार बनियान पहने आया था और सीधे शहनाज के कोठे पर चढ़ गया था।

शंकर पनवाड़ी के सामने चबूतरे पर नीम-पागल चुन्नीलाल ने अपना बोरा बिछा दिया था और तामचीनी के मग्गे में चाय पीते हुए बड़बड़ा रहा था, "अरे जालिम, उसी दिन हाथ कलम करवा ले जिस दिन गलत सुर निकल जाए! अरे

जालिम···यहीं उतरकर आएगी···इसी बोरे पर सुहागरात होगी···जालिम!"

और तभी एक क्षण के लिए गली के मोड़ पर जुगनू को उसी नीली कमीज वाले का शक हुआ था। शायद वह फिर लौटकर आया है और चुपके से कहीं चढ़ जाएगा। पर वह उसका भ्रम था। वह नहीं था, कोई और आदमी था।

फिर बहुत दिन बाद वह लौटा था। और जुगनू की कोठरी में आते ही घर की तरह खाट पर पसर गया था। लेकिन जूते उतारने की फिर भी उसकी हिम्मत नहीं हुई थी।

"तुम अपना नाम तो बता दो?" जुगनू ने बगल में लेटते हुए पूछा था।

"म्रदनलाल···क्यों?"

"ऐसा ही···यहाँ नहीं थे?"

"जेल में था···गिरफ्तारियाँ हो गई थीं, उसी में चला गया था···"

"क्यों···"

"हड़ताल चल रही थी न···मालिकों ने बंद करवा दिया था। बड़ी मुश्किल से रिहाई हुई···"

"इस हड़ताल-वड़ताल से कुछ होता भी है? काहे को की थी?"

"बगैर नोटिस छँटनी हुई थी···तुम्हारी समझ में नहीं आएगा। और भी बहुत- से मसले थे···जूते उतार लूँ?" मदनलाल ने बहुत सकुचाते हुए कहा था।

"उतार लो।"

और किरमिच के जूतों और पसीने से सने हुए पैरों से जो भभक निकली थी, उससे जुगनू को कोई खास परेशानी नहीं हुई थी, धीरे-धीरे जैसे बू ही उसके चारों ओर समा गई थी···और फिर उसके बदन में भर गई थी।

मदनलाल तो चला गया था, पर उसकी वह गंध रह गई थी। और उन्हीं दिनों सब पेशेवालियों को डॉक्टरी जाँच के लिए हाजिर होना पड़ा था और डॉक्टरनी ने इतना ही कहा था कि कोई पोशीदो मर्ज नहीं है, पर तपेदिक के आसार जरूर हैं···

देखते-देखते उसकी खाँसी बढ़ गई थी। बुखार रहने लगा था। अम्मा अस्पताल ले जाकर दिखा आई थी पर रोग थमने में नहीं आ रहा था। धीरे-धीरे वह काम लायक नहीं रह गई थी। एक दिन खून थूका था तो बिलकीस ने आसमान सिर पर उठा लिया था, "अरे, इसे डलवाओ कहीं बाहर! हमें मरना

है?" तो अम्मा ने उसे डाँटा था, पर भीतर से वह भी बदल गई थी। तरह-तरह से उसने जुगनू को समझाया था कि वह अपनी सेहत की खातिर कहीं और चली जाए। जरूरत के लिए सौ-पचास रुपए भी ले जाए, इस तरह लापरवाही न करे...

पर जुगनू की समझ में नहीं आता था कि वह कहाँ चली जाए। पैसा भी पास नहीं था और सौ-दो-सौ से कितने दिन कट सकते थे। आखिर हारकर वह तपेदिक- अस्पताल में भरती हो गई थी। धीरे-धीरे अम्मा का दिया और अपने पास का सारा रुपया खत्म हो गया था। चार महीने लगातार उसे सेनेटोरियम में रहना पड़ा था। उसके बाद भी छुट्टी नहीं मिली थी। हाँ, कहीं थोड़ी-बहुत देर के लिए आने-जाने पर रोक नहीं थी। वहाँ से निकलकर वह दो-चार बार अम्मा के पास आई थी तो अम्मा ने कहा था, "किसी को बताना मत बेटे कि कहाँ थी... मैंने तो यही कहा है कि रामपुर चली गई है अपनी बहन के पास, कुछ दिनों में वापस आ जाएगी...पर मुआ दारोगा बहुत परेशान करता था...उसे शक है कि यहीं-कहीं बैठने लगी है..."

अम्मा की आँखों में अपनापन पाकर उसे बड़ा सहारा-सा मिला था। और अम्मा उसकी हालत देख-देखकर दुःखी होती रही थी। सचमुच जुगनू का बदन झुलस-सा गया था...बाल बहुत झीने हो गए थे और चेहरे की सुर्खी गायब हो गई थी।

जुगनू जब भी शीशे में अपने को देखती, तो घबरा उठती थी। अब क्या होगा? कैसे बीतेगी यह पहाड़-सी बीमार जिंदगी! सहारा...कोई और सहारा भी तो नहीं, कोई हुनर भी नहीं...

पेशे पर रोक लग जाने के बावजूद कई नई लड़कियाँ लखनऊ-बनारस से आ गईं थीं और उन्होंने बाजार बिगाड़ रखा था। सुना था, शहनाज की हालत भी खराब हो गई थी और कलावती भूखों मरने की हालत में पहुँच गई थी।

यह सब सुन-जानकर जुगनू का दिल घबराने लगा था।

चलने से पहले उसने अम्मा से कुछ रुपए माँगे थे, तो वह अपना रोना रोने लगी और तंगहाली का बयान करने लगी थी। उसकी हालत भी खस्ता थी।

और वहाँ से सेनेटोरियम लौटते हुए उसने उन सबकी ओर आसरे से भरी नजरें डाली थीं, जिन्हें वह जानती थी, जो उफनती जवानी के दिनों में उसके पास आते-जाते रहे थे।

मनसू किरानी को दुकान पर बैठा देखकर जुगनू के मन में नफरत-सी भर आई थी।···उसका कमर पकड़ बैठ जाना और फिर जाँघें खुजलाते हुए कोठरी से जैसे-तैसे जाना···

कँवरजीत होटलवाला मैला पाजामा पहने नोट गिन रहा था-उठने से पहले हमेशा 'ओं···ओं···' की डकारें लेता था, तो जुगनू का मन मिचलाने लगता था···

जुगनू ने औरों को भी देखा था···जिनसे थोड़ी-बहुत भी मेल-मुलाकात रही थी।

सेनेटोरियम में और बहुत दिन रुकना नहीं हुआ। आखिर आना तो था ही। पर वह सभी की शुक्रगुजार थी कि उन्होंने मुसीबत और तकलीफ के दिनों में आँखें नहीं पलटी थीं।

और जो कुछ उसने जिससे लिया था, उसे नुस्खे के पीछे ही नोट कर लिया था। इतने दिनों में काफी कर्जा चढ़ गया था। कँवरजीत होटलवाले ने बड़ा एहसान जताकर सैंतालिस रुपए दिए थे। मनसू ने उतना एहसान तो नहीं जताया था, पर रुपए जल्दी-से-जल्दी लौटा देने की बात ले ली थी—पच्चीस रुपए से जैसे उसका कारबार ठप्प हुआ जा रहा था।

संतराम फिटर ने बीस दिए थे और चलते-चलते बड़ा गंदा मजाक किया था, "सूद में एक रात···ठीक है न···" पर उस गंदे मजाक से उसे लगा था कि आदमी की आँख अभी उस पर टिकती है। बदन गया-बीता नहीं हुआ है, जितना शायद वह समझ रही थी।

तंगी के उन दिनों में उसने एक रोज मदनलाल से मिलकर भी तीस रुपए ले लिये थे। उसने बस यही कहा था, "ये चंदे के रुपए हैं, जल्दी दे दोगी तो ठीक रहेगा, मेरे पास भी इतना नहीं होता कि भर सकूँ!" पर उस बात में निहायत बेचारगी थी। बहुत मजबूरी में उसने कहा था और साथ ही यह भी कहा था कि उसे जुगनू गलत न समझे···उसकी उतनी औकात नहीं। और वह बिना कुछ और बोले पार्टी के दफ्तर में चला गया था।

जरूरत की वजह से दिल पर पत्थर रखकर जुगनू ने रुपए ले लिए थे, पर तकलीफ भी हुई थी।

और अब, जब से वह सेनेटोरियम से लौटी थी, तो पुलिसवाले अलग परेशान कर रहे थे। सात महीने का पैसा उन्हें नहीं मिला था। इस कोठे पर उन्होंने

सबसे अलग-अलग रकम बाँध रखी थी।

लौटकर आने के बाद वह भीतर-ही-भीतर बड़ी कमजोरी-सी महसूस करती थी। बदन अब उतना झेल नहीं पाता था। कोई ज्यादा छेड़ता-छाड़ता तो हलकी खाँसी आने लगती थी···और पाँच-पाँच, सात-सात मिनट के भीतर ही दम फूलने लगता···और लोग थे कि सीने पर ही सारा वजन रख देते थे···

रह-रहकर अब वैसी ही उलझन होती थी जैसी कि शुरू-शुरू में हुआ करती थी और उसे लगता था कि उसने यह सब जैसे अब पहली बार ही शुरू किया हो।

बालों की एक पुरानी चोटी वह सात रुपए में कलावती से खरीद लाई थी और छातियों पर भी कप्स लगाने लगी थी। हर बार उन्हें निकालने और लगाने में बड़ी उलझन भी होती थी। कलफ-लगी धोतियाँ पहनने से उसे हमेशा चिढ़ रही थी, पर अब कलफ लगी ही पहनती थी। बदन गुदाज लगता था।

इतना सब करने के बावजूद आमदनी काफी नहीं थी, कोई-कोई रात तो खाली ही चली जाती थी। और अपनी कोठरी में अकेले लेटे हुए वह बहुत घबराती थी··· यह पहाड़-सी जिंदगी···दिन-दिन टूटता हुआ शरीर···!"

नपुंसक लोगों से उसे बेहद परेशानी होती थी। वे हद से ज्यादा परेशान करते थे···बोटी-बोटी टटोलते रहते थे और जोश आने के इंतजार में बहुत सताते थे। चट- औचट हाथ डालते थे और तरह-तरह की गंदी फरमाइशें करते थे।

इससे अच्छे तो वे थे, भरी बंदूक की तरह आते थे···और अपना काम करके चलते बनते थे। न बकवास करते, न ज्यादा सताते थे। पर आमदनी इतनी भी नहीं थी कि गुजारा हो जाए। कर्जा उतरने में नहीं आता था।

नुस्खे के पीछे सबके रुपए नोट कर रखे थे···पर उन्हें चुकाने लायक पैसा कभी हाथ में नहीं आता था।

आखिर और कोई तरीका नहीं रह गया था। जाँघ के जोड़ पर निकला फोड़ा दिखाने के लिए जुगनू जब जर्राह के पास जा रही थी, तो रास्ते में मनसू ने टोक दिया था, "बहुत दिन हो गए···अब तो धंधा भी चल रहा है!"

चलते-चलते वे एक तरफ को आ गए थे। तब बहुत मजबूरी में उसने मनसू से कहा था, "एक पैसा नहीं बचता, क्या करूँ···तुमने तो आना जाना भी छोड़ दिया है···"

"हमने तो गंगाजली उठा ली है···रंडीबाजी नहीं करेंगे। तुलसी की कंठी पहन ली है, यह देखो!" मनसू बोला तो जुगनू को हलकी-सी हँसी आ गई थी और वह आँखें फाड़े देखता रह गया था।

जाँघ के जोड़ पर निकले फोड़े के कारण चलने में जुगनू को काफी तकलीफ हो रही थी। वह टाँगें फैला-फैलाकर चल रही थी···मनसू का मन डोल रहा था। गली के मोड़ पर आकर मनसू ने धीरे-से कहा था, "तो फिर···बताया नहीं तुमने···कब तक इंतजार करोगी?"

"कुव्वत हो तो वसूल कर ले जाओ!" जुगनू ने अपनी मजबूरी को पीते हुए बनावटी शोखी से कहा था और गली में मुड़ गई थी। अपनी ही बात पर उसे बड़ी शरम आई थी···फिर लगा था कि ठीक ही तो कहा उसने···खामख्वाह की इज्जत का क्या मतलब? और फिर किसी का कर्जा लेकर क्यों मरे? जो उतर जाए सो अच्छा ही है।

जर्राह ने बताया था कि अभी फोड़ा पकने में दिन लगेंगे। बाँधने के लिए पूल्टिस दे दी थी। जब वह लौटी तो दोपहर हो रही थी। सब अपने-अपने चबूतरों पर बैठी मिसकौट कर रही थीं। यही वक्त होता है, जब सब जागकर उठ जाती हैं और शाम की तैयारी से पहले मिल-बैठ लेती हैं। गली में से कच्ची उमर के लौंडों का गोल गुजर रहा था। वे गंदे इशारे कर-करके औरतों को चिढ़ा रहे थे और बापों को दी जानेवाली गालियों का मजा ले रहे थे। आवारा लौंडे रोज गुजरते थे···और उनका रोज का यही शगल था। ढलती उमर की औरतें गंदे इशारे देख-देखकर उनके बापों को गालियाँ देती थीं और जवान औरतें मुसकराती रहती थीं। कभी-कभी हसन, बनवारी या लँगड़ा मातादीन उन लौंडों को दौड़ा भी देता था, तब वे गली के मुहाने पर पहुँचकर गालियाँ देते थे और नेकर या घुटना उठा-उठाकर अश्लील हरकतें करते थे। लौंडों का यह गोल मसजिद के पीछे वाली बस्ती से आया करता था···

दोपहर में ही दुःख-सुख की बातें हुआ करती थीं। और चुगली-चबाव भी। ज्यादातर चुगली उनकी हुआ करती थी, जो इस मोहल्ले से उठकर शरीफों की बस्तियों में चली गई थीं···जिन्हें छाँट-छाँटकर इब्राहीम ले गया था।

शाम होते ही गली गरमाने लगती थी। फूल-हारवाले आ जाते थे। पनवाड़ियों की दुकानें सज जाती और गफूर की दुकान पर आकर एक पुलिसवाला बैठ

जाता था···उसके बैठते ही गफूर खुलेआम बोतलें बेचना शुरू कर देता था।

जुगनू शाम को पुल्टिस हटा देती थी और बड़े बेमन से सिंगार करके बैठ जाती थी। फोड़ा गाँठ बनकर रह गया था, दर्द बहुत करता था। फिर भी वह जैसे–तैसे एकाध को खुश कर ही देती थी।

बारजे पर बैठे–बैठे जब वह सोच में डूब जाती और बेसहारा पहाड़–सी जिंदगी सामने फैल जाती, तब बहुत घबराती थी। आखिर क्या होगा ? वह तो दाने–दाने को मोहताज हो जाएगी। लँगड़ी घोड़ी की जिंदगी वह कैसे जी पाएगी ?···क्या उसे भी मसजिद की सीढ़ियों पर बुर्का पहनकर बैठना होगा और अल्लाह के नाम पर हाथ फैलाना होगा ? अख्तरी की तरह···बिहब्बो और चम्पा की तरह···जी जब बहुत घबराता तो बह जहर खाने की बात सोचती···या डूब मरने की।

सैकड़ों मरद आए और गए···पर कोई एक ऐसा नहीं, जिसकी परछाईं तले उम्र कट जाए।

जरा ज्यादा जान–पहचान तो उन्हीं से थी, जिनसे रुपए लिये थे। पर आसरा वहाँ भी नहीं था। किसका क्या भरोसा···कौन कहाँ चला जाए! उम्र के साथ सब लौट जाते हैं। जहाँ बाल–बच्चे बड़े हुए कि उनका आना–जाना बंद। जहाँ उम्र ढली कि आदमी ने दूसरा शौक और शगल खोजा···तब कौन आएगा ? पुरानी पहचानी शक्लें भी नहीं दिखाई देंगी। तब कितना अजीब और अकेला लगेगा!··· बीते हुए वक्त में बैठकर जीना कितना तकलीफदेह होगा···!

पिछले दिनों में उसे बस यही एक तस्कीन मिली है कि सभी कर्जदार अपना पैसा वसूलने के लिए उसके पास आते रहे हैं···उसे उम्मीद थी कि मनसू जरूर आएगा, वह अपना पैसा जरूर वसूल करेगा···और वह आया था।

मनसू के बदन से वैसा ही भभका उठा था और वह आया भी ग्यारह के बाद ही था और निबट जाने के बाद कमर पकड़कर बैठ गया था। जुगनू भी मस्त पड़ी हुई थी। फोड़े पर दबाव पड़ने की वजह से वह बिल–बिला उठी थी। और उसकी हिम्मत नहीं हो रही थी कि मनसू को उठाकर दरवाजे तक पहुँचा आए ताकि वह हमेशा की तरह जाँघें खुजलाता हुआ चला जाए।

मनसू की अकड़ी कमर जब कुछ ढीली पड़ी, तो बोला था, "याद रखना···"

जुगनू ने 'अच्छा' कहा था और मनसू को सहारा देकर उठा दिया था।

रात काफी हो गई थी। वह वहीं पड़ी-पड़ी कोठरी की दीवारों को देखती रही थी। पर उनमें देखने को कुछ·भी नहीं था। मटमैली भद्दी दीवारें जिन पर कभी उसने रद्दी रिसालों से काट-काटकर फिल्मी सितारों की तसवीरें चिपकाई थीं। कोने में कील पर एक डोरी में पुरानी चूड़ियों का लच्छा लटक रहा था और दीवार की किनारी के सहारे नेलपॉलिश की खाली शीशी पड़ी थी···

खाट के नीचे गूदड़ था और टीन का बक्सा—बकसे में बारह बरस पहले का एक पर्चा पड़ा हुआ है, जिसके हरुफ भी उड़ गए हैं···अब उस पर्चे का कोई मतलब नहीं रह गया है। मसविदा मुर्दा हो चुका है। और अब कौन जाता है वापस···और कौन बुलाता है वापस···जिंदगियों के बीच से वक्त का दरिया किनारे काटता हुआ निकल गया है···कहीं कोई नहीं है···कोई कहीं नहीं है।

सुबह उठी तो बदन टूट रहा था। फोड़े में बहुत दर्द था। जाँघ का जोड़ फटा जा-रहा था। उसने फिर पुल्टिस बाँध ली थी। और शाम को जैसे-तैसे तैयार हो गई थी। कोठरी में जाकर सबका हिसाब जोड़ने लगी थी। अलमारी की दीवार पर उसने निशान लगा रखे थे कि कौन कितनी मर्तबा आया था और कितने रुपए पट गए थे। संतराम फिटर सचमुच बहुत बदतमीजी से पेश आया था। बीस रुपए के बदले में वह चार बार हो गया था और पाँचवीं बार जब जाने लगा था, तो जुगनू ने बहुत आहिस्ता से कहा था, "यूँ ही जा रहे हो?"

"क्यों?" संतराम की निगाहों में शैतानी थी।

"रुपया तो पिछली बार ही पट गया था!" उसने बहुत झिझकते हुए पर साफ-साफ कहा था।

"एक बारी सूद की?" संतराम ने बड़े गंदे लहजे में कहा था, "फोकट का पैसा नहीं आता, समझी?" और कोठरी से निकलकर सीढ़ियाँ उतर गया था।

जुगनू हताश-सी देखती रह गई थी। और हमजोलियों की तरह वह झगड़ा भी नहीं कर पाती थी। चीख-चिल्ला भी नहीं पाती थी और आदमी को बेइज्जत करके भेजते नहीं बनता था।

कँवरजीत होटलवाले के सबसे ज्यादा पैसे चढ़े हुए थे। वह सिर्फ तीन बार आया था। कुल पंद्रह रुपए पटे थे। मनसू के भी बीस उतर गए थे···हलकी राहत मिली थी उसे कि तभी फोड़ा टीस उठा था। वह टाँगें फैलाकर वहाँ बिस्तर पर लेट गई थी।

दरवाजे पर आहट हुई तो देखा मदनलाल था। उसे देखते ही एक क्षण को वह भीतर-ही-भीतर झल्ला उठी थी। जैसे एक और सूदखोर पठान सामने आकर खड़ा हो गया हो···अपनी वसूलयाबी के लिए।

मदनलाल इस बीच नहीं आया था। इस वक्त उसका आना जुगनू को खल गया था। फिर भी बेचारगी में उसने उसे भीतर बुला लिया था···मदनलाल खाट पर बैठ गया था। अपना थैला उसने सिरहाने सरका दिया था। जुगनू खामोशी से थैले को टटोलने लगी थो। उसमें कुछ पोस्टर थे और तह किया हुआ एक झंडा। एकाध पुराने से रजिस्टर भी थे। उसका दिल धड़क उठा था कि कहीं वह नकद पैसे की माँग न कर दे। फोड़ा अलग टीस रहा था।

मदनलाल वही पुराने कपड़े पहने हुए था और वही जूते। पसीने की गंध पूरी कोठरी में भर गई थी।

"बहुत दिनों बाद आना हुआ!" जैसे-तैसे जुगनू ने कहा।

"जूते उतार लूँ!" मदनलाल ने हलकेपन से कहा था।

"उतार लो···"

"दरवाजा बंद कर दूँ?"

"आज बहुत तकलीफ है···जाँघ के जोड़ पर फोड़ा निकला हुआ है। सीधी तो लेट भी जाऊँ पर जाँघ मोड़ते जान निकलती है···" जुगनू ने कहा था तो मदनलाल तस्मे खोलते-खोलते ठिठक गया था। मन-ही-मन वह शरमा भी गया था। जुगनू भी बहुत अटपटा महसूस कर रही थी। पर मदनलाल ने उसे उबार लिया था। इधर-उधर की बातें करता रहा था, पर हर क्षण जुगनू को डर लगा रहता था कि घूम-फिरकर बात रुपयों पर न आ जाए···

"अच्छा तो चलता हूँ···" मदनलाल थैला लेकर खड़ा हो गया था। उसने बहुत भरी-भरी नजरों से जुगनू को देखा था··· जैसे आज लौटते हुए उसे तकलीफ हो रही थी।

और सारी बातों के बावजूद जुगनू अब दुबारा उससे रुकने को कह भी नहीं सकती थी। बहुत संकोच से उसने कहा था, "वह तुम्हारे रुपए···"

"उनके लिए नहीं···" मदनलाल ने कहा, "तुम्हारे लिए आया था!"

उसकी बगलों के नीचे भरा हुआ पसीना स्याही के धब्बे की तरह चमक रहा था। बाहों की उभरी हुई नसें पसीजी हुईं थी। उसने पसीजे हाथ से जुगनू का हाथ

पकड़ा था, तो लगा था जैसे हथेली में गृदारी रोटी की हलकी-सी तपिश आ गई हो।

"मैं फिर आऊँगा…" कहकर मदनलाल चला गया था। जुगनू सीधी बारजे पर आ गई थी। मन में कहीं अफसोस भी था कि उसे ऐसे ही लौट जाना पड़ा। मदनलाल को वह देखती रही थी…वह गली में तीन-चार घर पार करके खड़ा हो गया था। उसका गली में रुकना जैसे उससे सहा नहीं जा रहा था। फिर वह ऊपर बारजे पर एक नजर डालकर पाँचवें कोठे की सीढ़ियाँ चढ़ गया था। पता नहीं, कैसी तिलमिलाहट उसे हुई थी। फोड़ा और जोर से टीस उठा था!…फिर धीरे-धीरे जलन शांत हो गई थी। अगर उसने रोका होता तो वह शायद नहीं जाता… आखिर उसे भी तो…जलन बर्दाश्त होने लगी थी। वह तो सिर्फ उसकी तकलीफ का खयाल करके लौट गया था, उसके पसीजे हाथ की गरमाहट में किसी तरह का धोखा नहीं था…

तभी कँवरजीत आ गया था। एकाएक लगा था जैसे कोई पराया घर में घुस आया हो। पर अपने को सँभालते हुए उसने मुसकराकर उसे देखा था।

बिलकीस उधर कोने में खड़ी किसी पहलवान से बात कर रही थी। जुगनू चुपचाप कँवरजीत को लेकर कोठरी में चली गई थी। दरवाजे भेड़ लिये थे। कँवरजीत ने कुंडी चढ़ा दी थी।

"आज बहुत तकलीफ है… फोड़ा पक गया है।" जुगनू ने जैसे आजिजी से उसे समझाया था।

"अभी तक ठीक नहीं हुआ?" कँवरजीत ने पूछा था।

"हूँ, शायद दो-तीन दिन में फट जाए!" जुगनू ने जैसे माफी माँगी थी।

"बिल्कुल तकलीफ नहीं होने दूँगा…बहुत आसानी से…" कहते हुए कँवरजीत खाट पर लेट गया था।

"आज…जुगनू ने कहा, तो उसने बहुत नरमी से उसे अपनी बग़ल में लिटा लिया था और बोला था, "जरा-सी भी तकलीफ नहीं होने दूँगा…"

जुगनू बहुत बेबस हो गई थी। समझ में नहीं आ रहा था कि उसे कैसे समझाए, तभी उसने उसकी छातियों पर हाथ रख लिया था। धीरे-से करवट लेकर जुगनू ने लाइट बुझा दी थी और ब्लाउज में हाथ डालकर कप्स निकाले और खाट के नीचे सरका दिए थे।

बहुत बार उसने कराह दबाई और कँवरजीत को रोका। आँखों के सामने

अँधेरा छा-छा जाता था और जोर पड़ते ही जाँघ फटने लगती थी। कँवरजीत तीन--चार बार रुका, फिर जैसे उस पर शैतान सवार हो गया था···

"अरे, रुक तो···" वह चीखा था और जुगनू की टाँगें दबाकर वह हावी हो गया था।

"अरी, अम्मा रे··· मार डाला···!" वह पूरी आवाज से चीखी थी जैसे किसी ने कत्ल कर दिया हो और छटपटाकर बेहोश-सी हो गई थी।

"साली!" हाँफते हुए कँवरजीत बोला और उसे छोड़कर निढाल-सा बैठ गया था।

कुछेक मिनट बाद जुगनू को होश आया था। दर्द कुछ थमा था तो उसके हाथ-पैर हिले थे। तकिए के नीचे से कपड़ा निकालकर उसने लाइट जलाई थी, तो पूरी जाँघ फटे हुए फोड़े के मवाद से भरी हुई थी और कँवरजीत उससे बिल्कुल अलग बैठा 'ओं···ओं···. करके डकारें ले रहा था।

"फूट गया न···" वह खड़ा होता हुआ बोला था, तो उसने जाँघ पर साड़ी खिसका ली थी।

"ध्यान रखना, चौथी बारी हुई!" कँवरजीत ने कहा और कुंडी खोलकर कोठरी से बाहर निकल गया था।

साड़ी खिसकाकर वह मवाद पोंछने लगी थी। एकाएक मन बहुत घबरा उठा था। उसने धीरे-से फत्ते को आवाज दी थी। फत्ते आया था, तो उसने घड़े से पानी निकलवाया था और कपड़ा भिगोकर मवाद पोंछते हुए बोली थी, "देख, फत्ते··· उधर विमला के घर एक आदमी गया है··· चला न गया हो तो जरा बुला ला। नीली कमीज पहने है, थैला है उसके पास।"

"गाहक आदमी है?" फत्ते बोला था।

"नहीं, आपसी का आदमी है!" जुगनू ने कहा, "जरा-सा पानी और दे दे···"

फत्ते घड़े से पानी निकाल कर लाया, तो फिर सोचते हुए बोली, "रहने दे··· तू अपना काम कर। वह कह गया है, आ जाएगा कभी···" कहते-कहते उसने फोड़े को हलके-से दाबा, तो कुछ और मवाद निकल पड़ा था; और दर्द से फिर चेहरे पर पसीना छलछला आया था।

दिल्ली : 1962

□

चप्पल

कहानी बहुत छोटी सी है।

मुझे ऑल इंडिया मेडिकल इंस्टीटयूट की सातवीं मंजिल पर जाना था। आई.सी.यू. में गाड़ी पार्क करके चला तो मन बहुत ही दार्शनिक हो उठा था। कितना दुःख और कष्ट है इस दुनिया में···लगातार एक लड़ाई मृत्यु से चल रही है···और उसके दुःख और कष्ट को सहते हुए लोग सब एक से हैं। दर्द और यातना तो दर्द और यातना ही है, इसमें इंसान और इंसान के बीच भेद नहीं किया जा सकता। दुनिया में हर माँ के दूध का रंग एक है। खून और आँसुओं का रंग भी एक है। दूध, खून और आँसुओं का रंग नहीं बदला जा सकता···शायद उसी तरह दुःख, कष्ट और यातना के रंगों का भी बँटवारा नहीं किया जा सकता। इस विराट मानवीय दर्शन से मुझे राहत मिली थी···मेरे भीतर से सदियाँ बोलने लगी थीं। एक पुरानी सभ्यता का वारिस होने के नाते यह मानसिक सुविधा जरूर है कि तुम हर बात, घटना या दुर्घटना का कोई दार्शनिक उत्तर खोज सकते हो। समाधान चाहे न मिले, पर एक अमूर्त दार्शनिक उत्तर जरूर मिल जाता है।

और फिर पुरानी सभ्यताओं की यह खूबी भी है कि उनकी परंपरा से चली आती संतानों को एक आत्मा नाम की अमूर्त शक्ति भी मिल गई है—और सदियों पुरानी सभ्यता मनुष्य के क्षुद्र विकारों का शमन करती रहती है···एक दार्शनिक दृष्टि से जीवन की क्षण-भंगुरता का एहसास कराते हुए सारी विषमताओं को समतल करती रहती है···

मुझे अपने उस मित्र की बातें याद आईं जिसने मुझे संध्या के संगीन ऑपरेशन की बात बताई थी ओर उसे देख आने की सलाह दी थी। उसी ने

मुझे आई.सी.यू. में संध्या के केबिन का पता बताया था—आठवें फ्लोर पर ऑपरेशन थिएटर्स हैं और सातवें पर संध्या का आ.सी.यू.। मेजर ऑपरेशन में संध्या की बड़ी आँत काटकर निकाल दी गई थी और अगले अड़तालीस घंटे क्रिटिकल थे···

रास्ता इमरजेंसी वार्ड से जाता था। एक बेहद दर्द भरी चीख इमरजेंसी वार्ड से आ रही थी···वह दर्द-भरी चीख तो दर्द-भरी चीख ही थी—कोई घायल मरीज असह्य तकलीफ से चीख रहा था। उस चीख से आत्मा दहल रही थी···दर्द की चीख और दर्द की चीख में क्या अंतर था! दूध, खून और आँसुओं के रंगों की तरह चीख की तकलीफ भी तो एक-सी थी। उसमें विषमता कहाँ थी?···

मेरा वह मित्र जिसने मुझे संध्या को देख आने की फर्ज अदायगी के लिए भेजा था, वह भी इलाहाबाद का ही था। वह भी उसी सदियों पुरानी सभ्यता का वारिस था। ठेठ इलाहाबादी मौज में वह भी दार्शनिक की तरह बोला था—अपना क्या है? रिटायर हाने के बाद गंगा किनारे एक झोपड़ी डाल लेंगे। आठ-दस ताड़ के पेड़ लगा लेंगे···मछली मारने की एक बंसी···दो-चार मछलियाँ तो दोपहर तक हाथ आएँगी ही···रातभर जो ताड़ी टपकेगी उसे फ्रिज में रख लेंगे···

फ्रिज में?

और क्या···माडर्न साधू की तरह रहेंगे! मछलियाँ तलेंगे, खाएँगे और ताड़ी पीएँगे···और क्या चाहिए···पेंशन मिलती रहेगी। और माया-मोह क्यों पालें? पालेंगे तो प्राण अटके रहेंगे···ताड़ी और मछली···बस, आत्मा ताड़ी पीकर, मछली खाके आराम से महाप्रस्थान करे···न कोई दुःख, न कोई कष्ट···लेकिन तुम जाके संध्या को देख जरूर आना···वो क्रिटिकल है···

मेरा मित्र अपने भविष्य के बारे में कितना निश्चिंत था, यह देखकर मुझे अच्छा लगा था।

यह बात सोच-सोचकर मुझे अभी तक अच्छा लग रहा था, सिवा उस चीख के जो इमरजेंसी वार्ड से अब तक आ रही थी···और मुझे सता रही थी···इसीलिए लिफ्ट के आने में जो देरी लग रही थी वह मुझे खल रही थी।

आखिर लिफ्ट आई! सेवन-सात, मैंने कहा और संध्या के बारे में सोचने लगा। दो-तीन वार्ड बॉय तीसरी और चौथी मंजिल पर उतर गए।

पाँचवीं मंजिल पर लिफ्ट रुकी तो कुछ लोग ऊपर जाने के लिए इंतजार

कर रहे थे। इन्हीं लोगों में था वह पाँच साल का बच्चा अस्पताल की धारीदार बहुत बड़ी-सी कमीज पहने हुए···शायद उसका बाप, वह जरूर ही उसका बाप होगा, उसे गोद में उठाए हुए था···उस बच्चे के पैरों में छोटी-छोटी नीली हवाई चप्पलें थी, जो गोद में होने के कारण उसके छोटे-छोटे पैरों में उलझी हुई थीं।

अपने पैरों से गिरती हुई चप्पलों को धीरे से उलझाते हुए बच्चा बोला—बाबा! चप्पल···।

उसके बाप ने चप्पलें उसके पैरों में ठीक कर दीं। वार्ड बॉय व्हील-चेयर बढ़ाते हुए बोला—आ जा, इसमें बैठेगा! बच्चा हलके से हँसा। वार्ड बॉय ने उसे कुरसी में बैठा दिया···उसे बैठने में कुछ तकलीफ हुई पर वह कुरसी के हत्थे पर अपने नन्हें-नन्हें हाथ पटकता हुआ भी हँसता रहा। दर्द का अहसास तो उसे भी था पर दर्द के कारण का अहसास उसे बिल्कुल नहीं था। वह कुरसी में ऐसे बैठा था जैसे सिंहासन पर बैठा हो···कुरसी बड़ी थी और वह छोटा। वार्ड बॉय ने कुरसी को पुश किया। वह लिफ्ट में आ गया। उसके साथ ही उसका बाप भी। उसका बाप उसके सिर पर प्यार से हाथ फेरता रहा।

लिफ्ट सात पर रुकी, पर मैं नहीं निकला। दो-एक लोग निकल गए। लिफ्ट आठ पर रुकी। यहीं ऑपरेशन थिएटर थे। दरवाजा खुला तो एक नर्स जिसके हाथ में सब पर्चे थे, उसे देखते हुए बोली, आ गया तू!

उस बच्चे ने धीरे से मुसकराते हुए नर्स से जैसे कहा, हाँ! उसकी आँखें नर्स से शर्मा रही थीं और उनमें बचपन की बड़ी मासूम दूधिया चमक थी। व्हील-चेयर एक झटके के साथ लिफ्ट से बाहर गई नर्स ने उसका कंधा हलके से थपका···।

'बाबा! चप्पल, वह तभी बोला, मेरी चप्पल'···

उसकी एक चप्पल लिफ्ट के पास गिर गई थी उसके बाप ने वह चप्पल भी उसे पहना दी। उसने दोनों पैरों की उँगलियों को सिकोड़ा और अपनी चप्पलें पैरों में कस लीं।

लिफ्ट बंद हुई और नीचे उतर गई।

वार्ड बॉय बच्चे की कुरसी को पुश करता हुआ ऑपरेशन थिएटर वाले बरामदे में मुड़ गया। नर्स उसके साथ ही चली गई। उसका बाप धीरे-धीरे उन्हीं के पीछे चला गया।

तब मुझे याद आया कि मुझे तो सातवीं मंजिल पर जाना था। संध्या वहीं थी। मैं सीढ़ियों से एक मंजिल उतर आया। संध्या के डॉक्टर पति ने मुझे पहचाना और आगे बढ़कर मुझसे हाथ मिलाया। हाथ की पकड़ में मायूसी और लाचारी थी। कुछ पल खामोशी रही। फिर मैंने कहा, मैं कल ही वापस आया तभी पता चला। यह एकाएक कैसे हो गया?

"नहीं, एकाएक नहीं, ब्लीडिंग तो पहले भी हुई थी, पर तब कंट्रोल कर ली गई थी। पंद्रह दिनों बाद फिर होने लगी। एक्सेसिव ब्लीडिंग।...चार घंटे ऑपरेशन में लगे...एंड यू नो, वी डॉक्टर्स आर वर्स्ट पेशेंट्स!" वो संध्या के बारे में भी कह रहे थे। संध्या भी डॉक्टर थी।

"यस! आप तो सब समझ रहे होंगे...संध्या को भी एक-एक बात का अंदाज हो रहा होगा! मैंने कहा।

"लेकिन वो बहुत करेजसली बिहेव कर रही है! संध्या के डॉक्टर पति ने कहा, बोल तो सकती नहीं...पल्स भी गर्दन के पास मिली...आर्टीफिशियल रेस्पटेशन पर है...एक तरह से देखिए तो उसका सारा शरीर आराम कर रहा है और सबकुछ आर्टीफिशिल मदद से ही चल रहा है।" संध्या के डॉक्टर पति ज्यादातर बातें मुझे मेडिकल टर्म्स में ही बताते रहे और मैं उन्हें समझने की कोशिश करता रहा। बीच-बीच में इधर-उधर की बातें भी करता रहा।

"संध्या का भाई भी आज सुबह पहुँच गया...किसी तरह उसे जापान होते हुए टिकट मिल गया!" उन्होंने बताया।

"यह बहुत अच्छा हुआ।" मैंने कहा।

"आप देखना चाहेंगे?"

"हाँ, अगर पॉसिबिल हो तो...।"

"आइए, देख तो सकते हैं। भीतर जाने की इजाजत नहीं है। वैसे तो सब डॉक्टर फ्रेंड्स ही हैं, पर...।"

"नहीं-नहीं, वो ठीक भी है...।"

"वो बोल भी नहीं सकती...वैसे आज कॉन्शस है...कुछ कहना होता है तो लिख के बता देती है।" उन्होंने कहा और एक केबिन के सामने पहुँचकर इशारा किया।

मैंने शीशे की दीवार से संध्या को देखा। वह पहचान में ही नहीं आई। दो

डॉक्टर और नर्स उसे अटैंड भी कर रहे थे···और फिर इतनी नलियाँ और मशीनें थीं कि उनके बीच संध्या को पहचानना मुश्किल भी था।

संध्या होश में थी। डॉक्टर को देख रही थी। डॉक्टर उसका एक हाथ सहलाते हुए उसे कुछ बता रहा था। मैंने संध्या को इस हाल में देखा तो मन उदास हो गया। वह कितनी लाचार थी। बीमारी और समय के सामने आदमी लाचार होता है···कुछ कर नहीं पाता। मैंने मन ही मन संध्या के लिए प्रार्थना की—किससे की यह नहीं मालूम—ऐसी जगहों पर आकर भगवान पर ध्यान जाता भी है और किसी के शुभ के लिए उसके अस्तित्व को स्वीकार कर लेने में अपना कुछ नहीं जाता, सिवा प्रार्थना के कुछ शब्दों के।

हम आई.सी.यू. से हटकर फिर बरामदे में आ गए। वहाँ बैठने के लिए कोई जगह नहीं थी। बरामदे बैठने के लिए बनाए भी नहीं गए थे। संध्या या डॉक्टर की बहन नीचे चादर बिछाए बैठी थी। डॉक्टर के कुछ दोस्त एक गुच्छे में खड़े थे।

"अभी तो बाद में एक ऑपरेशन और होगा।" संध्या के डॉक्टर पति ने बताया "तब छोटी आँत को सिस्टम से जोड़ा जाएगा। खैर, पहले वो स्टेबलाइज करे, फिर रिकवरी का सवाल है···इसमें ही करीब तीन महीने लग जाएँगे···उसके बाद मैं सोचता हूँ उसे अमेरिका ले जाऊँगा!"

"यह ठीक रहेगा!"

इसके बाद हम फिर इधर-उधर की बातें करते रहे। मैं संध्या की संगीन हालत से उनका ध्यान भी हटाना चाहता था। इसके सिवा मैं और कर भी क्या सकता था। और डॉक्टर के सामने यों खामोश खड़े रहना अच्छा भी नहीं लग रहा था।

यह जताते हुए कि अस्पताल वालों से छुपाकर मैं सिगरेट पीना चाहता हूँ, मैं खिड़की के पास जाकर खड़ा हो गया। बाहर लू चल रही थी। नीचे धरातल पर कुछ लोग आ-जा रहे थे। वे ऊपर से बहुत लाचार और बेचारे लग रहे थे। और मेरे मन से सबके शुभ के लिए सद्भावना की नदियाँ फूट रही थीं···ऐसे में तुम सोचो···लगता है मनुष्य ने मनुष्य के साथ तो सघन और उदात्त संबंध बना लिये हैं, पर ईश्वर के साथ वह ऐसा नहीं कर पाया है। मनुष्य अपने ईश्वर के दुःख-सुख में शामिल नहीं हो सकता। ईश्वर से उसका संबंध सिर्फ दाता और

पाता का है। वह देता है और मनुष्य पाता है। कितना इकतरफा रिश्ता है यह··· और फिर अगर तुम यह भी मान लो कि ईश्वर ही मनुष्य को बनाता है तो ईश्वर की क्षमता पर विश्वास घटने लगता है, सृष्टि के आदि से वह मनुष्य को बनाता आ रहा है परंतु असंख्य प्राणियों को बनाने के बावजूद वह आज तक एक सहज संपूर्ण और मुकम्मल मनुष्य नहीं बना पाया। कुछ कमी कहीं तो ईश्वर की व्यवस्था में भी है···हो सकता है उनका आदि कलाकार, कुंभकार उन्हें मिट्टी सप्लाई करने में कुछ घपला कर रहा हो।···इस रहस्य का पता कौन लगाएगा? रहस्य ही रहस्य को जन्म देता है। शायद इसीलिए मनुष्य ने ईश्वर को रहस्य ही रहने दिया···जो सत्ता या शक्ति विश्वास के निकष पर खरी न उतरे, उसे रहस्य बना देना ही बेहतर है···और किया भी क्या जा सकता है···।

लू के एक थपेड़े ने मेरा मुँह झुलसा दिया। डॉक्टर अपने चिंताग्रस्त शुभचिंतकों के गुच्छे में खड़े थे और सबके चेहरे कुछ ज्यादा सतर्क थे।

ब्लडप्रेशर गिर रहा है···

आई.सी.यू. में डॉक्टरों और नर्सों की आमदरफ्त से लग रहा था कि कोई कठिन परिस्थिति सामने है। कुछ देर बाद पता चला कि नीडिल कुछ ढीली हो गई थी···उसे ठीक कर दिया गया है और ब्लडप्रेशर ठीक से रिकॉर्ड हो रहा है··· सबने राहत की साँस ली। मौत से लड़ना कोई मामूली काम नहीं है। ईश्वर ने तो मौत पैदा की ही है, पर मौत तो मनुष्य भी पैदा करती है। एक तरफ जीवन के लिए लड़ता है ओर दूसरी तरफ मौत भी बाँटता है, यह द्वंद्व ही तो जीवन है···यह द्वंद्व और द्वैत ही जीवित रहने की शर्त है और अद्वैत या समानता तक पहुँचने का साधन और आदर्श भी। आध्यात्मिक अद्वैत जब भौतिकता की सतह पर आता है और मनुष्य के प्रश्न सुलझाता है तभी तो वह समवेत समानता का दर्शन कहलाता है···।

सिगरेट से मुँह कड़वा हो गया था। लू वैसे ही थपेड़े मार रही थी। सीमेंट के पलस्तर का दहकता-चिलचिलाता तालाब सामने फैला था। कोई एक आदमी जलते नंगे पैरों से उसे पार कर रहा था।

मैंने पलटते हुए लिफ्ट की तरफ देखा। डॉक्टर मेरा आशय समझ गए थे, लेकिन तभी राजनीतिज्ञ-से उनके कोई दोस्त आ गए थे। शुरू की पूछताछ के बाद वे लगभग भाषण-सा देने लगे।

अब तो अग्नि मिसाइल के बाद भारत दुनिया का सबसे शक्तिशाली तीसरा देश हो गया है और आनेवाले दस वर्षों में हमें अब कोई शक्ति महाशक्ति बनने से नहीं रोक सकती। इंग्लैंड और फ्रांस की पूरी जनसंख्या से ज्यादा बड़ा है आज भारत का मध्यवर्ग···अपनी संपन्नता में···भारतीय मध्यवर्ग जैसी शक्ति और संपन्नता उन देशों के मध्यवर्ग के पास भी नहीं है···।

तभी एक चिंताग्रस्त नर्स तेजी से गुजर गई और सन्नाटा छा गया। चिंता के भारी क्षण जब कुछ हलके हुए तो मैंने फिर लिफ्ट की तरफ देखा। डॉक्टर साहब समझ गए "आपको ढाई-तीन घंटे हो गए···क्या-क्या काम छोड़ के आए होंगे···।" और वे लिफ्ट की ओर बढ़े। लिफ्ट आई, पर वह ऊपर जा रही थी। डॉक्टर साहब को मेरी खातिर रुकना न पड़े, इसलिए मैं लिफ्ट में घुस गया।

लिफ्ट आठ पर पहुँची। वहाँ ज्यादा लोग नहीं थे। पर एक स्ट्रेचर था और दो-तीन लोग। स्ट्रेचर भीतर आया उसी के साथ लोग भी। स्ट्रेचर पर चादर में लिपटा वही बच्चा पड़ा हुआ था। वह बेहोश था। वह ऑपरेशन के बाद लौट रहा था। उसके गालों और गर्दन के रेशमी रोएँ पसीने से भीगे हुए थे। माथे पर बाल भी पसीने के कारण चिपके हुए थे।

उसका बाप एक हाथ में ग्लूकोज की बोतल पकड़े हुए था···ग्लूकोज की नली की सुई उसकी थकी और दूधभरी बाँह की धमनी में लगी हुई थी···उसका बाप लगातार उसे देख रहा था···वह शायद पसीने से माथे पर चिपके उसके बालों को हटाना चाहता था, इसलिए उसने दूसरा हाथ ऊपर किया, पर उस हाथ में बच्चे की चप्पलें उसकी उँगलियों में उलझी हुई थीं···वह छोटी-छोटी नीली हवाई चप्पलें···।

मैंने बच्चे को देखा···फिर उसके निरीह बाप को।

मेरे मुँह से अनायास निकल ही गया, "इसका···"

"इसकी टाँग काटी गई है," वार्ड बॉय ने बाप की मुश्किल हल कर दी।

"ओह! कुछ हो गया था?" मैंने जैसे उसके बाप से ही पूछा। वह मुझे देखकर चुप रह गया···उसके ओठ कुछ बुदबुदाकर थम गए···लेकिन वह भी चुप नहीं रह सका। एक पल बाद ही बोला, "जाँघ की हड्डी टूट गई थी···।"

"चोट लगी थी?"

"नहीं, सड़क पार कर रहा था···एक गाड़ी ने मार दिया।" वह बोला और

मेरी तरफ ऐसे देखा, जैसे टक्कर मारनेवाली गाड़ी मेरी ही थी।

फिर वह वीतराग होकर अपने बेटे को देखने लगा।

पाँचवीं मंजिल पर लिफ्ट रुकी। बच्चों का वार्ड इसी मंजिल पर था। लिफ्ट में आनेवाले कई लोग थे। वे सब स्ट्रैचर निकाले जाने के इंतजार में बेसब्री से रुके हुए थे···वार्ड बॉय ने झटका देकर स्ट्रेचर निकाला तो बच्चा बोरे की तरह हिल उठा, अनायास ही मेरे मुँह से निकल गया, "धीरे से ···।"

"ये तो बेहोश है, इसे क्या पता?" स्ट्रेचर को बाहर पुश करते हुए वार्ड बॉय ने कहा।

उस बच्चे का बाप खुले दरवाजे से टकराता हुआ बाहर निकला तो एक नर्स ने उसके हाथ की ग्लूकोज की बोतल पकड़ ली।

लिफ्ट के बाहर पहुँचते ही उसके बाप ने उसकी दोनों नीली हवाई चप्पलें वहीं कोने में फेंक दीं···फिर कुछ सोचकर कि शायद उसका बेटा होश में आते ही चप्पलें माँगेगा, उसने पहले एक चप्पल उठाई···फिर दूसरी भी उठा ली और स्ट्रेचर के पीछे-पीछे वार्ड की तरफ जाने लगा।

मुझे नहीं मालूम कि उसका बेटा जब होश में आएगा तो क्या माँगेगा, चप्पल माँगेगा या चप्पलों को देखकर अपना पैर माँगेगा···।

बेसब्री से इंतजार करते लोग लिफ्ट में आ गए थे। लिफ्टमैन ने बटन दबाया। दरवाजा बंद हुआ। और वह लोहे का बंद कमरा नीचे उतरने लगा।

□

खोई हुई दिशाएँ

सड़क के मोड़ पर लगी रेलिंग के सहारे चंदर खड़ा था। सामने, दाएँ-बाएँ आदमियों का सैलाब था। शाम हो रही थी और कनॉट प्लेस की बत्तियाँ जगमगाने लगी थीं। थकन से उसके पैर जवाब दे रहे थे। कहीं दूर आया-गया भी तो नहीं, फिर भी थकान सारे शरीर में भरी हुई थी। दिल और दिमाग इतना थका हुआ था कि लगता था, वही थकान धीरे-धीरे उतरकर तन में फैलती जा रही है।

पूरा दिन बरबाद हो गया। यही खड़ा सोच रहा था। घर लौटने को भी मन नहीं कर रहा था। आती-जाती एक सी औरतों को देखकर मन और भी ऊबने लगता था।

भूख...पता नहीं लगी है या नहीं। वह दिमाग पर जोर डालता है—सवेरे आठ बजे घर से निकला था। एक प्याली कॉफी के अलावा तो कुछ पेट में गया नहीं।...और तब उसे अहसास हुआ कि थोड़ी-थोड़ी भूख लग रही है। दिमाग और पेट का साथ ऐसा हो गया है कि भूख भी सोचने से लगती है।

निगाह दूर आसमान पर अटक जाती है, जहाँ चीलें उड़ रही हैं और मोजे की शकल में कटा हुआ आसमान दिखाई दे रहा है। उस गँदले आसमान के नीचे जामा मसजिद का गुंबद और मीनार दिखाई पड़ रही है, उनकी नोकें बड़ी अजीब सी लग रही हैं।

पीछेवाली दुकान के बाहर चोलियों का विज्ञापन है। रीगल बस स्टॉप के नीम के पेड़ों से धीरे-धीरे पत्तियाँ झड़ रही हैं। बसें जूँ-जूँ करती आती हैं, एक क्षण ठिठकती हैं, एक ओर से सवारियों को उगलती हैं और दूसरी ओर से निगलकर आगे बढ़ जाती हैं। चौराहे पर बत्तियाँ लगी हैं। बत्तियों की आँखें

लाल-पीली हो रही हैं। आस-पास से सैकड़ों लोग गुजरते हैं, पर कोई उसे नहीं पहचानता। हर आदमी या औरत लापरवाही से दूसरों को नकारता या झूठे दर्प में डूबा हुआ गुजर जाता है।

और तब उसे अपना वह शहर याद आता है जहाँ से तीन साल पहले वह चला आया था—गंगा के सुनसान किनारे पर भी अगर कोई अनजान मिल जाता तो उसकी नजरों में पहचान की एक झलक तैर जाती थी।

और यह राजधानी! जहाँ सब अपना है, अपने देश का है···पर कुछ भी अपना नहीं है, अपने देश का नहीं है।

तमाम सड़कें हैं जिन पर वह जा सकता है, लेकिन वे सड़कें कहीं नहीं पहुँचातीं। उन सड़कों के किनारे घर हैं, बस्तियाँ हैं, पर किसी भी घर में वह नहीं जा सकता। उन घरों के बाहर फाटक हैं, जिन पर कुत्तों से सावधान रहने की चेतावनी है, फूल तोड़ने की मनाही है और घंटी बजाकर इंतजार करने की मजबूरी है।

···घर पर निर्मला इंतजार कर रही होगी। वहाँ पहुँचकर भी पहले मेहमान की तरह कुरसी पर बैठना होगा, क्योंकि बिस्तर पर कमरे का पूरा सामान सजा होगा और वह हीटर पर खाना पका रही होगी। उन्मुक्त होकर वह हवा के झोंके की तरह कमरे में घुस भी नहीं सकता और न उसे बाँहों में लेकर प्यार ही कर सकता है, क्योंकि गुप्ताजी अभी मिल से लौटे नहीं होंगे और मिसेज गुप्ता बेकारी में बैठी गप लड़ा रही होंगी या किसी स्वेटर की बुनाई सीख रही होंगी। अगर वह चला भी गया तो कमरे में बहुत अदब से घुसेगा, फिर मिसेज गुप्ता से इधर-उधर की दो-चार बातें करेगा। तब बीवी खाना खाने की बात कहेगी। और खाने की बात सुनकर मिसेज गुप्ता घर जाने के लिए उठेंगी···

और फिर उसके बाद बड़ी खिड़की का परदा खिसकाना पड़ेगा। किसी बहाने खुराना की तरफवाली खिड़की को बंद करना पड़ेगा। घूमकर मेज के पास पहुँचना होगा और तब पानी का एक गिलास माँगने के बहाने वह पत्नी को बुलाएगा, और तब उसे बाँहों में लेकर प्यार से यह कह सकने का मौका आएगा—बहुत थक गया हूँ।

लेकिन ऐसा होगा नहीं। इतनी लंबी प्रक्रिया से गुजरने के पहले ही उसका मन झुँझला उठेगा और यह कहने पर मजबूर हो जाएगा, "अरे भई, खाने में

कितनी देर है," सारा प्यार और समूची पहचान न जाने कहाँ छिप चुकी होगी, अजीब सा बेगानापन होगा। बेकरीवालों के यहाँ भर्राई आवाज में रेडियो गा रहा होगा और गुलाटी के थके कदमों की खोखली आवाज जीने पर सुनाई पड़ेगी।

गली में कोई स्कूटर आकर रुकेगा और उसमें से कोई बिन-पहचाना आदमी किसी और के घर में चला जाएगा। मोटरों की मरम्मत करनेवाले गैरेज का मालिक सरदार चाबियाँ लेकर घर जाने के इंतजार में आधी रात तक बैठा रहेगा क्योंकि उसे पंद्रह साल पुराने मेकैनिक पर भी शायद विश्वास नहीं है।

और सामने रहनेवाले बिशन कपूर के आने की आहट भर मिलेगी। पिछले दो साल से उसने सिर्फ उसके नाम की प्लेट देखी है—बिशन कपूर, जर्नलिस्ट... और उसकी शक्ल के बारे में वह सिर्फ यह जानता है कि सामनेवाली खिड़की से जब बिजली की रोशनी छनने लगती है और सिगरेट का धुआँ सलाखों से लिपट-लिपटकर बाहर के अँधेरे में डूब जाता है तो बिशन कपूर नाम का एक आदमी भीतर होता है और सुबह जब उसकी खिड़की के नीचे अंडे का छिलका, डबलरोटी का रैपर और जली हुई सिगरेटें, तीलियाँ और राख बिखरी हुई होती है तो बिशन कपूर नाम का आदमी जा चुका होता है।

सोचते-सोचते उसे लगा कि मोजे की बदबू और भी तेज होती जा रही है और अब रेलिंग के पास खड़ा रहना मुश्किल है। जेब से डायरी निकालकर उसने अगले दिन की मुलाकातों के बारे में जान लेना चाहा।

अंग्रेजी दैनिक में पहले फोन करना होगा फिर समय तय करके मिलना है। रेडियो में एक......चक्कर लगाना है। पिछले चैक रिजर्व बैंक से कैश कराना है और घर एक मनीऑर्डर भेजना है। कल का पूरा वक्त भी इसी में निकल जाएगा, क्योंकि अखबार का संपादक परिचित नहीं है जो फौरन बुला ले और खुलकर बात कर ले और कोई बात तय हो जाए। रेडियो में भी कोई बात दस मिनट में तय नहीं हो सकती और रिजर्व बैंक के काउंटर पर इलाहाबाद वाला अमरनाथ नहीं है जो फौरन चेक लेकर रुपया ला दे। डाकखाने पर व्यापारियों के चपरासियों की भीड़ होगी जो दस-दस मनीऑर्डर के फार्म लिए लाइन में खड़े होंगे और एक कागज पर पूरी रकम और मनीऑर्डर कमीशन का मीजान लगाने में मशगूल होंगे। उनमें से कोई भी उसे नहीं पहचानता होगा।

एक क्षण की जान-पहचान का सिलसिला सिर्फ पेन होगा, जो कोई-न-

कोई दो हरूफ लिखने के लिए माँगेगा और लिख चुकने के बाद अपना खत पढ़ते हुए वह बाएँ हाथ से उसे कलम लौटाकर शायद धीरे से थैंक्यू कहेगा और टिकटवाले काउंटर की ओर बढ़ जाएगा।

और तब उसे झुँझलाहट सी हुई। डायरी हाथ में थी और उसकी निगाहें फिर दूर की ऊँची इमारत पर अटक गई थीं, जिस पर बिजली के मुकुट जगमगा रहे थे। और उन नामों में से वह किसी को नहीं जानता था। इलाहाबाद में सबसे बड़े कपड़ेवाले के बारे में इतना तो मालूम था कि पहले वह बहुत गरीब था और कंधे पर कपड़ा रखकर फेरी लगाता था और अब उसका लड़का विदेश पढ़ने गया हुआ है और वह खुद बहुत धार्मिक आदमी है जो अब माथे पर छापा-तिलक लगाकर मनमाना मुनाफा वसूल करता है और कॉर्पोरेशन का चुनाव लड़ने की तैयारियाँ कर रहा है। यहाँ कुछ पता नहीं चलता, किसी के बारे में कुछ भी मालूम नहीं पड़ता।

कनॉट प्लेस में खुले हुए लॉन हैं। तनहा पेड़ हैं और उन दूर-दूर खड़े तनहा पेड़ों के नीचे नगर निगम की बेंचें हैं, जिन पर थके हुए लोग बैठे हैं और लॉन में एकाध बच्चे दौड़ रहे हैं। बच्चों की शक्लें और शरारतें तो बहुत पहचानी सी लगती हैं, पर गोलगप्पे खाती हुई उनकी मम्मी अजनबी है, क्योंकि उसकी आँखों में मासूमियत और गरिमा से भरा प्यार नहीं है। उसके शरीर में मातृत्व का सौंदर्य और दर्प भी नहीं है, उसमें सिर्फ एक खुमार है और एक बहुत बेमानी और पिटी हुई ललकार है, जिसे न तो नकारा जा सकता है और न स्वीकार किया जा सकता है—वह ललकार सब कानों में गूँजती है और सब बहरों की तरह गुजर जाते हैं।

लॉन में कुछ क्षण बैठने को मन हुआ पर उसे लगा कि वहाँ भी कोई ठिकाना नहीं, अभी कल ही तो चोर की तरह दबे पाँव घास में बहता हुआ पानी आया था और उसके कपड़े भीग गए थे।

तनहा खड़े पेड़ों और उनके नीचे सिमटते अँधेरे में अजीब-सा खालीपन है। तनहाई ही सही पर उसमें अपनापन तो हो। वह तनहाई भी किसी की नहीं है क्योंकि हर दस मिनट बाद पुलिस का आदमी उधर से घूमता हुआ निकल जाता है। झाड़ियों की सूखी टहनियों में आइसक्रीम के खाली कागज और चने की खाली पुड़िया उलझी हुई हैं या कोई बेघर-बार आदमी शराब की खाली बोतल फेंककर चला गया है।

डायरी पर फिर उसकी नजर जम जाती है और शोर-शराबे से भरे उस सैलाब में वह बहुत अकेला-सा महसूस करता है और लगता है कि इन तीन सालों में ऐसा कुछ भी नहीं हुआ जो उसका अपना हो, जिसकी कचोट अभी तक हो, खुशी या दर्द अब भी मौजूद हो, रेगिस्तान की तरह फैली हुई तनहाई है, अनजान सागर तटों की खामोशी और सूनापन है और पछाड़ खाती हुई लहरों को शोर-भर है जिससे वह खामोशी और भी गहरी होती है।

मोजे की शक्ल में कटा हुआ आसमान है और जामा मसजिद के गुंबद के ऊपर चक्कर काटती हुई चीलें हैं। औरतों का पीछा करते हुए फूल बेचलेवाले और यतीम बच्चों के हाथ में शाम की खबरों के अखबार हैं।

···और तभी चंदर को लगा कि एक अरसा हो गया, एक जमाना गुजर गया, वह खुद अपने से नहीं मिल पाया। अपने से बातें करने का वक्त ही नहीं मिला। यह भी नहीं पूछा कि आखिर तेरा हाल-चाल क्या है और तुझे क्या चाहिए। हलकी-सी मुसकराहट उसके होंठों पर आई और उसने हर शुक्रवार के आगे नोट किया, खुद से मिलना है। शाम सात बजे से नौ बजे तक।···और आज भी तो शुक्रवार ही है। यह मुलाकात आज होनी चाहिए। घड़ी पर नजर जाती है, सात बजे हैं। पर मन का चोर हावी हो जाता है। क्यों न पहले टी-हाउस में एक प्याला चाय पी ली जाए? न जाने क्यों मन अपने से मिलने में घबराता है। रह-रहकर कतराता है।

तभी उस पार से आता हुआ आनंद दिखाई देता है। वह उससे भी नहीं मिलना चाहता। बड़ा बुरा मर्ज है आनंद को। वह उस छूत से बचा रहना चाहता है। आनंद दुनिया में दोस्त खोजता है, ऐसे दोस्त जो जिंदगी में गहरे न उतरें पर उसके साथ कुछ देर रह सकें और बात कर सकें। उसकी बातों में अजीब-सा बनावटीपन है, वह बनावटीपन जो आदमी किताबों से सीखता है। और उसे लगता है कि वही बनावटीपन खुद उसमें भी कहीं-न-कहीं है···जब कॉलेज और यूनिवर्सिटी के दर्जों में बैठ-बैठकर वह किताबों की जिंदगियों के मरे हुए ब्योरे पढ़ रहा था।

और अब आज उसे लगता है कि वह सारा वक्त बड़ी बेरहमी से बरबाद किया गया है। उसने उन खँडहरों में समय बरबाद किया है जिनकी कथाएँ अधपढ़े गाइडों की जबान पर रहती हैं, जो हर बार उन मरी हुई कहानियों को हर

दर्शक के सामने दोहराते जाते हैं : यह दीवाने-खास है, जरा नक्काशी देखिए—यहाँ हीरे-जवाहरातों से जड़ा सिंहासन था, यह जनाना हमाम है और यह वह जगह है जहाँ से बादशाह अपनी रिआया को दर्शन देते थे, यह महल सर्दियों का है, यह बरसात का और यह हवादार महल गरमियों का और इधर आइए सँभल के, यह वह जगह है जहाँ फाँसी दी जाती थी।

चंदर को लगा, जिंदगी के पच्चीस साल वह उन गाइडों के साथ खँडहरों में बिताकर आया है जिनकी जीवंत कथाओं को वह कभी नहीं जान पाया, सिर्फ दीवाने-खास उसे दिखाया गया, नक्काशी दिखाई गई और जनाने हमाम में घुमाकर गाइड ने उसे फाँसीवाले अँधेरे और बदबूदार कमरे में छोड़ दिया, जहाँ चमगादड़ लटके हुए बिलबिला रहे हैं और एक बहुत पुरानी ऐतिहासिक रस्सी लटक रही है जिसका फंदा गरदन में कस जाता है और आदमी झूल जाता है। और उसके बाद अंधे कुएँ में फेंकी गई सिर्फ वे लाशें रह जाती हैं।

उसमें और उनमें कोई अंतर नहीं है।

और आनंद भी उनसे अलग नहीं है। चंदर कतरा जाना चाहता था, क्योंकि आनंद आते ही किताबी तरीके से कहेगा, "यार, तुम्हारे बाल बहुत खूबसूरत हैं, ब्रिलक्रीम लगाते हो? लड़कियाँ तो तबाह हो जाती होंगी?"

और तभी चंदर को सामने पाकर आनंद रुक जाता है, "हलो, यहाँ कैसे? क्यों लड़कियों पर जुल्म ढा रहे हो?" सुनकर उसे हँसी आ जाती है।

"किधर से आ रहे हो?" डायरी जेब में रखते हुए पूछता है।

"आज तो यूँ ही फँस गए, आओ एक प्याला कॉफी हो जाए।" आनंद कहता है, फिर एक क्षण रुककर वह दूसरी बात सुझाता है, "या और कुछ···"

चंदर इसका मतलब समझकर न कर देता है। वह जोर देता है, "चलो फिर आज तो हो ही जाए, क्या रखा है जिंदगी में!" कहते हुए वह झूठी हँसी हँसता है और धीरे से हाथ दबाकर पूछता है, "प्लीज इफ यू डोंट माइंड, कुछ पैसे हैं?" उसके कहने में कोई हिचक नहीं है और न उसे शरम ही आती है। बड़ी सीधी-सी बात है, पैसे कम हैं।

"अच्छा पार्टनर, मैं अभी इंतजाम करके आया," वह विश्वास को गहराता हुआ कहता है, "यहीं रुकना, चले मत जाना।" और वह जाता है तो फिर नहीं आता।

चंदर यह पहले से जानता है।

कुछ देर बाद वह टी-हाउस में घुस जाता है और मेजों के पास चक्कर काटता हुआ कोनेवाले काउंटर से सिगरेट का पैकेट लेकर एक मेज पर जम जाता है।

"हलो।" कोई एक अधजाना चेहरा कहता है, "बहुत दिनों बाद इधर आना हुआ।" और वह भी वहीं बैठ जाता है। दोनों के पास बात करने के लिए कुछ भी नहीं है।

टी-हाउस में बेपनाह शोर है। खोखली हँसी के ठहाके हैं और दीवार पर एक घड़ी है जो हमेशा वक्त से आगे चलती है। तीन रास्ते बाहर से आने और जाने के लिए हैं और चौथा रास्ता बाथरूम जाता है। बाथरूम के पॉट्स में फिनाइल की गोलियाँ पड़ी हैं और गैलरी में एक शीशा लगा हुआ है। हर वह आदमी जो बाथरूम जाता है, उस शीशे में अपना मुँह देखकर लौटता है।

गेलार्ड में डिनर डांस की तैयारी हो रही है। कुर्सियों की तीन कतारें बाहर निकालकर रख दी गई हैं। उधर वोल्गा पर विदेशियों की भीड़ बढ़ रही होगी।

और तभी एक जोड़ा भीतर आता है। महिला सजी-धजी है और जूड़े में फूल भी हैं। आदमी के चेहरे पर अजीब-सा गुरूर है और वे दोनों फैमिलीवाली सीट पर आमने-सामने बैठ जाते हैं। बैठने से पहले उनमें कोई ताल्लुक नजर नहीं आ रहा था। सिर्फ इतना-भर कि जब महिला बैठने के लिए मुड़ी थी तो साथ वाले आदमी ने उसकी कमर पर हाथ रखकर सहारा-भर दिया था। इतना सा साथ था दोनों में।

उनके पास भी बात करने के लिए शायद कुछ नहीं है।

महिला अपना जूड़ा ठीक करते हुए औरों को देख रही है और साथवाला आदमी पानी के गिलास को देख रहा है। किसी के देखने में कोई मतलब नहीं है। आँखें हैं, इसलिए देखना पड़ता है। अगर न होतीं तो सवाल ही नहीं था। एक जगह देखते-देखते आँखों में पानी आ जाता है इसलिए जरूरी है कि इधर-उधर देखा जाए।

उनकी बेयस मेज पर सामान रख जाता है और दोनों खाने में मशगूल हो जाते हैं। कोई बात नहीं करता। आदमी खाना खाकर दाँत कुरेदने लगता है और वह महिला रूमाल निकालकर अंदाज में लिपस्टिक ठीक करती है।

अंत में बेयरा आकर पैसे लौटाता है तो आदमी कुछ टिप छोड़ता है जिसे महिला गौर से देखती है और दोनों लापरवाही से उठ खड़े होते हैं। फिर उन दोनों में हलका सा संबंध उसे नजर आता है—वह आदमी ठिठककर साथवाली महिला को आगे निकलने का इशारा करता है और उसके पीछे-पीछे चला जाता है।

चंदर का मन और भारी हो जाता है। अकेलेपन का नागपाश और भी कस जाता है। अपने साथ बैठे हुए अनजान दोस्त की तरफ वह गहरी नजरों से देखता है और सोचता है, अजनबी ही सही, पर इसने पहचाना तो, इतनी पहचान भी बड़ा सहारा देती है···चंदर को अपनी ओर देखते हुए वह साथवाला दोस्त कुछ कहने को होता है पर जैसे उसे कुछ याद नहीं आता, फिर अपने को सँभालकर उसने चंदर से पूछा, "आप···आप तो शायद कॉमर्स मिनिस्टरी में हैं। मुझे याद पड़ता है कि···" कहते हुए वह रुक जाता है।

चंदर का पूरा शरीर झनझना उठता है और एक घूँट में बची हुई कॉफी पीकर वह बड़े संयत स्वर में जवाब देता है, "नहीं, मैं कॉमर्स मिनिस्टरी में कभी नहीं था···"

वह आदमी आगे अटकलें भिड़ाने की कोशिश नहीं करता, सीधे-सीधे उस अनजान संबंध को मजबूत बनाते हुए कहता है, "ऑल राइट पार्टनर, फिर कभी मुलाकात होगी।" और सिगरेट सुलगाता हुआ उठ जाता है।

चंदर बाहर निकलकर बस-स्टॉप की ओर बढ़ता है। मद्रास होटल के पीछे बस-स्टॉप पर चार-पाँच लोग खड़े हैं और पुलिसवाला स्टॉप की छतरी के नीचे बैठा सिगरेट पी रहा है।

चंदर वहीं आकर खड़ा हो जाता है। सब जानना चाहते हैं कि बस कब तक आएगी पर कोई किसी से कुछ भी नहीं पूछता। पेड़ के अँधेरे में वह चुपचाप खड़ा है। नीचे पीले पत्ते पड़े हैं जो उसके पैरों से दबकर चुरमुराने लगते हैं और पीले पत्तों की वह आवाज उसे वर्षों पीछे खींच ले जाती है। इस आवाज में एक बहुत गहरा अपनापन है, उसे बड़ी राहत-सी मिलती है।

···ऐसे ही पीले पत्ते पड़े हुए थे। उस राह पर बहुत साल पहले इंद्रा के साथ एक दिन वह चला जा रहा था, कुछ भी नहीं था उसके सामने—वह खँड़हरों में अपनी जिंदगी खराब कर रहा था और तब इंद्रा ने ही उससे कहा था, "चंदर, तुम

क्या नहीं कर सकते।" वही पहचानी हुई आवाज फिर उसके कानों से टकराती है, "तुम क्या नहीं कर सकते।" और यह कहते-कहते इंद्रा की आँखों में अदम्य विश्वास झलक आया था। और इंद्रा की उन प्यारभरी आँखों में झाँकते हुए उसने कहा था, "मेरे पास है ही क्या? समझ में नहीं आता कि जिंदगी कहाँ ले जाएगी इंद्रा! इसीलिए मैं यह नहीं चाहता कि तुम अपनी जिंदगी मेरी खातिर बिगाड़ लो। पता नहीं, मैं किस किनारे लगूँ, भूखा मरूँ या पागल हो जाऊँ···"

इंद्रा की आँखों में प्यार के बादल और गहरे हो आए थे और उसने कहा था, "कैसी बातें करते हो चंदर, मैं तुम्हारे साथ हर हालत में सुखी रहूँगी!'

चंदर ने उसे बहुत गौर से देखा था। इंद्रा की आँखों में नमी आ गई थी। उसकी कँटीली बरौनियों से विश्वास-भरी मासूमियत झलक रही थी। माथे पर आई हुई लट छूने को उसका मन हो आया था पर वह झिझककर रह गया था। इंद्रा के कानों में पड़े हुए कुंडल पानी में तैरती मछलियों की तरह झलक जाते थे और तब उसने कहा था, "आओ, उधर पेड़ के नीचे बैठेंगे।"

वे दोनों साथ-साथ चल दिए थे। सिरस के पेड़ के नीचे सीमेंट की एक बेंच बनी थी। राह पर पीली पत्तियाँ बिखरी हुई थीं। उनके कुचलने से ऐसी ही आवाज आई थी जो अभी-अभी उसने सुनी थी···वही पहचान भरी आवाज।

दोनों बेंच पर बैठ गए थे और चंदर धीरे से उसकी कलाई पर उँगली से लकीरें खींचने लगा था। दोनों खामोश बैठे थे, बहुत-सी बातें थीं जो वे कह नहीं पा रहे थे। कुछ क्षणों बाद इंद्रा ने आँखें चुराते हुए उसे देखा था और शरमा गई थी, फिर उसी बात पर आ गई थी जैसे उसी एक बात में सारी बातें छिपी हों, "तुम ऐसा क्यों सोचते हो चंदर, मुझ पर भरोसा नहीं?"

तब चंदर ने कहा था, 'भरोसा तो बहुत है इंद्रा, पर मैं खानाबदोशों की तरह जिंदगीभर भटकता रहूँगा···उन परेशानियों में तुम्हें खींचने की बात सोचता हूँ तो बरदाश्त नहीं कर पाता। तुम बहुत अच्छी और सुविधाओं से भरी जिंदगी जी सकती हो। मैंने तो सिर पर कफन बाँधा है···मेरा क्या ठिकाना!'

'तुम चाहे जो कुछ बनो चंदर, अच्छे या बुरे, मेरे लिए एक-से रहोगे। कितना इंतजार करती हूँ तुम्हारा, पर तुम्हें कभी वक्त ही नहीं मिलता।' फिर कुछ देर मौन रहकर उसने पूछा था, 'इधर कुछ लिखा?'

'हाँ,' धीरे से चंदर ने कहा था।

'दिखाओ।' इंद्रा ने माँगा था।

और तब चंदर ने पसीजे हुए हाथों से डायरी बढ़ा दी थी। इंद्रा ने तुरंत उस डायरी को अपनी किताबों में रख लिया था और बोली थी, 'अब यह कल मिलेगी, इस बहाने तो अब आओगे···'

'नहीं, नहीं···मैं डायरी अपने साथ ले जाऊँगा, मुझे वापस दो।' चंदर ने कहा था तो इंद्रा शैतानी से मुसकराती रही थी और उसकी आँखों में प्यार की गहराइयाँ और बढ़ गई थीं।

हारकर चंदर वापस चला आया था और दूसरे दिन अपनी डायरी लेने पहुँचा था तो इंद्रा ने कहा था, 'इसमें कुछ मैंने भी लिखा है, पढ़कर जरूर फाड़ देना।"

'मैं नहीं फाड़ूँगा।'

'तो कुट्टी हो जाएगी,' इंद्रा ने बच्चों की तरह बड़ी मासूमियत से कहा था और उस वक्त उसके मुँह से वह बेहद बचपने की बात भी बड़ी अच्छी लगी थी।

और एक दिन···

एक दिन इंद्रा घर आई थी। इधर-उधर से घूम-घामकर वह अंदर के कमरे में पहुँच गई थी और तब चंदर ने पहली बार उसे बिल्कुल अपने पास महसूस किया था और उसके माथे पर रंग से बिंदी बना दी थी और कई क्षणों तक मुग्ध सा देखता रह गया था। और अनजाने ही उसने होंठ इंद्रा के माथे पर रख दिए थे। इंद्रा की पलकें झँप गई थीं और रोम-रोम से गंध फूट उठी थी। उसकी अंगुलियाँ चंदर की बाँहों पर थरथराने लगी थीं और माथे पर आया पसीना उसके होंठों ने सोख लिया था। रेशमी रोएँ पसीने से चिपक गए थे और उन उन्माद के क्षणों में दोनों ने ही प्रतिज्ञा की थी···वह प्रतिज्ञा जिसमें शब्द नहीं थे, जो होंठों तक भी नहीं आई थी।

तब से उसे ये शब्द हमेशा याद रहते हैं, 'तुम क्या नहीं कर सकते!'

और तभी एक दूसरे नंबर की बस आती है और ठिठककर चली जाती है। चंदर को अहसास होता है कि वह बस-स्टॉप पर खड़ा है, वह गहरी पहचान··· कहीं कोई तो है···और वह बहुत दूर भी तो नहीं।

इंद्रा भी तो यहीं है दिल्ली में।

दो महीने पहले ही तो वह मिला था। तब भी इंद्रा की आँखों में वह चार

बरस पहले की पहचान थी और उसने पति से किसी बात पर कहा था, 'अरे, चंदर की आदतें मैं खूब जानती हूँ।'

और इंद्रा के पति ने बड़े खुले दिल से कहा था, 'तो फिर भई इनकी खातिर–वातिर करो।'

और इंद्रा ने मुसकराते हुए चार बरस पहले की तरह चिढ़ाने के अंदाज में बयान किया था, 'चंदर को दूध से चिढ़ है और कॉफी इन्हें धुआँ पीने की तरह लगती है, चाय में अगर दूसरा चम्मच चीनी डाल दी गई तो इनका गला खराब हो जाएगा।' कहकर वह खिलखिलाकर हँस दी थी और इस बात से उसने पिछली बातों की याद ताजी कर दी थी···सचमुच चंदर दो चम्मच चीनी नहीं पी सकता।

बस आने का नाम नहीं ले रही थी।

खड़े–खड़े चंदर को लगा कि इन अनजानी और बिन जान–पहचान से भरी नगरी में एक इंद्रा है जो उसे इतने सालों के बाद भी पहचानती है, अब तक जानती है। उनका मन अपने आप इंद्रा से मिलने के लिए छटपटाने लगा, ताकि यह अजनबीपन किसी तरह टूट सके···।

तभी एक फटफटवाला आवाज लगाता हुआ आ जाता है, गुरदारा रोड··· क्रोलबाग गुरद्वारा रोड। चंदर एक कदम आगे बढ़ता है और वह सरदार उसे देखते ही जैसे एकदम पहचान जाता है, "आइए बाबूजी, क्रोलबाग गुरद्वारा रोड।" उसकी आँखों में पहचान की झलक देखकर चंदर का मन हलका हो जाता है। आखिर एक ने तो पहचाना। चंदर सरदार को पहचानता है। बहुत बार वह इसी सरदार के फटफट में बैठकर कनॉट प्लेस आया है।

आँखों में पहचान देखते ही चंदर लपककर फटफट पर बैठ जाता है।

तीन सवारियाँ और आ जाती हैं और दस मिनट बाद ही गुरुद्वारा रोड के चौराहे पर फटफट रुकता है। चंदर एक चवन्नी निकालकर सरदार की हथेली पर रख देता है और पहचानभरी नजरों से उसे देखता हुआ चलने लगता है।

तभी पीछे से आवाज आती है, "ऐ बाबूजी, कितना पैसा दिया है?" चंदर मुड़कर देखता है तो सरदार उसकी तरफ आता हुआ कहता है, "दो आना और दीजिए साहब!"

"हमेशा चार आने लगते हैं सरदारजी! चंदर पहचान जताता हुआ कहता

है, पर सरदार की आँखों में पहचान की परछाईं तक नहीं है। वह फिर कहता है, "सरदारजी, आपके फटफट पर ही बीसों बार चार आने देकर आया हूँ।"

"किसे होर ने लये होणगे चार आने···असी ते छै आने तो घट नहीं लेंदे बादशाहो!" सरदार इस बार पंजाबी में बोला था और उसकी हथेली फैली हुई थी।

बात दो आने की नहीं थी। चंदर ने बाकी पैसे उसकी हथेली पर रख दिए और इंद्रा के घर की तरफ मुड़ गया।

और इंद्रा उसे मिली तो वैसे ही। वह अपने पति का इंतजार कर रही थी। बड़ी अच्छी तरह उसने चंदर को बिठाया और बोली, "इधर कैसे भूल पड़े आज?" फिर आँखों में वही पहचान की परछाईं तैर गई थी। कुछ क्षणों बाद इंद्रा ने कहा था, "अब तो नौ बज रहे हैं, ये आठ ही बजे फैक्टरी बंद करके लौट आते हैं, पता नहीं आज क्यों देर हो गई, अच्छा चाय तो पियोगे?"

"चाय के लिए इनकार तो नहीं की जा सकती।" चंदर ने बड़े उत्साह से कहा था और कुरसी पर आराम से टाँगें फैलाकर बैठ गया था। उसकी सारी थकान उतर गई थी और मन का अकेलापन डूब गया था।

नौकरानी आकर चाय रख गई। इंद्रा ने प्याले सीधे करके चाय बनाई तो वह उसकी बाँहों, चेहरे और हाथों को देखता रहा। सब कुछ वही था, वैसा ही था। चिर-परिचित, तभी इंद्रा ने पूछा, "चीनी कितनी?"

और एक झटके से सबकुछ बिखर गया, उसका गला सूखने सा लगा और शरीर फिर थकान से भारी हो गया। माथे पर पसीना आ गया। फिर भी उसने पहचान का रिश्ता जोड़ने की एक नाकाम कोशिश की और बोला, "दो चम्मच।" और उसे लगा कि अभी इंद्रा को सबकुछ याद आ जाएगा और वह कहेगी कि दो चम्मच चीनी से अब गला खराब नहीं होता?

पर इंद्रा ने प्याले में दो चम्मच चीनी डाल दी और उसकी ओर बढ़ा दिया। जहर के घूँटों की तरह वह चाय पीता रहा। इंद्रा इधर-उधर की बातें करती रही पर उनमें उसे मेहमाननवाजी की बू लग रही थी और चंदर का मन कर रहा था कि इंद्रा के पास से किसी भी तरह भाग जाए और किसी दीवार पर अपना सिर पटक दे।

जैसे-तैसे उसने चाय पी और पसीना पोंछता हुआ बाहर निकल आया। इंद्रा

ने क्या-क्या बातें कीं, उसे बिल्कुल याद नहीं।

सड़क पर निकलकर वह एक गहरी साँस लेता है और कुछ क्षणों के लिए खड़ा रह जाता है। उसका गला बुरी तरह सूख रहा है और मुँह का स्वाद बेहद बिगड़ा हुआ है।

चौरोहे पर कुछ टैक्सी ड्राइवर नशे में गालियाँ बक रहे हैं और एक कुत्ता दूर सड़क पर भागा जा रहा है। मछलियाँ तलने की गंध यहाँ तक आ रही है और पानवाले की दुकान् पर कुछ जवान लोग कोकाकोला की बोतलें मुँह में लगाए खड़े हैं। स्कूटरों में कुछ लोग भागे जा रहे हैं और शहर से दूर जानेवाले लोग बस-स्टॉप पर खड़े अब भी प्रतीक्षा कर रहे हैं।

कारें, टैक्सियाँ, बसें और स्कूटर आ-जा रहे हैं। चौराहे पर लगी बत्तियों की आँखें अब भी लाल-पीली हो रही हैं।

चंदर थका-सा अपने घर की ओर लौट रहा है। अँगुलियों पर जूता काट रहा है और मोजे की बदबू और भी तेज हो गई है।

आखिर वह थका-हारा घर पहुँचता है ओर मेहमान की तरह कुरसी पर बैठ जाता है। यह कोई नई बात नहीं है। निर्मला उसे देखकर मुसकराती है और धीरे से बाँहों पर हाथ रखकर पूछती है, "बहुत थक गए?"

"हाँ।" चंदर कहता है और उसे बहुत प्यार से देखता है। उसका मन भीतर से उमड़ आता है। वह किराये का मकान भी उस क्षण उसे राहत देता है और लगता है कि वह उसी का है।

निर्मला खाना लगाते हुए कहती है, "हाथ-मुँह धो लो⋯"

"अभी खाने का मन नहीं है।" चंदर कहता है तो वह बहुत प्यार से देखते हुए पूछती है, "क्यों, क्या बात है, सुबह भी तो खाके नहीं गये थे, दोपहर में कुछखाया था?"

"हाँ।" वह कहता है और निर्मला को देखता रह जाता है।

निर्मला कुछ अचकचाती है और कुछ देर बाद थकी सी उसके पास बैठ जाती है।

चंदर कुछ देर खोई-खोई नजरों से कमरे की हर चीज देखता रहता है और बीच-बीच में बड़ी गहरी नजरों से निर्मला को ताकता है। निर्मला कोई किताब खोलकर पढ़ने लगती है और चंदर उसे देखे जा रहा है।

पीछे से पड़ती हुई रोशनी में निर्मला के बाल रेशम की तरह चमक रहे हैं, उसकी बरौनियाँ मुलायम काँटों की तरह लग रही हैं और कनपटी के पास रेशमी बालों के सिरे अपने-आप घूम गए हैं। पलक के नीचे पड़ती हुई परछाईं बहुत पहचानी सी लग रही है। उसने कड़ा आधी कलाई तक सरका लिया है।

चंदर की निगाहें उसके अंग-प्रत्यंग में पुरानी पहचान खोज रही हैं, उसके नाखून, अँगलियाँ और कानों की गुदारी लवें···

उठकर वह परदे खींच देता है और आराम से लेट जाता है। उसे लगता है कि वह अकेला नहीं है। अजनबी और तनहा नहीं है। सामनेवाला गुलदस्ता उसका अपना है, पड़े हुए कपड़े उसके अपने हैं, उनकी गंध वह पहचानता है।

इन सभी चीजों में एक गहरी पहचान है। घोर अँधेरी रात में भी वह उन्हें टटोलकर पहचान सकता है। किसी भी दरवाजे से बिना टकराए निकल सकता है।

···तभी जीने पर गुलाटी के थके कदमों की खोखली आहट सुनाई पड़ती है और उसे घबराहट सी होती है। वह धीरे से निर्मला को अपने पास बुला लेता है। उसे लिटाकर छाती पर हाथ रख लेता है।

कई क्षणों तक वह उसकी साँस से उठती-बैठती छाती को महसूस करता है···और चाहता है कि निर्मला के शरीर का अंग-अंग और मन की हर धड़कन उसे पहचान की साक्षी दे···गहरी आत्मीयता और निर्बंध एकता का अहसास दे···

अँधेरे ही में वह उसके नाखूनों को टटोलता है, उसकी पलकों को छूता है, उसकी गरदन में मुँह छिपाकर खो जाना चाहता है, धुले हुए बालों की चिर-परिचित गंध उसके रंध्र-रंध्र में रिसने लगती है और उसके हाथ पहचान के लिए पोर-पोर पर थरथराते हुए सरकते हैं। निर्मला की साँस भारी हो जाती है।

वह उसकी माँसल बाँहों को महसूस करता है और गोल गुदारे कंधों पर हाथ से थपथपाता रहता है। निर्मला के शरीर का अंग-अंग अनूठे अनुराग से खींचता-सा आता है। उसका रोम-रोम उसे पहचान रहा था, जोड़-जोड़ कसाव से पूरित था, तन के भीतर गरम रक्त के ज्वार उठ रहे थे और हर साँस पास खींचती जा रही थी। अंग-प्रत्यंग में, पोर-पोर में गहरी पहचान थी···

तभी बिशन कपूर की खिड़की में उजाला होता है और धुआँ सलाखों से लिपट-लिपटकर गली के अँधेरे में डूबने लगता है।

और उसका तनहा मन तनहाइयों को छोड़कर उन परिचित गंध, परिचित सांसों और पहचाने स्पर्शों में डूबता जाता है। उसे और भी कुछ भी नहीं चाहिए··· परिचय की एक माँग है और उस अँधेरे में वह साँसों से गंध से, तन के टुकड़े-टुकड़े से पहचान चाहता है, पुरानी प्रतीति चाहता है।

चारों तरफ सन्नाटा छा जाता है।

और उस खामोशी में वह आश्वस्त होता है···वह दोनों बाहों में बढ़ती है और उसे भर लेता है। ज्वार और उठता है। तन की गरमाहट और बढ़ती है और रंध्र-रंध्र में एकता का सागर लहराने लगता है।

धीरे-धीरे निर्मला की तेज साँसें धीमी पड़ती हैं और चुंबकीय कशिश ढीली पड़ जाती है। खिंचाव टूटने लगता है और अंगों के ज्वार उतरने लगते हैं···

चंदर कसकर उसकी बाँहों को जकड़े रहता है···उतरता हुआ ज्वार उसे फिर अकेला छोड़े जा रहा है···अनजान तटों पर छोड़ी हुई सीपी की तरह।

निर्मला अपनी दबी हुई बाँह निकाल लेती है और गहरी साँस लेकर ढीली सी लेट जाती है।

धीरे-धीरे सबकुछ सो जाता है और रात बहुत नीचे उतर आती है। कहीं कोई आवाज नहीं, कोई आहट नहीं।

धीरे से निर्मला करवट बदलती है और दूसरी ओर मुँह करके गहरी नींद में डूब जाती है।

करवट बदलकर लेटी हुई निर्मला को वह अलसाया सा देखता रहता है··· और चंदर फिर अपने को बेहद अकेला महसूस करता है···वह निर्मला के कंधे पर हाथ रखता है, चाहता है कि उसकी करवट बदल दे, पर उसकी अंगलियाँ बेजान होकर रह जाती हैं। कुछ क्षण वह अँधेरे में ही निर्मला को उधर मुँह किए लेटा हुआ देखता है और हताश-सा खुद भी लेट जाता है। पता नहीं कब उसकी पलकें झपक जाती हैं···

और फिर बहुत देर बाद थाने का घड़ियाल दो के घंटे बजाता है और उसकी नींद उचट जाती है। नींद के खुमार में ही वह चौंक पड़ता है। कमरे की खामोशी और सूनेपन से उसे डर-सा लगता है। अँधेरे में ही वह निर्मला को टटोलता है, तकिए पर बिखरे उसके बालों पर उसका हाथ पड़ता है और वह उन बालों की चिकनाई को महसूस करता है···सिर झुकाकर वह उन्हें सूँघता है···

फिर निर्मला पर हाथ रखता है—उसके गोल कंधों को छूता है···वह स्पर्श भी पहचाना हुआ है···धीरे-धीरे वह उसके पूरे शरीर को पहचानने के लिए टटोलता है और उसकी साँसों की हलकी आवाज को सुनने और पहचानने की कोशिश करता है।

निर्मला अब भी करवट लिये पड़ी थी। वह धीरे से नींद में कुनमुनाती है। चंदर का दिल धक् से रह जाता है। कहीं निर्मला जाग न जाए, अनजाने ही इस स्पर्श से अजनबियों की तरह चौंक न जाए।

निर्मला सोते-सोते एक बार रुक-रुककर साँस लेती है, जेसे उसे डर-सा लग रहा हो···या कोई भयंकर सपना देख रही हो···चंदर सुन्न सा रह जाता है··· क्या वह उसके स्पर्श को नहीं पहचानती?

और फिर निर्मला को झकझोरकर वह उठाता है, "निर्मला···निर्मला···" वह बदहवासी में कहता है।

निर्मला चौंककर उठती है और आँखें मलते हुए प्रकृतिस्थ होने की कोशिश करती है।

और बिजली जलाकर वह निर्मला को दोनों कंधों से पकड़कर अपना मुँह उसके सामने करके डरी हुई आवाज में पूछता है, "मुझे पहचानती हो? मुझे पहचानती हो निर्मला?"

निर्मला आँखें फाड़े देखती रह जाती है, धीरे से आश्चर्य भरे स्वर में कहती है, "क्या हुआ?"

और वह निर्मला को ताकता रह जाता है। उसकी आँखें उसके चेहरे पर कुछ खोजती रह जाती हैं।

□

इतने अच्छे दिन...

सचमुच इतने अच्छे दिन तो कभी नहीं आए थे।

पास में अगर हड्डी गोदाम न होता, तो बहुत मुश्किल होती। सभी कुछ तो अच्छा था। तीन-चार गाँव पास लगे हुए। सबके बीच में सूखे चरागाह। इतने सारे रिश्तेदारों के घर। तीन कोस पर बहती नदी। ऊँचे-नीचे टीलोंवाला बियाबान। पास से जाती बस्ती की सड़क। खास सड़क पर रात में ट्रकों के रुकने का अड्डा। उसे अड्डे से मील भर बाएँ हड्डी गोदाम। उससे भी तीन मील भीतर रेलगाड़ी का स्टेशन।

चारों गाँवों में अगर इतने रिश्तेदार, ढोर-डंगर और जानवर न होते तो भी काम नहीं चलता। और बीस मील दूर शहर में चीनी मिलें न होतीं तो भी दिक्कत होती। सड़क ऊँचे-नीचे टीलेवाले बियाबान से न गुजरती, तब भी ठीक नहीं था।

घर में छोटी बहन कमली न होती, तो कैसे काम चलता! उस बियाबान से ट्रक न गुजरते होते, तो भी दिक्कत होती। और बंतासिंह ट्रक ड्राइवर अगर रात में कमली को उठा ले जाता तो उसकी जिंदगी ही बदबाद हो जाती।

सबकुछ अच्छा ही हुआ था।

□

सबसे अच्छी बात तो यह हुई कि इलाके में लगातार तीसरे साल भी अकाल पड़ गया। अकाल न पड़े तो घर-गाँव का आदमी बाहर निकलता ही नहीं। जिनके अपने खेत हैं, वे तो बाहर हो आते हैं। जिनके खेत नहीं हैं उनका तो कही कुछ भी नहीं है। खेतवालों के खेत पर मजूरी करना और वही गाँव में पड़े-पड़े मर जाना। कहाँ कुछ और होता है!

कमली के लिए तो और भी अच्छा हुआ। वह कब कहाँ निकल पाती?

बाला के लिए तो फिर भी ऐसा है कि एकाध गाँव घूम आए, नदी तक हो आए। दर्जा पाँच तक पढ़ने चला जाए।

नदी तक बिना कहे-सुने बाला हो आए तो ठीक था। कह दिया तो मुश्किल होती थी। दादी उसे हांकने लगती थी—"नदी पर मत जाया कर। जाए भी तो नहाना कभी मत।" दादी बोलती थीं तो पैर की उँगली में पड़े काँसे के छल्ले को घुमाती रहती थी। शायद वह उसके गड़ता था। दादा भी यही बोलता था।

वे दोनों मानते ही नहीं थे कि वह नदी तक जाएगा और नहाएगा नहीं। और बाला को नदी में उतरते हमेशा डर लगता था। ऊपर से दादी झूठ बोलती थी—"कहा न, पानी का रंग नहीं होता।"

बाला हमेशा कहता था—"दादी मेरी बात सुन। मैं देखकर आया हूँ। पानी का रंग लाल है—खून की तरह लाल!"

दादा ठठाकर हँस पड़ते थे—कैसी बातें करता है रे···पानी का कोई रंग नहीं होता। तू नदी पर मत जाया कर। जाए भी तो नहाना कभी मत।

दादा-दादी की ये बातें असल में अब बाला को याद आती हैं। हँसी भी आती है। उनके पास और बातें ही नहीं थीं। अपन के पास तो बहुत कुछ है। बहुत कुछ क्या, सभी कुछ है।

सर्दी साली कुछ ज्यादा ही थी। जिधर से कथरी उठ जाती, उधर से हवा अर्जुन के तीर की तरह लगती। कमली खिलखिला रही थी। उसे लगा—चलो, सब ठीक है। कमली खुद तो नहीं पीती, पर ड्राइवरों की शीशी में से दो-चार घूँट बचा के रख देती है उसके लिए—और क्या चाहिए?

साला क्लीनर ज्यादा ही खुदर-बुदर मचाए हुए था। न सोता था, न सोने देता था। बार-बार बीड़ी सुलगाता है। खाँसता है। कथरी खींचता है। अबे, इतना जाड़ा लग रहा है तो मोबिलऑयल डाल के अलाव जला ले! नींद तोड़ दी साले ने! कैसी मजे की नींद आती है यहाँ इस सराय में! कमली यहाँ है तो बस ट्रकवाले बस्तियाँ पार करते सीधे यहीं आते हैं।

ट्रक-सराय के मालिक ने भी पूरा इंतजाम कर रखा है। बड़ा-सा हाता घेरकर ट्रकों की सराय बना ली है। बाहर भी दस-बारह ट्रकों की जगह है। दिन में खाने की मेजें और बेंचें पड़ जाती हैं। रात को खटिया और खटियों पर पटियाँ।

थके-माँदे ड्राइवर और क्लीनर दिन में भी आराम कर लेते हैं। पूरी रात गुजारने के लिए तो पूरा इंतजाम है ही।

हर तरह का खाना। मुरगा-शुरगा खाना हो तो सामने दड़बे में से पसंद करो। अपने सामने बनवाओ, पकवाओ और खाओ। बीड़ी-सिगरेट की कमी नहीं। ग्रामोफोन भी बजता ही है।

दाँत खोदते-खोदते तसवीरें देखना चाहो तो पचासों लगी हैं। भगवान की तसवीरें अच्छी लगें तो उन्हें देखो। गुरुवाणी सुननी हो तो रिकॉर्ड सुनो। औरतों की तसवीर देखनी हों तो वे भी लगी हैं। लुंगी-कच्छा धोना हो तो पटिया बिछी है, टयूबवेल लगा है। सुखाने के लिए तार बँधा है। दिशा-मैदान के लिए सूखे खेत पड़े हैं।

अबे, तू क्यों उठकर बैठ गया? सवेरा होने में बहुत देर है। जाड़ा लगता है? अपन को बता! हेऽऽऽ साला बीड़ी सुलगा के खींचे जा रहा है। बीड़ी के जलते फूल में आँखें कैसी चमकती हैं कुत्तों की तरह लखन क्लीनर की।

कुत्ता भी साला बड़ा भला जानवर है।

—अकाल पड़ा तो भी नहीं भागे। वहीं गाँव के बियाबान में लाशों को चीथते-चीथते मर गए। गिद्ध साला बहुत तेज होता है। चार-पाँच कुत्ते न लगें तो एक गिद्ध को लाश पर से हटाना मुश्किल होता है।

—तू यहाँ आया कैसे? लखन ने पूछा।

—तू बीड़ी पी ले, अच्छी तरह खाँस ले। बताता हूँ। बाला बोला था।

—हाँ, बता।

—तो सुन! तुझे नींद क्यों नहीं आ रही? अच्छा-अच्छा, सुन! ये कमली मेरी बहन है न···एक शाम···।

—सच्ची? और लखन कमली की बात पर ही अटक गया।

—अबे और क्या?

—कमली लड़की अच्छी है। समझदार है। ड्राइवर कहीं और रुकता है तो भी उसी की बात करता है। एक रात ट्रक बिगड़ा तो पैदल लौटने को हुआ। तब हमी ने ड्राइवर को समझाया—अब दस किलोमीटर है। कोई उधर जाता ट्रक ले लो, सवेरे लौट आना। मैं तो हूँ। फिर लदे हुए सामान की जिम्मेदारी भी थी। सो वह नहीं गया।

—अच्छा! तो सुन, ये साला बोरा बहुत महक रहा है। पहले इसे हटा दें।

—क्या है इसमें? लखन क्लीनर ने पूछा था।

—है? साली हड्डियाँ हैं!

लखन क्लीनर समझा नहीं। बीड़ी पीकर खाँसने लगा। सर्दी में उठने की हिम्मत नहीं पड़ी तो बोरे से आती बदबू को उसने सह लिया। क्लीनर बीड़ी पीता है तो बदबू दब जाती है। बीड़ी फेंककर क्लीनर ऊँघने लगा। अपन को क्या जरूरत पड़ी है किस्सा सुनाने की? सो साले···!

□

सुबह उठते ही बबूल की टहनी तोड़कर बाला ने दातून की। लखन अब आराम से सो रहा था। उसे जल्दी नहीं थी। तभी एक ड्राइवर रजाई में भालू की तरह हिला। उसने उठकर तहमद बाँधा और दोनों बाँहें छाती से चिपकाए दिशा-मैदान के लिए चला गया।

लखन का ड्राइवर बंतासिंह पहले ही उठ गया था। वह मैदान से लौट रहा था। छप्पर में पड़ी कमली गठरी बनी सो रही थी। उसकी खाट के पाए पर बंतासिंह की पगड़ी अजगर की तरह लिपटी रखी थी।

जल्दी उसे भी थी। उसने बोरा उठाया और सिर पर लादकर हड्डी गोदाम की ओर चल दिया। साला बोरा बहुत महकता है। पर दाम तो अच्छे देता है—कमली भी चार-पाँच रुपए बना लेती है। एक-सवा रुपया बोरे भर हड्डियों का मिल जाता है। छह रुपए रोजाना कौन कमाता है साला!

यह तो अच्छा हुआ कि चीनी मिलें खुल गईं और यह हड्डी गोदाम भी! चीनी चमकाने के लिए शोरे की जरूरत पड़ती है। पता नहीं, इन सूखी हड्डियों में से शोरा कहाँ से निकलता है? निकलता होगा···

गोदाम के तक पर बोरा फँसाकर उसने मोटी सी गाली देकर चंदू को पुकारा···तौलकर···ये साली सर्दी···.

चंदू कहीं दिखाई नहीं पड़ा। फिर गोदाम में भरी टनों हड्डियों के बीच से आता वह दिखाई पड़ा जैसे पिंजर उठकर चला आ रहा हो। आते ही उसने खीसें निपोर दी।

—आज सबेरे-सबेरे आ गया, बाला?

—शाम देर हो गई थी।

—कमली ठीक है?

वह उसका मतलब समझ गया। चंदू के दिल में एक फाँस है। नहीं तो पूछने की क्या जरूरत थी? तक के दूसरे पल्ले पर बाट पटकते हुए चंदू ने फिर कहा—ये दिन पहले आ जाते तो काहे हम तीन से दो रह जाते!

चंदू का कहना तो ठीक था। पर तब यह सब व्यापार शुरू कहाँ हुआ था? इसीलिए तो उसने समझा दिया था—देख चंदू, तू कमली की लगन मन से निकाल दे···खाने को दो के लिए नहीं है तो तीन के लिए कहाँ से आएगा?

अगर ये अकाल पहले ही पड़ गया होता और हड्डियों का धंधा शुरू हो गया होता तो कौन सी दिक्कत थी!

वह यही सब सोच रहा था कि चंदू ने तौल करके बोरा नीचे पटक दिया। चंदू के मन में बाला के लिए खयाल था। धीरे से बोला, इंगरेजी जमाने की एक कबरगाह तीन मील उत्तर में है। कबरों के पत्थर तो सब खोद ले गए, हड्डियाँ दबी पड़ी हैं, उन्हें खोद ला!

—उनमें से शोरा निकलेगा? बाला ने पूछा था।

—सब चीज में मिलावट होती है, हड्डियों में भी मिला देंगे। आँख दबाकर चंदू ने कहा था।

साला! बाला के मुँह से मन-ही-मन गाली निकली थी। देना चाहे तो एक के पाँच रुपए भी दे सकता है। वह नहीं करेगा, पर यह सब बताकर अपनापन जताएगा। पैसे लेकर वह चला आया था।

लेकिन चंदू ने कबरगाह की ठीक और सही खबर दी थी। हड्डियाँ ताजी तो नहीं थीं, पर जैसे कोयले की खान हाथ आ गई थी। जहाँ खोदो वहीं हड्डियाँ निकलती थीं। उसे लगा था, ऐसी दो-चार खानें और हाथ आ जाएँ तो जिंदगी ही बदल जाए। आदमी अच्छा है चंदू!

पर पुरानी हड्डियों से ज्यादा चला नहीं।

□

असल में जब तीसरे साल भी अकाल पड़ा, तब बाला को होश आया था। अपने रिश्तेदारों की हड्डियाँ कितनी कीमती हैं! अपने रिश्तेदारों के ढोर-डंगरों की हड्डियाँ कितनी कीमती हैं! हड्डियों के लिए तब महाभारत मचा था। लोग

पहरा लगाने लगे थे—ये हमारे रिश्तेदारों की हड्डियाँ हैं···ये उनके ढोर-डंगरों की हड्डियाँ हैं। इन पर हमारा हक है!

तब बाला ने जमकर लड़ाई लड़ी थी। गाँव-गाँव में और आस-पास रहते रिश्तेदारों की हड्डियों के लिए वह लड़ता था। ढोर-डंगरों के पिंजरों के लिए उसने लड़ाई की थी···

तभी दादा और दादी मरे थे। आठ दिनों की दूरी पर। और सत्ताईसवें दिन बापू मरा था। अम्मा तो आठ साल पहले ही मर गई थी। बापू ने बहुत कहा था, पर बाला नहीं माना था कि दादा की लाश को जलाया जाए।

—जलाने से क्या मिलेगा? बाला बापू पर चीखा था।

और बापू चीखा था—अरे कमीने! तू हड्डियाँ भी बेच खाएगा? ऐसी औलाद से तो निपूता ही मरता!

बापू ने जो कुछ कहा हो, पर ये दिन कैसे आते अगर बापू की बात मान लेता! खाने को क्या था? जीने को क्या था? सब तरफ तो धरती झुलसी पड़ी थी।

तभी तो उसने तय किया था कि झुलसी-तपसी धरती के नीचे अगर लाश दबा दी जाएगी तो हड्डियाँ जल्दी साफ हो जाएँगी। गिद्ध और कुत्ते साफ करने में देर लगाएँगे। इधर-उधर खींच के भी ले जाएँगे। पर रात में कोई हड्डियाँ खोद न ले जाए, इसी के लिए तो उसने कमली को पहरे पर लगाया था, और वहीं से, सड़क किनारे से बंतासिंह उसे उठा ले गया था।

यह भी अच्छा ही हुआ था। अच्छे दिन आते हैं तो एक साथ आते हैं। जब बाला को पता चला था कि कमली ट्रकों की सराय में है तो वह गया था। बापू उस वक्त जिंदा तो था, पर इतना जिंदा नहीं कि सराय तक आ पाता। वह भूख से धीरे-धीरे मर रहा था। पर फिर भी जीने का कोई और रास्ता खोजने के लिए तैयार नहीं था। असल में यह बहुत भीतरी इलाका था जहाँ तक सरकारी मदद भी नहीं पहुँच पाई थी। जैसे खेत में सरकारी पानी जाता है न, जिस तक पहुँचा, पहुँच गया। उसके बाद···

होना वही था। बापू को भी मरना था।

पहले दादा मरा, उसके बाद दादी, उसके बाद बापू! रिश्तेदार और उनके ढोर-डंगर मर ही रहे थे।

पर तब तक बापू नहीं मरा था। शायद उसके मरने से एक दिन पहले की बात है। बाला जानवरों की हड्डियाँ बटोर रहा था। गिद्धों और कुत्तों के बीच। साले घसीट-घसीटकर बहुत दूर ले जाते हैं।

तब कमली उसे खोजती आई थी। वह बाला को गिद्धों और कुत्तों के जमघट के बीच खोज ही नहीं पाई थी। उनके बीच वह घुटने मोड़े गिद्ध की तरह ही बैठा था साफ हो गई हड्डियों को बीनता हुआ।

जब दादी की लाश तपती जमीन के नीचे दबाने गया था तो कमली ने कहा भी था—दादी के पैर की उँगली में पड़ा चांदी का छल्ला निकाल ले!

—चाँदी नहीं, काँसा है! उसने परखकर जवाब दे दिया था। कमली इतना जानती भी नहीं थी। काँसा ही होगा।

भला हो चीनी मिलों और बंतासिंह का। ये दोनों न होते तो ये दिन कैसे आते? हड्डियों की खदानें वह क्यों खोदता? कमली ट्रकों की सराय में इतने आराम से क्यों रहती?

वह साला चंदू तो पागल है जो अब भी कहीं कमली की लगन लगाए बैठा है। जो कुछ कमली औरों से पाती है, वह चंदू से तो मिलने से रहा! होगा वही, जो अब होता है, पर ऊपर से चंदू को खिलाना और पड़ेगा।

यही सब सोचता-सोचता वह हड्डियों की खदानों की ओर चला गया था। सात-आठ दिन तो इतना काम रहा कि फुर्सत ही नहीं मिली। बोरा भर-भरकर पहुँचाता रहा। चंदू तौलता रहा और कमली की बात करता रहा, पर साले ने न तौल में साथ दिया, न पैसे में। है साला कमीना!

□

हड्डियों की खदानों से वह आठ दिन बाद लौटा था, रात को। कमली काम से थी। वह कथरी ओढ़कर लेट गया था। सिरहाने रखा हड्डियों का बोरा बहुत बुरी तरह महक रहा था। कमली कुलबुला रही थी। उसने पास जाकर पूछा था—कौन है?

—बस्ती का लाला है! कमली ने कहा था।

—इस साले से दस लेना। कहते हुए बाला अपनी खाट पर आ गया था। कुछ ही देर बाद सबकुछ शांत हो गया था। यह अच्छा था। बस्ती का लाला जब भी आता था तो शुरू में शोर ज्यादा मचाता था पर आधा घंटे बाद ही सो जाता

था। ड्राइवर तो रातभर हंगामा करते थे। कमली भी बुरी तरह थक जाती थी और दूसरे दिन सोती रहती थी।

कमली तो सो गई, पर उसे नींद नहीं आ रही थी उस बोरे के कारण। मन बहुत उचटा हुआ था। रह-रहकर दादी की याद आ रही थी।

आज सर्दी भी बहुत थी और वह गाँव के पासवाले ऊँचे-ऊँचे बियाबान टीले से दादी की हड्डियाँ खोदकर लाया था।

कमली ने तो रात काट ली थी, पर वह अपनी रात नहीं काट पा रहा था··· सड़क से ट्रक आ-जा रहे थे। कुछेक सराय पर रुक भी रहे थे।

कड़कड़ाती सर्दी और अर्जुन के तीर की तरह चलती हवा। नीम भी बड़बड़ा रहा था। अँधेरा इतना गहरा कि उठने की हिम्मत ही नहीं पड़ रही थी! मन तो हुआ कि कमली को जाकर जगाए और कहे, कमली! दादी की हड्डियाँ इसी बोरे में हैं। बहुत महक रही हैं। इस महक के कारण सो नहीं पा रहा हूँ।

पर कमथी थककर सोई थी। बस्तीवाला लाला भी पड़ा था।

उसने आँखें बंद कर साने की कोशिश की। एक पल के लिए नींद आई थी कि तभी कोई ड्राइवर चीखा था—अबे ओए, दीना चल।

दीना सोता-ऊँघता जाकर ठंडी गद्दी पर अधलेटा हो गया था और वह ट्रक गुर्राकर चालू हुआ था। फिर हाथी की तरह झूमता सड़क पर जाकर कोहरे में खो गया था।

कथरी ओढ़कर वह खाट पर बैठ गया था और सड़क पर भरे कोहरे को देखता रहा था। चारों तरफ सन्नाटा था। मुरगे तक दरबे में चुप थे। कासनी फूलों की बेल पेट्रोल पंप की गुमटी के सहारे काँप रही थी। सनसनाती हवा। मुँह से निकलती भाप। ठिठुरे हुए पेड़। सामने फैले मैदान में रोंगटों की तरह खड़ी हुई घास।

बाला ने फिर लेटने की कोशिश की। लेट भी गया, पर नींद नहीं आई। दादी! नाराज मत होना···ये दिन तू भी देख लेती तो शायद कुछ आराम से मरती। अब कमली भी बच गई है और अपन भी। व्यापार भी चल निकला है। यह अकाल न पड़ता और इतने ढोर-डंगर, नाते-रिश्तेदार न मरते तो अपन का भी वही हाल होता। भला हो हड्डी गोदाम का! चंदू वहीं लग गया है। कमली भी समझदार हो गई है, दादी! अपन से उसने बात की थी। कहने लगी—चंदू से कह

दे क्या फायदा? घर बसाऊँगी तो लौट के वहीं गाँव के बाहर झोंपड़ी डालनी होगी। कुआँ सूखेगा तो फिर इधर ही भागना पड़ेगा। तब एक-एक लोटे पानी के लिए ब्राह्मण-ठाकुर छोड़ देंगे क्या? अकाल तो हम लोगों के लिए पड़ता है, बाकी सबके पास तो बरसों के लिए दाना है, पानी है···यहाँ कोई यह तो नहीं पूछता—कौन जात है? अपनी जरूरत से लोग आते हैं, कल नहीं आएँगे तो इसी सराय के बरतन-भांड़े माँज-धोकर चलता रहेगा। ऐसे दिन बार-बार हाथ नहीं आते···चंदू से कह दे क्या फायदा··· ?

कमली बहुत समझदार हो गई है, दादी! तू सुन रही है न! अर्जुन का तीर फिर लगा तो उसने कसकर कथरी लपेटी। पता नहीं, कब उठ के फिर बैठ गया था। कोहरे की गुफा से एक ट्रक निकलकर फिर कोहरे की गुफा में घुस गया। कुछ देर तक आवाज बजती रही।

बाला उठा। कमली को जगा ले। पर···

तभी उसके लिहाफ में हलचल और कुनमुनाहट हुई। लाला लिहाफ से निकल सुड़सुड़ाता हुआ खड़ा हो गया। कमली बोली—लेटा रह, बहुत जाड़ा है।

लेकिन लाला को तो अँधेरे-अँधेरे निकल जाना होता है। रात कहीं भी निकले पर उसका दिन बस्ती में ही निकलता है। टोपा चढ़ाकर, चादर लपेटकर लाला पगडंडी पकड़कर बस्ती की ओर चला गया।

बाला वैसा ही बैठा रहा। बोरे की तरफ देखता हुआ। कमली की भरक टूट गई थी। शायद उसने लिहाफ के भीतर से देखा होगा। वह पास आकर खड़ी हो गई थी—अरे बाला! तू अभी तक जाग रहा है?

—नींद नहीं आ रही!

—थोड़ी सी उधर पड़ी है अद्धे में, पी ले। भरक मिल जाएगी···सो जा···सो जा···कहते हुए कमली अपनी खाट की तरफ जाने लगी थी।

—सुन! बाला ने कहा था।

—बोल!

—दादी सोने नहीं दे रही है!

—दादी! कमली ने ताज्जुब से कहा था।

—हाँ···उसकी काया इसमें बैठी है···बोरे में! बाला ने कहा था।

—हरे, हट! कमली ने झिड़क दिया था।

—कमली! वो अच्छा हुआ कि कोई और खोदकर नहीं ले गया। अपन ही पहुँचे खदान पर···पूरा पिंजर निकाला!

—ऐसे कह रहा है जैसे पहचान लिया हो! कहते हुए कमली उसी की खाट पर आधी कथरी ओढ़कर बैठ गई।

—दादी के पैर की उँगली में वो काँसे का छल्ला अब भी पड़ा है···बाला ने कहा तो कमली आगे नहीं बोली। बोरे की तरफ देखती रही।

पेट्रोल के दोनों पंप सफेद रजाई ओढ़े कानों में उँगली डाले खड़े थे। छप्पर के बाँसों में लटके टायर पुतली निकली आँख के कोटर की तरह देख रहे थे। सड़क किनारे खड़े नीम के पेड़ों की गरदनें कोहरे की तलवार ने काट दी थीं। ट्यूबवेल के ठंडे पाइप की बाँह कच्ची गुमटी की कमर में लिपटी हुई थी। और वे दोनों वहीं खाट पर चुपचाप बैठे थे। जाड़ा बरस रहा था। अब दोनों को नींद थी। वक्त का कुछ अंदाजा नहीं था।

घुटनों पर बाँहें मोड़े, ठोड़ी टिकाए कमली बैठी थी। पाटी का सहारा लिये बाला अधलेटा था। तभी सामने, दूर कोहरे के टुकडों के पीछे काले आकाश में कुछ हलचल सी हुई थी। काले बादल की लोहे की किनारी थोड़ी सी चमकी थी···जैसे उसके पीछे आग की भट्ठी की एक दहकती लपट उठी हो। पर फिर लोहा ठंडा पड़ गया था। एक पल बाद काले लोहे की कई किनारियों पर लपट के आसार दिखाई दिए थे···फिर वे बुझ गए थे। पर भट्ठी शायद बराबर धधक रही थी। गढ़िया लुहारों का कोई पड़ाव आसमान के पीछे है क्या? धौंकनी चल रही थी और आग बढ़ रही थी। धीरे-धीरे लोहे की किनारियाँ पीली पड़ गई थीं··· जगह-जगह बादलों के होंठ नीले हो गए थे। कोहरे के चकत्ते आग ने सोख लिये थे। आसमान में जगह-जगह चीरा लग गया था। तब घास के खड़े रोंगटे सुरमई से सुनहरे हुए थे और गर्दन कटे पेड़ों के सिर नजर आने लगे थे।

बाला कसमसाकर सीधा बैठ गया था।

कमली ने पूछा था—ये हड्डियाँ गोदाम ले जायेगा?

—हाँ! बाला बोला था।

—सुन, बाला!···इन्हें नदी में सिरा दे।

बाला अचकचाकर रह गया। यही कुछ तो, कुछ इसी तरह की बात तो

वह भी सोच रहा था, पर यह नहीं सोच पाया था कि दादी की काया को नदी में सिरा आए।

—ठीक है न! कमली ने कहा—बुरे दिन होते तो दूसरी बात थी। गोदाम में ही दे आता···

—हाँ! वह बोला—तड़के-तड़के निकल जाता हूँ···नदी दूर है। दिन चढ़े तक लौट आऊँगा।

और वह बोरा उठाकर सड़क पार करके मैदान में उतर गया था, उस पगडंडी पर जो नदी की ओर जाती थी। कमली उसे तब तक देखती रही थी, जब तक वह पेड़ों के झुरमुट के पीछे अलोप नहीं हो गया था।

□

कमली जाकर अपनी रजाई में गठरी बनकर लेट गई थी। आदमी साथ होता है तो टाँगें पसारकर सोने में भी उतनी सर्दी नहीं लगती। भरक मिलती रहती है। पर नींद बुरी तरह घिर रही थी। लेटते ही उसे नींद आ गई। बहुत गहरी नींद।

यह पता ही नहीं चला कि बादलों के बीच से निकलकर सूरज कब ठंडा पड़ गया और दिन पूरी तरह कब निकल आया। शोर कब होने लगा। चारों तरफ जिंदगी अपनी रफ्तार पर आ गई थी। दरबे में मुरगे कुड़कुड़ाने लगे थे। कुत्ते पेट्रोल पंप और सड़क तक दौड़ रहे थे। ट्रक-सराय की लंबी मेजें धुल गई थीं। सब्जियाँ कट रही थीं। अँगीठियाँ जल गई थीं। रात को रुके हुए ट्रकवाले चाय पी-पीकर सफर पर निकल गए थे। ट्यूबवेल धक-धक कर रहा था। वल्कनाइजर के छप्पर में मशीन पर रबर का टाँका लगानेवाले लड़के आ गए थे। सराय के मालिक ने जपुजी का रिकॉर्ड लगा दिया था। अगरबत्तियों की महक फैली हुई थी।

कमली नींद की मारी थी।

बाला लौटा, तब भी वह सो रही थी। आते ही उसने जगाया। आँखें मलते-मलते कमली ने पूछा—सिरा आया?

—हाँ! उसके दाँत अब भी कटकटा रहे थे। अर्जुन के तीर तो चल ही रहे थे।

—अच्छा हुआ! कमली बोली।

—तुझे याद है, दादी से अपन ने हमेशा कहा—दादी, मेरी बात सुन! मैं

देख आया हूँ, पानी का रंग लाल है। खून की तरह लाल! दादी मानती नहीं थी, जिद करती थी—पानी का रंग नहीं होता। सो आज उसकी काया सिराते हुए अपन ने उससे कहा—ले दादी! आज देख ले…

कमली ने उसकी तरफ भर-आँख देखा और चूड़ी सरकाते हुए बाँहों को भरकाने लगी। उसके चेहरे पर रात का बासापन था या शायद ठंडक की सफेदी। वह अपने गालों को रगड़ने लगी तो बाला ने देखा—उसके बाएँ गाल की साँवली चमड़ी पर खून की एक सूखी बूँद चिपकी हुई थी। वह उस पर उँगली फिराने लगी तो बाला ने पूछा—क्या हुआ? उस साले लाला ने फिर काटा इतने जोर से?

—नहीं। कमली ने मामूली तरह से कहा—उसका वो एक दाँत सोने का है न, वही गड़ जाता है…कहते-कहते वह ट्यूबवेल की तरफ मुँह धोने के लिए चली गई।

□

बयान

इससे ज्यादा मैं क्या बता सकती हूँ! एक आदमी-औरत के बीच में जो कुछ होता है, वह होता है। उसके संबंधों की बुनियाद सिर्फ उन्हीं में नहीं होती···

जी, मैं बहक नहीं रही हूँ। सुनना है तो पूरी बात सुनिए। टुकड़े-टुकड़े बातों से मेरा जी बहुत घबराता है। अगर आप सिर्फ मेरी शादी के कुछ पहले की, कुछ बीच की और अंत की बातें ही जानना चाहते हैं, तो मैं मशीन की तरह बताती जाऊँगी, क्योंकि मुझे बतानी पड़ेंगी। खामोश रहकर मैं न आपके कानून से बच सकती हूँ, न लोगों की हिकारत से और न अपनी बच्ची के सवालों से···

सिवा मेरी जिंदगी के कोई और जवाब मेरे पास नहीं है। जो कुछ है, वह मेरी जिंदगी में ही बिखरा हुआ है। वे लमहे, जिन्हें मैं कभी बिखरने नहीं देती, वे भी अब यादों से छिटक गए हैं, या छिटक रहे हैं। अब मुझे छुपाना क्या है? किसके लिए और क्यों?

जी,···हाँ यह सच है! शादी से पहले मैं बिशन को चाहती थी। लेकिन इसका इस मामले से क्या लेना-देना है? झूठ-सच के कुलाबे मत मिलाइए। मैं भगवान का वास्ता देकर कहती हूँ···इसका कोई संबंध इस हादसे से नहीं है। भगवान के लिए मुझे जलील मत कीजिए···।

मुझे नहीं मालूम, बिशन अब कहाँ है। यह तो बाईस साल पहले की बात है, बल्कि उससे भी एकाध बरस पहले की। नहीं, हमने कोई वादा नहीं किया था। नहीं, नहीं, नहीं, वह मेरी शादी के वक्त मौजूद भी नहीं था। उसने कोई धमकी नहीं दी थी। बिशन इस तरह का लड़का नहीं था। वह बहुत समझदार, गंभीर और जहीन था।

जी, गलत मतलब क्यों लगाते हैं? इन शब्दों के इस्तेमाल से आपको लगता है कि मैं आज भी उसे चाहती हूँ। आप जो चाहे कह लीजिए। मैं क्या कह सकती हूँ। लेकिन क्या मुझे यह हक नहीं कि मैं अच्छे को अच्छा और बुरे को बुरा कह सकूँ?

नहीं, मेरा बिशन से बस उतना ही प्यार था, जितना कि बाईस-चौबीस बरस पहले कोई भी लड़की किसी भी लड़के से कर सकती थी। मैं कब इनकार करती हूँ कि वह मुझसे नहीं मिला। लेकिन मेरा एतबार कीजिए···शादी के बाद मुझे यह भी नहीं मालूम कि वह कहाँ गया···सच!

देखिए, फिर गलत बात कही जा रही है। मैं आत्मा की गहराइयों से कहती हूँ कि मेरे पति ने मुझे बेइंतहा प्यार किया। उन्होंने मुझे कभी तंग नहीं किया। मैंने···! इसकी गवाही तो सिर्फ वे दे सकते थे, अगर वे होते।

यह सरासर गलत है···आप लोग गलत और बेकार सवालों से सही नतीजे तक कैसे पहुँचेंगे! इन सब फिजूल की बातों से आप उनकी मौत की वजहें नहीं ढूँढ़ सकते। शादी से पहले का, बादल के टुकड़े की तरह तैरकर गुजरा हुआ इश्क···उस प्रेम की काली परछाइयाँ···पति-पत्नी की कलह, छोटे-मोटे झगड़े, घरवालों से तनाव या पड़ोसियों से मनमुटाव—ये सब बड़ी मामूली बातें हैं। आप अभी तक इन्हीं के सहारे सच्चाइयों तक पहुँचने में लगे हैं। इनसे कुछ भी हासिल नहीं होगा।

उनके साथ मेरी आखिरी रात! अगर कहिए तो कुछ ऐसा बता दूँ ताकि आपका अंधा और बहरा कानून किसी नतीजे तक पहुँच जाए। लेकिन उस आखिरी रात में ऐसा कुछ भी नहीं हुआ था। हमेशा की तरह हमारी वह रात भी बहुत मामूली थी। एक ऐसी रात, जो औरत-आदमी की रात हो सकती है।

मैंने, मैंने कोई ताना नहीं दिया था। वे गुस्से में कतई नहीं थे। हम दोनों ही एक-दूसरे को समझा लेते थे। पिछले कई बरसों से हमारी रातें यूँ ही गुजरती थीं। हमारे पास और था ही क्या? सिवा एक-दूसरे के···सिवा परेशानियों के।

बच्ची! वह हमारे पास एक छोटी खाट पर सोती थी। जी, सिर्फ दो कमरे हैं। एक कमरा बैठक का काम देता है, शाम को वे घूमने गए थे। कभी-कभी देर में भी लौटते थे। पर वे वक्त से लौट आए थे। बच्ची के लिए चार टॉफियाँ भी लाए थे। दो उन्होंने उसे दे दी थीं, दो दूसरे दिन के लिए कागज के नीचे रख दी थीं।

जी, इससे पहले वे एक सरकारी पत्रिका में थे।

हाँ!

जी हाँ, फोटोग्राफर ही थे। उन्होंने अपना धंधा कभी नहीं बदला। उन्हें भरोसा था कि एक दिन वे बहुत बड़े फोटोग्राफर बनेंगे। उनकी जिंदगी का यही मकसद था।

कभी नहीं···उन्होंने कभी मॉडल फोटोग्राफी नहीं की। अगर वे करते तब भी हमारे बीच कोई बात नहीं आती। उनके लिए दुनिया में सबसे सुंदर औरत, पत्नी, लड़की—जो कुछ भी मैं ही थी।

आप मुसकरा लीजिए···आपको मैं बहुत मामूली ही लगूँगी, पर आप मुझे मेरे पति की नजरों से देखने की कोशिश कीजिए···तभी आप मेरी बात को समझ पाएँगे। कैमरा और मैं—बस, उनके लिए यही दो चीजें थीं···या फिर हमारी बच्ची। कभी-कभी मैं उनके सीने पर सिर रख लेती थी, तो उनकी उँगलियाँ मेरी कनपटियों पर उसी तरह थरथराती थीं, जैसे किसी ओझल हो जानेवाले लमहे को पकड़ने के लिए कैमरे पर काँपती थीं। मेरी उँगलियों के पोर वे ऐसे दबाते रहते थे, जैसे शटर दबा रहे हों···हमारे प्यार के सबसे खूबसूरत क्षण यही होते थे।

ठीक कहते हैं आप। निजी बातों से आपका क्या लेना-देना। लेकिन मैं समझ नहीं पाती कि तब फिर आप कारणों को कहाँ से ढूँढ़ेंगे? मेरी जिंदगी की मटमैली रोशनी में ही आपको कारण खोज पाने में सुभीता रहेगा। अगर ये क्षण न होते, तो मेरी जिंदगी में और था ही क्या? बाईस बरसों का एक वीरान सफर! बेकार रह जाना और हर किनारे पर सिर पटकते जाना।

खैर, मैं चुप हो जाती हूँ।

पर आप ही तो कहते हैं कि इन बातों को रहने दीजिए। इनके सिवा मेरे पास और कुछ नहीं है। मुझसे बोलने को कहेंगे तो मैं यूँ ही बोलूँगी। आप चाहें तो टुकड़े-टुकड़े सवाल पूछ लीजिए।

जी हाँ, सरकारी पत्रिका में फोटोग्राफर के रूप में संबद्ध होने से पहले वे सरकार के ही प्रेस इन्फॉरमेशन ब्यूरो में थे। फोटोग्राफर ही थे। मैंने कहा न, उन्होंने अपना धंधा कभी नहीं बदला। शुरू-शुरू में जब वे मुझे जरा सी आँख दबाकर देखते थे तो मुझे बड़ी गुदगुदी होती थी। यह शादी के बाद शुरू के दिनों की बात है। मुझे गुदगुदी इसलिए होती थी कि एक आँख दबाकर देखना···आप

तो जानते हैं, मुझे भी अब हँसी आती है। पर यह उनकी आदत बन गई थी। जी हाँ, बड़ी बचकानी लगती है यह हरकत···पर कैमरे की वजह से वे मजबूर थे। बाद में मुझे उनकी इस आदत से कभी-कभी चिढ़ होती थी। पर फिर कुछ दिनों बाद मैंने जाना—जब भी वे एक आँख दबाकर मुझे देखते थे, तो सिर्फ मुझे ही देख रहे होते थे।

मैं माफी चाहती हूँ, क्या करूँ, लौट-लौटकर उन्हीं क्षणों पर पहुँच जाती हूँ। दुःख तो अब उठाना ही है। जो हो सका, दोनों ने मिलकर उठाया···पर अब तो हम दोनों के वही क्षण शेष हैं, जो भूले-भटके कभी आ जाते थे···हँसी-खुशी के एकाध क्षण।

प्रेस इन्फॉरमेशन ब्यूरो में वे करीब पाँच साल थे।

करीब छह साल सरकारी पत्रिका में।

चार-साढ़े चार साल एक विज्ञापन कंपनी में।

जी हाँ, उन्होंने हारकर नौकरी छोड़ दी थी। या कहिए कि छुड़वा दी गई थी। उन्होंने कोई गैरवाजिब काम नहीं किया था।

हाँ, वह सब जानकारी तो आपके पास होगी। सरकारी नौकरी की रिपोर्ट भी सरकार से आ गई होगी। ठीक है। उनकी दफ्तरी जिंदगी के बारे में मुझे ज्यादा मालूम भी नहीं। सिवा इसके कि शादी के बाद शुरू-शुरू के सालों में वे बहुत उत्साहित रहते थे···

जी, तस्वीरों को लेकर!

तस्वीरें और कैसी? वे सरकारी फोटोग्राफर थे। पंद्रह अगस्त, शानदार दावतें, आनेवाले विदेशी मेहमान, लाल किले में स्वागत समारोह, शाही सवारी, शिलान्यास, उद्घाटन···इन्हीं सबकी तस्वीरें होती थीं।

फिर जिस साल से 26 जनवरी का जश्न शुरू हुआ—तब से जरूर कुछ लड़कियों-वड़कियों की तस्वीरें भी लेने लगे थे। लोक-नृत्यों की, झाँकियों की, नेवी के बैंड की, राष्ट्रपति की सवारी और सलामी की—तरह-तरह की तस्वीरें होती थीं।

एक बात गौर करने की है! जब वे सरकारी पत्रिका में खासतौर से जोड़ दिए गए, तो लहराती खेती, बाँध, बिजलीघर, फैक्टरियों, मिलों, महोत्सवों, नई रेलवे लाइनों, पुलों के उद्घाटनों, स्कूलों वगैरह की तसवीरें उतारते थे। वे बहुत

खुश होते थे।...कहते थे—आजादी का यही सुख है। पर कई बरसों बाद उनका यह उत्साह पता नहीं कहाँ खो गया था। उनके दिल में कुछ घुमड़ता रहता था। एक बार बोले थे—इन तसवीरों से कुछ हासिल नहीं होता। मैं खुद कहीं भीतर से झूठा पड़ता जा रहा हूँ। शायद कुछ दिनों बाद मैं किसी से यह भी नहीं कह पाऊँगा कि तस्वीरें सच्ची होती हैं।

जी हाँ, उस दिन पहली बाद मैंने उनकी आँखें बेहद लाल देखी थीं। लगता था, जैसे उनकी आँखों में खून उतर आया हो। मैंने त्रिफला का पानी बनाना शुरू कर दिया था। पर उनकी आँखों की लाली नहीं गई।

उन्हीं दिनों एक घटना हो गई थी। थार के रेगिस्तान को रोकने के संबंध में किसी मंत्रीजी ने कोई बयान दिया था। शायद यह कहा गया था कि मीलों जंगल रोपकर रेगिस्तान का पूरब की तरफ बढ़ना रोक दिया गया है। ये जंगल की तो तस्वीरें लाए, उनमें जंगल कहीं नहीं था। रेगिस्तान ही रेगिस्तान था। पेड़ लगाए जरूर गए थे, पर वे सब सूख गए थे। गलती से वे तस्वीरें छप गई थीं। विरोधी दल के किसी सदस्य ने उन तस्वीरों का हवाला देकर मुसीबत खड़ी कर दी थी। यह सब शायद लोकसभा में ही हुआ था। मंत्रीजी का बयान इनकी तस्वीरों से मेल नहीं खाता था। आदमी से गलती हो जाती है। इनसे भी हो गई थी। पर इस गलती पर इन्हें बहुत डाँटा-फटकारा गया था। मंत्रीजी ने उन्हें हटा देने का ऑर्डर कर दिया था। उन दिनों ये बहुत परेशान थे। बस, उसके बाद इनका वहाँ रहना मुश्किल हो गया था।

तब मैंने इनकी लाल-लाल आँखों से खून का पहला कतरा गिरते हुए देखा था। रात भर ये छटपटाते रहे थे। सुबह उठे थे तो इनका तकिया खून की बूँदों से रँगा हुआ था।

जी हाँ, खून! मैंने भी पहले कभी नहीं देखा था, न कभी सुना था, पर यह हुआ था।

हमारे घर की हालत खस्ता हो गई थी।

जी हाँ, इसी के बाद नौकरी से ये अलग हो गए थे, एक तरह से मजबूरन इन्हें हटना पड़ा था। तब इन्होंने एक विज्ञापन कंपनी में काम कर लिया था। दो-तीन घंटे के लिए जाते थे। काम क्या, एक बहाना था। बहुत मुश्किल से गृहस्थी चलती थी। तभी बच्ची पैदा हो गई।

बच्ची के आने से हम कुछ दिनों के लिए ताजा हो गए थे।

नहीं, शराब इन्होंने कभी नहीं पी।

विज्ञापन कंपनी में भी नहीं।

मॉडेल-सॉडेल लेकर कभी घर नहीं आए।

जी हाँ, कभी घर से बाहर नहीं रहे। हर रात घर ही गुजारी।

जी नहीं, किस्मत के लिए कभी दोषी नहीं ठहराया।

बहुत अच्छी तरह पेश आते थे।

तस्वीरें! कोई चार-छह हजार होंगी। पर सब सरकारी तस्वीरें हैं।

हाँ, वे बहुत तकलीफ के दिन थे।

दो सौ रुपया मिलता था।

जी बिल्कुल। उन्हीं दिनों मुझे नौकरी करनी पड़ी।

स्कूल में।

मैनेजर, कभी-कभी आते थे।

इन्होंने कभी मना तो नहीं किया।

जी हाँ, कभी-कभी ये पहुँचाने जाते थे।

बच्ची इन्हीं के पास रहती थी। ये ज्यादातर घर पर ही रहते थे।

जी नहीं, विज्ञापन कंपनी की नौकरी खत्म हो जाने के बाद, जी।

फिर इन्होंने अपना काम शुरू कर दिया था। जी नहीं, इधर-उधर अखबारों को तस्वीरें भेजते थे। घर के बाथरूम में डार्करूम बना लिया था। बच्ची की भी बहुत सी तस्वीरें ली थीं। कुछ अखबारों में छपी भी थीं। पर उनसे आमदनी कोई खास नहीं थी। घर का खर्चा मेरी नौकरी से निकलता था।

भगवान के लिए मुझे फिर जलील मत कीजिए। मैं मैनेजर के घर जाती थी, पर इसका मतलब यह तो नहीं कि···मैं यहाँ भी तो हाजिर होती हूँ।

आप कहते हैं तो मैं अपने इस जुमले के लिए माफी माँग लेती हूँ। क्या करूँ! दिल छिदता है तो यही सब मुँह से निकलता है। जी! मुझे, जी, माफ···जी! किया जाए···जी। जुमला···जी। वापस लेती हूँ··· ।

मेरी उम्र उस वक्त···अब अड़तीस है, उस वक्त बत्तीस रही होगी।

मैनेजर साहब, वे साठ के करीब थे। हाँ, कहा था। एक बार। मैंने इन्हें बता भी दिया था कि मैनेजर तुम्हारा सुबह-शाम स्कूल में आना पसंद नहीं करते।

लड़कियों का स्कूल है इसलिए, शायद इन्हें कुछ बुरा लगा हो। हो सकता है।

लेकिन मैं फिर आपसे कहती हूँ—इन वजहों पर मत जाइए। ये वजहें कतई नहीं हैं। किस्से-कहानियों की बातें और होती हैं। यह मेरी जिंदगी की हकीकतें हैं। इस तरह मखौल मत उड़ाइए। मेरे अच्छे दिनों को गंदा मत कीजिए। तकलीफों के लिए सही, पर हम आदी हो गए थे। हमारे लिए ये ही अच्छे दिन थे। मेरा प्रेमी···या मैनेजर···या वह संपादक, जो बाद में इनके साथ मेरे घर आने लगा था—ये सब इस काम-धाम की जिंदगी में सभी से टकराते हैं। कहीं वे वकील, दोस्त और अफसर हो सकते हैं, कहीं डॉक्टर, ठेकेदार और इंजीनियर हो सकते हैं···लोग तो ऐसे ही होते हैं। कोई भी तीन या चार या दस हो सकते हैं। पर इससे आप क्या अर्थ निकालना चाहते हैं? जिंदगी और मौत का निपटारा इन मामूली कारणों से कीजिएगा? खामख्वाह के दाग लगाइएगा!

ओह, मैं माफी चाहती हूँ।

संपादक! वह एक ऐसे ही मामूली अखबार का था। अपने काम-धाम के सिलसिले में ही इनकी जान-पहचान हुई थी।

जी, गरमियों की छुट्टियों की तनख्वाह स्कूल से नहीं मिलती थी। छुट्टियों में हमें नौकरी से हटा दिया जाता था। सेशन शुरू होने पर फिर रख लिया जाता था। छुट्टी के उन दो महीनों में हमारी हालत बहुत खराब हो जाती थी। बच्ची भी सामने थी।

यह कहना सरासर गलत है कि उस संपादक की वजह से मैंने नौकरी छोड़ी। उस संपादक का कोई झगड़ा मैनेजर साहब से नहीं हुआ था। मेरी वजह से बिल्कुल नहीं। मैं क्यों वजह बनती उनके झगड़े की। वह संपादक ही ऐसा था। उसके अखबार से सब घबराते थे। झगड़े का कारण वह अखबार था।

नहीं, नहीं, नहीं···मेरे निर्दोष पति पर इल्जाम मत लगाइए। मैं जानती हूँ, आखिर में यही इल्जाम घूमकर मुझ पर आएगा। मेरी भरी-पूरी जिंदगी की बखिया उधेड़ेगा। मैं खूब जानती हूँ, आप लोग मुझे कहाँ ढकेल रहे हैं। क्या कानून का काम सिर्फ सबूत इकट्ठे करके किसी को जलील कर देना है? मैं अपने पति की मौत की जिम्मेदार कैसे हो सकती हूँ?

आप मुझे काँटों में क्यों घसीट रहे हैं? जी हाँ, उस संपादक से मेरे पति की खासी दोस्ती हो गई थी। ठीक है, आप खासी शब्द को नोट कर लेना चाहते हैं,

जरूर कर लीजिए, पर शब्दों से आप सत्य तक नहीं पहुँचेंगे। सत्य हमेशा कई तरह की बातों पर निर्भर करता है। आदमी के इतिहास, परिस्थितियाँ, माहौल, किसी खास घटना-क्षण के यथार्थ और सबसे ज्यादा उसकी अपनी आंतरिक यातनाओं की टीस पर, पति के दु:खों या उसके सुखों का कारण सिर्फ पत्नी नहीं होती। यह धारणा बिल्कुल गलत है। दोनों एक-दूसरे को बेतरह चाहते हुए भी एक-दूसरे से मुक्त भी होते हैं···जुड़े हुए भी अलग होते हैं। पानी की लहरों की तरह।

जी नहीं, मैं दर्शनशास्त्र नहीं पढ़ाती। कुछ शब्द समझ में नहीं आए। इतिहास, परिस्थितियाँ, यातना, मुक्ति! इनके अर्थ मैं नहीं कर सकती। आप कृपया हिंदी-अंग्रेजी डिक्शनरी में देख लें। हो सकता है लिखे हुए अर्थ मेरे शब्दों की गहराई तक न पहुँचा पाएँ। खैर, क्या किया जा सकता है! जी नहीं, मैं भाषण नहीं दूँगी। सिर्फ घटनाएँ बयान करती जाऊँगी।

खासी दोस्ती! यह दोस्ती, जरूरत पर भी टिकी हुई थी। हाँ, वह संपादक घर पर खाना खाने भी आता था। मेरे पति ही बुलाते थे। मैं उसके साथ कहीं नहीं जाती थी। उसकी नजरों में भी कोई खास गंदगी मुझे नहीं लगती थी। जिससे आप शायद गंदगी कहना चाहेंगे, वह सबकी नजरों में होती है। उसे आप आदमी-औरत के बीच का मामूली खिंचाव कह सकते हैं···और उस खिंचाव को अगर गंदा, ओछा या बुरा न माना जाए, तो वह बड़ी मामूली सी चीज है। अपने को शीशे में देखते रहने की तरह, हर आदमी हर औरत के आईने में अपने को देखता है। जरूरी नहीं कि इसमें उम्र या संबंधों का हाथ हो।

यह खबर आपको गलत दी गई है। छुट्टियाँ खत्म होने के बाद मुझे स्कूल में फिर रख लिया गया था। जी नहीं, मैंने संपादक और मैनेजर के झगड़े की वजह से नौकरी नहीं छोड़ी। यह सरासर गलत है।

जी, उसके अखबार में भंडाफोड़ किस्म की रिपोर्ट छपा करती हैं।

संपादक ने मैनेजर के कारनामों को लेकर कोई रिपोर्ट न तो लिखी थी, न छापी थी। उसने ब्लैकमेल नहीं किया था। आप इसे मेरा सुझाव कैसे कह सकते हैं? संपादक को बचाना या उसकी नीयत को साफ बताना केवल एक सच्चाई है। इसे आप मेरे दिल की कमजोरी कैसे कह सकते हैं? यूँ औरत का दिल हर कमजोरी के प्रति कमजोर होता है।

यह कहना सरासर गलत है कि मेरे पति ने किसी तरह का समझौता कर लिया था। आप उनकी मौत के असली कारणों को इतनी छोटी और बेहूदी बातों से क्यों जोड़ रहे हैं? अगर आप समझ सकें तो मैं कुछ उनके बारे में बयान करूँ...

मैंने आपको बताया था कि उनकी आँखें लाल रहने लगी थीं। गलत तस्वीरें छप जाने के बाद उनके साथ जो कुछ हुआ था, उसे वे बर्दाश्त नहीं कर पाए थे। उनका विश्वास अपने काम पर से उठ गया था। आप सोच सकते हैं कि जब आदमी का यकीन अपने काम पर से उठ जाए तो उसकी क्या हालत होती है। वे तस्वीरें जो उन्हें विश्वास देती थीं, एकाएक उनके विश्वास को तोड़ गई थीं। क्योकि उन्हें सच्चाई से काट दिया गया था। वे वही कह सकते थे, जो दूसरे चाहते थे। इस नतीजे पर पहुँचने के बाद उनकी आँखों से खून के कतरे पहली बार गिरे थे।

आप चाहते हैं तो आँसू कह लीजिए। लेकिन यह ठीक नहीं है। मैं कतई बढ़ा-चढ़ाकर नहीं कह रही। सचमुच वे खून के कतरे थे। जी हाँ, कभी-कभी कुछ बातें ऐसी भी होती हैं, जो न पहले देखी हुई होती हैं, न सुनी हुई। वे बस अजीब होती हैं।

खैर...उन दिनों मैं काम पर जाने लगी थी। वे घर में बच्ची के साथ वक्त गुजारा करते थे। उस दिन इतवार था। उन्होंने बच्ची को पड़ोस में खेलने को भेज दिया था। नहीं, झगड़े की कोई बात नहीं थी, उलटे उस दिन वे बहुत प्यार में भरे हुए थे। बहुत दिनों बाद उन्होंने मेरा हाथ अपने हाथ में लेकर उँगलियों को शटर की तरह दबाया था।

उन्होंने मुझसे ब्रेसरी उतारने को कहा था। मैं थोड़ा सकुचाई थी। दिन का वक्त था। वे कैमरा लिये बैठे थे। फिर उन्होंने मुझे वाइल की झीनी साड़ी पहनने को कहा था। मुझे तरह-तरह से बैठाया और लिटाया था और तस्वीरें ली थीं। उस वक्त उनकी एक आँख पहले की तरह काँप रही थी। मैं समझ गई थी—वे सिर्फ मुझे देख रहे थे। उस वक्त जब वे तन्मय थे...जी, यानी अपने में डूबे हुए थे, तब भी आठ-दस बार उनकी आँखों से खून के कतरे टपके थे। उन्होंने मुझे बुरी तरह थका दिया था। खुद भी बेतरह थक गए थे। उसके बाद वे बिस्तर पर लेट गए थे और छत की तरफ टकटकी लगाकर देखते रहे थे। मैं कपड़े पहनकर

उन्हें चाय देने आई थी तो उनकी आँखों में खून डबडबा रहा था। उस वक्त मुझे डर भी लगा था कि कहीं अगर उन्होंने प्यार से देखने के लिए आँख झपकाई तो डबडबाता हुआ खून बह पड़ेगा। चाय मैंने सिरहाने तिपाई पर रख दी थी। वह वहीं रखे-रखे ठंडी हो गई थी।

खाना खाते वक्त वे कह रहे थे कि कुछ कमाई हो जाए, तो एक टेली-लेंस खरीदना चाहते हैं, ताकि बाजार के लायक काम कर सकें। उसी के लिए उन्हें कुछ रुपए की जरूरत थी। यों घर मेरी तनख्वाह से घिसट भर रहा था। जरूरत तो तब भी पड़ती थी। खाना खाते हुए ये कार्श, स्टीगलिट्ज, स्टाइशन, स्ट्रैंड, वेस्टन, स्मिथ, अवेदोन, पाल, काशीनाथ, पारीख वगैरह के नाम बराबर ले रहे थे।

नहीं-नहीं, गलत मत समझिए, ये मेरे दोस्तों या चाहनेवालों के नाम नहीं हैं। आप लोग हमेशा गलत रिश्ते जोड़ते हैं...हमेशा आदमी के अस्तित्व पर शक करते हैं...अस्तित्व!...जी, वजूद समझ लीजिए। यह आदमी की अपनी जिंदगी के कानून का शब्द है। यह आपको किताबों में नहीं मिलेगा। खैर, शाम को ही उन्होंने फिल्म डेवलप करके प्रिंट बना लिये थे। प्रिंट देखते हुए वे बहुत संजीदा थे। मुझे नहीं मालूम, उन्हें क्या हुआ था। मेरी वे तसवीरें लेकर वे शीशे के सामने खड़े थे। तसवीरें देखते थे और अपना मुँह आईने में देखते जाते थे।

बस, उसी वक्त उनकी आँखों से खून की धार रिसने लगी थी। उस शाम से जो खून टपकना शुरू हुआ, फिर नहीं रुका, जब तक वे जीवित रहे, लगातार खून टपकता रहा।

संपादक ने मेरी दो तसवीरें अगले दिन छापी थीं। बस, यहीं से हंगामा शुरू हुआ था। मेरी वे अधनंगी तसवीरें स्कूल के मैनेजर तक भी पहुँची थीं। उन्होंने फौरन तय किया कि इस तरह की औरत का स्कूल में रहना एक पल के लिए भी मुमकिन नहीं। मुझे उसी वक्त क्लास से बुलाया गया था और खड़े-खड़े हिसाब कर दिया गया था।

अब आप समझ सकते हैं कि स्कूल से निकाले जाने की वजह क्या थी! संपादक और मैनेजर का कोई झगड़ा नहीं था। मुझे लेकर उनमें कोई दुश्मनी नहीं थी। मेरे और संपादक के संबंधों को लेकर भी कुछ सोचना या समझना कतई गैरजरूरी है। उनकी मौत का कारण इन सतही वजहों में मत खोजिए।

जी, खून की धार की वजह मैं क्या बता सकती हूँ? जो बातें मेरे वश में

नहीं हैं, उनके नतीजों को मैं सिर्फ देख सकती हूँ···कर क्या सकती हूँ। अगर बहुत मामूली तरह से सोचिए, तो वजह मैं हो सकती हूँ, वे खुद हो सकते हैं, वे तस्वीरें भी हो सकती हैं और वह आईना भी हो सकता है, जिसमें बार-बार वे अपनी शक्ल देख रहे थे। नतीजों और उनके कारणों तक पहुँचने का यही सबसे आसान तरीका हो सकता है कि सारी जिम्मेदारी इन चार चीजों पर थोप दी जाए—मैं, वे, तस्वीरें और आईना। इसे सही साबित करने के लिए जरूरत पड़े, तो मेरे तथाकथित प्रेमी बिशन, मैनेजर साहब या संपादक को जरूरत के मुताबिक जोड़ लिया जाए। मैं और क्या कह सकती हूँ? मुझे दोषी ठहरा दीजिए।

जी, मैं उस वक्त घर में नहीं थी।

बच्ची, बच्ची उन्हें बहुत प्यार करती थी। जी हाँ, बच्ची ने भी उनकी आँखों से लगातार खून की धार गिरती देखी थी। वह बहुत डर गई थी। उसने मुझसे पूछा था—मम्मी, पापा की आँखों से खून क्यों गिरता है? मैंने उसे प्यार से समझा दिया था—बेटे, तेरे पापा की तबीयत अच्छी नहीं रहती। उन्हें कुछ बीमारी हो गई है।

बच्ची मेरी बात से संतुष्ट नहीं हुई थी। उसने उनसे पूछा था। उन्होंने भी यही कहा था—मेरी तबीयत अच्छी नहीं है। उस दिन से बच्ची का डरना छूट गया था। खून की धार गिरती रहती थी और वह उनकी गोद में, या गले में लिपटकर प्यार करती रहती थी। कभी अपने नन्हे-नन्हे हाथों से बह आए खून को पोंछ देती थी।

मैं, बताया न, मैं एक जगह काम खोजने के सिलसिले में ग्यारह बजे से गई हुई थी, बच्ची पढ़ने स्कूल गई थी। और वे घर पर अकेले थे।

जी हाँ, नौकरी छूटने के दूसरे दिन की बात है। मुझे इस हादसे का कोई एहसास नहीं था। जब मैं गई थी, तब खून जरा ज्यादा ही गिर रहा था। लेकिन यह तो मामूली और रोजाना की बात थी।

जी, उन्होंने छत के कड़े से लटककर फाँसी लगाई थी। रस्सी, रस्सी कहाँ थी? चादर थी।

मुझे कोई खबर नहीं मिली। कोई मुझे कहाँ खबर देता? मैं चार बजे के करीब वापस आई। तब तक सब हो चुका था। पुलिस आ चुकी थी। उनकी लाश को उतारकर पलंग पर लिटा दिया गया था। जी नहीं, जिस चादर से उन्होंने फाँसी लगाई थी, वह वहीं लटकी हुई थी। उन्हें दूसरी चादर ओढ़ा दी

गई थी। पास-पड़ोस के लोग जा चुके थे। सिर्फ एक पड़ोसी परेशान से घूम रहे थे। जब मैं आई, तब पुलिस का एक आदमी पहरे पर बैठा हुआ था। उसे देखकर भी मैं कुछ नहीं समझ पाई थी। मैंने यह सोचा ही नहीं था कि कभी यह भी हो सकता है।

सबसे पहले किसने बताया? मेरी बच्ची ने। जी हाँ, वह स्कूल से दो बजे आ जाती है। वह मुझसे पहले आ गई थी। वह बाहर खड़ी थी। हमेशा की तरह। मुझे देखते ही वह दौड़कर आई थी और मेरी टाँगों से लिपट गई थी। मैंने उसे प्यार किया था। पर वह कुछ बात करने के लिए उतावली थी। वह एकदम चहककर बोली थी—'मम्मी-मम्मी! पापा की तबीयत अच्छी हो गई! वे आराम से लेटे हैं…'

जी, बच्ची ही ने सबसे पहले बताया था। मैं कमरे में पहुँची, तो सब समझ में आ गया था। मैं दीवार से सिर पटक देने के सिवा क्या कर सकती थी!

वे निश्चल लेटे हुए थे। नाखून और ओठ नीले पड़ गए थे। शरीर पीलिया के रोगी की तरह पीला-पीला था। हाँ, आँखें बंद थीं। और बिल्कुल सूखी हुईं। उनमें खून क्या, नमी तक नहीं थी। रेत में पड़ी सीप की तरह…

इसके बाद जो कुछ हुआ…उसकी तफसील आपके पास है ही आत्महत्या से पहले जो बातें थीं, वे मैंने सामने रख दी हैं।

फैसला…कुछ तो होता ही। और वह व्यक्ति के खिलाफ ही हो सकता है। जी, व्यक्ति अकेला आदमी, जैसे अकेली मैं…या आप या आप…

□

देवा की माँ

उसकी माँ दरियाँ बुनती थी और वह बेकार था। दरियाँ बुनने का भी कोई ऐसा बँधा हुआ सिलसिला नहीं था, जिसे काम कहा जा सके। कभी कोई अपनी जरूरत से बुनवा लेता और कभी बेजरूरत भी—उसे काम देने की नीयत से दे देता, या बरसों का कोई गद्दा-लिहाफ जब जवाब दे जाता, उपल्ला और अस्तर फट जाता और बदरंग नामा भीतर से झाँकने लगता, तो उसे काम में ले आने का एक यही तरीका था कि उसे देवा की माँ को दे दिया जाए और वह महीने-दो-महीने में दरी बुनकर दे जाए। मेहनत-मजूरी का दाम धीरे-धीरे पटता रहता, क्योंकि कोई धंधा तो था नहीं कि इस हाथ ले, उस हाथ दे। यही क्या कम था कि जरूरत पड़ने पर उसे कहीं-न-कहीं से पैसे मिल ही जाते।

यहाँ के ये सारे परिवार एक-दूसरे से बेतरह जलते थे, कुढ़ते थे, पर वक्त की मार ने उनकी जबानों को कुंद कर रखा था, हर एक की बेबसी ने एक अनदेखे धागे में बड़े ही आश्चर्यजनक रूप में उन्हें बाँध रखा था, जिसका कोई सिरा नजर नहीं आता था। यही वजह थी कि जवान होते हुए भी, देवा के बेकार रहने को, लोगों ने बड़ी निस्संग स्वाभाविकता से स्वीकार कर लिया था।

देवा जब अपने चारों ओर नजर घुमाता तो उसे यह सब खलता। खुद अपनी माँ की बेईमानी चुभती, जो दरियों के लिए रूहड़ लेते वक्त पंसेरी पर आधा सेर ज्यादा लेने की नीयत से, मैल के एवज में साढ़े पाँच सेर के लिए झगड़ती और इस तरह आधा सेर रुई बचा-बचाकर आठ दस दरियों के बाद, एक अपनी निजी दरी बनाकर बेच लेती। वह अपने चारों तरफ जब लोगों को देखता तो उसे लगता कि उनके चेहरे एकदम एक-से हैं, जिन पर नफरत, प्यार,

प्रशंसा या निंदा कुछ भी तो नहीं उभरती। अजीब-सी एकरसता थी, जैसे एक शंकर-से योगी हैं, जो विष पी-पीकर स्थिर से बैठे हैं, आँखें मूँदें!

इसीलिए वह घर से भागा-भागा रहता। मौलवी साहब के अस्तबल में लगे शास्त्री के छापाखाने में बैठा रहता, वहाँ की एकरस आवाज से जब मन ऊबता तो ठाकुर की इमली के नीचेवाले चबूतरे की महफिल में पहुँच जाता। कस्बेभर की सनसनीपूर्ण खबरें उसे शास्त्री के छापाखाने में मिलती रहतीं और सरकार के कारनामों की सूचनाएँ ठाकुर की महफिल में जमा होनेवाले बेसिक और नॉर्मल स्कूल के अध्यापकों और पंडितों से मिलतीं। इन दोनों ही जगह उसे ऐसे आदमी दिखाई पड़ते थे जो अपनी बातों और अपने स्वार्थों से अलग-से होकर आस-पास और दूर-दूर के सुख-दुःख और संघर्ष के प्रति जिंदा दिखाई पड़ते थे···यहाँ आकर जैसे वह अपने को भुला बैठता और बहुतों की पाँत में शामिल हो जाता। इसीलिए कभी-कभी अनचाहे—बिना सोचे, उसे देर हो जाती। सुबह से आ जमता तो बातों में वक्त का अंदाज न रहता। दोपहर चढ़े जब घर पहुँचता तो दिल छोटा होने लगता, खयाल आता, इतना वक्त बेकार बरबाद कर दिया, इससे अच्छा होता कि अम्मा के काम में हाथ बँटाता और कुछ न सही तो रूहड़ ही नोचता, जिससे धुनकने के लिए डाली जा सकती या सूत की लच्छियाँ ही बनाता, जिससे रँगने में आसानी होती। घर में घुसता, बरामदे में ही अड्डा सजा होता, सूत का जाल पुरा होता और रंगीन सूत की पंडियाँ इधर-उधर लुढ़कती होतीं, कसनेवाला हत्था एक ओर पड़ा होता और अम्मा बैठी सूत कातती होती या रूहड़ नोचती होती। आहट सुनकर बिना उसकी ओर देखे उठती और कोठरी में घुस जाती। डिबिया में से लंबी जंजीरवाली घड़ी निकालती, घड़ी हथेली पर रखती तो जंजीर हथेली के उस पार झूल जाती, उसे कुछ क्षण देखती··· एकटक···जैसे सुइयों की गिनती पढ़ने में उसे कुछ याद आता हो···

और तभी देवा का मन भर आता, अपनी बेपरवाही और उदासीनता पर पश्चात्ताप होता। सोचता, आखिर माँ भी तो घर में अकेली पड़ी रहती है, कहीं आती-जाती नहीं। क्या उसका दिल नहीं भटकता होगा? फिर माँ पर कुछ झुँझलाहट भी होती कि ये कुछ बोलती क्यों नहीं, देर से आने पर डाँटती क्यों नहीं, कुछ पूछती क्यों नहीं? पर वह नहीं पूछती। जैसे सब स्वीकार कर लिया हो। लेकिन तभी उसे लगता कि वह कितने पीड़ित मौन से सबकुछ पूछ लेती है।

जब कोठरी में घड़ी देखने जाती है, तो शायद वह अपने से ही उत्तर माँगती है कि देवा अब तक कहाँ रहा? और फिर उसके बाद सुइयों पर नजर गड़ाकर कुछ कहती है कि देखो, तुम्हारा देवा कैसा हो गया⋯मेरा कुछ भी खयाल नहीं रखता, क्या इसकी उम्मीद भी छोड़ दूँ?

और तब देवा की आँखें नम हो जातीं, वह अपने को सारी बातों का जिम्मेदार पाता। उसे पिता की याद आती, जिसे उसने देखा तो था पर कभी महसूस नहीं किया।

माँ कोठरी से निकलती, आसन बिछाती और खाना परोसकर देवा को आवाज देती, "आ देबू, जरा पानी रख ले दो गिलास⋯"

तब देवा को पता चलता कि माँ भी बिना खाए बैठी रही है, कहता, "अम्मा, तुम खा लेती न, मैं जरा मास्टरजी के पास गया था। उनके हाथ में पचास-साठ की नौकरी तो रहती ही है। शायद अब से स्कूल खुलने पर कुछ खयाल कर लें⋯" पर झूठ बोलते उसे कुछ न लगता, कह चुकने के बाद माँ के चेहरे की स्थिरता जैसे उसे धिक्कारती और वह अपने में सिमट जाता⋯माँ धीरे से मुसकरा देती और कहती, "रामलाल की एक दरी बनानी है, सूत तो तैयार है, तू कल रँगरेज से रँगवा दे, झटपट निबटा लूँ⋯"

"अम्मा, घर पर ही रंग लें, बाजार में बहुत दाम पड़ते हैं।"

"पक्का रंग तो घर पर मैं तैयार कर लूँ, पर कुटाई नहीं होती और बिना कूटे रंग नहीं चढ़ता, मेरा तो कंधा बेकार है, नहीं तो⋯"

"अरे, कुटाई मैं करूँगा⋯कल तुम औटाकर रंग बना देना, फिर सब मेरा काम⋯"

और दूसरे दिन देवा जब उठता तो खुद जाकर चूल्हा सुलगाता और कहता, "अम्मा, पहले रंग औटा लो, फिर बैठा मैं कूटता रहूँगा तब तक तुम खाना बना लेना⋯"

माँ पतीला चढ़ा देती, रंग की पुड़िया चूल्हे के पास लाकर रख देती और पटा डालकर बैठ जाती तो देवा देखता—कुछ देर तो लगेगी ही, जरा बाहर निकलता, फिर आकर झाँक जाता कि अब माँ ने पानी में रंग डाला या नहीं। फिर निकल जाता और निकलता तो निकल ही जाता। जब वापस आता तो धूप चढ़ आई होती, दोपहरी तपती होती और माँ पटिया पर सूत रखे, हाँफते-हाँफते

कूटती होती। बालों की लटें रूखी सी झूलती होतीं, बाँहों की नसें सूत सी उभर आतीं और उसके हाथ रंग से बदरंग होते। माँ आहट सुनती तो लच्छियों को तार पर फैलाकर कोठरी में घुस जाती।

इसी तरह दिन बीतते जाते और देवा को कभी यह महसूस भी न हो पाता कि आखिर यह सब कैसे चलता जाता है। माँ किन खयालों में डूबी रहती है। और क्या सोचती रहती है। और न वह पूछ ही पाता, क्योंकि जब भी पूछने का अवसर आता तो वह घड़ी और उसकी सोने की जंजीर बीच में आ जाती। माँ उदास दिखाई पड़ती और वह स्वयं अपने प्रति असंतोष से पछताता होता। यदि वह कोशिश भी करता तो साहस न पड़ता···क्योंकि उस घड़ी और उसकी सोने की जंजीर से उसके पिता का इतिहास जुड़ा था, जो कहीं स्टेशन मास्टर थे और वर्षों से दूसरी शादी करके अपने बाल-बच्चों के साथ रह रहे थे। उसने सिर्फ इतना सुना था कि पाँच वर्ष पहले वे कुछ घंटों के लिए माँ से मिलने आए थे। तब दूसरी शादी कर चुके थे। माँ ने कहीं से उधार लाकर उनके लिए खाना बनाया था, पर उन्होंने खाया नहीं था। उस वक्त पड़ोस की औरतों ने माँ से कहा था कि अपनी और देवा की परवरिश के लिए कुछ माहवार तय कर लेना चाहिए, पर माँ ने वह बात ही नहीं उठाई। चलते वक्त पिता ने माँ से कहा था कि घड़ी की जरूरत पड़ जाती है कभी-कभी, उसे दे दो तो लेता जाऊँ। तो माँ ने जवाब दिया था कि यही एक चीज पास रह गई है जो देवा को भी उसके वक्त का ज्ञान कराती रहती है। हाँ, यदि सोने की जंजीर की जरूरत हो तो वह ले लें। पर पिता ने बात खुल जाने के कारण और घड़ी माँगने के पीछे जंजीर की असली ख्वाहिश जाहिर होने के कारण, आगे बात नहीं बढ़ाई थी और चले गए थे।

उनके जाने के बाद बगल के मकान की बूढ़ी बातों का पता लगाने आई थी, क्योंकि उस दिन सभी घरों में यही चर्चा थी···पीछे-पीछे देवा की माँ की बुराइयाँ भी बड़ी ईमानदारी से बयान की जा रही थीं और उससे भी ज्यादा ईमानदारी और चिंता से उसकी सहनशक्ति, संतोष और मुसीबतों को दोहराया जा रहा था। वृद्धा आकर वहाँ बैठी और उसने पूछा था, "क्यों देबू की माँ, बातचीत का कैसा रवैया था उनका ?"

"वैसा ही था चाची, सचमुच कोई फरक नहीं था···मैं तो समझी थी कि पता नहीं कैसे पेश आएँ, पर सुभाव नहीं बदला। तन से तो एकदम बदल गए

हैं। मैं तो पहली नजर में पहचान नहीं पाई, अभी से सामने के दो दाँत बदलवाने पड़ गए हैं···"

"अच्छा, बात क्या-क्या हुई? तुम्हारी बातों का क्या जवाब दिया?"

"मैं तो उन्हीं की सुनती रही चाची, बीच-बीच में खामोश हो जाते थे, लगता था कि अपने किए पर उन्हें दुःख हो रहा है, ऐसे में क्या कुरेदती? कह रहे थे, मन नहीं जमता कहीं। बड़ी देर तक समझाते रहे थे कि क्या-क्या सोच रहे हैं। फिक्रों से परेशान थे···चलते वक्त घड़ी मुझसे जरूर माँगी थी, सो मुझसे देते न बनी···पता नहीं कैसा मोह हो गया है उससे···"

तो उनकी ये सब फिक्रें और दुःख सिर्फ घड़ी के लिए ही था, उसकी जंजीर तो सोने की है न!" बूढ़ी ने निष्कर्ष निकालते हुए कहा था।

"सो नहीं चाची, उन्हें लेना ही होता तो क्या मैं इनकार कर पाती! मैंने कहा था कि चाहे तो जंजीर लेते जाएँ, पर उन्होंने फिर उसकी बात ही नहीं की।"

"हिम्मत नहीं पड़ी होगी, नहीं तो अब वे तुम्हें क्या समझते होंगे···"

"ऐसी बात नहीं चाची, उनमें ये सब बातें थीं ही नहीं···आदमी में वैसे भी खोट नहीं होती, उसे कुरस्ता तो औरत ही डालती है। मैं तो घर रहती थी, ये ड्यूटियों पर दौड़ते रहते थे, महीनों बाद आना होता था। वहीं वह मिल गई और उसने बहका लिया। औरत चाहे तो अच्छे-भले आदमी को उलझाते कितनी देर लगती है! अगर उन्होंने यह सब समझ-बूझकर ही किया होता तो भला यहाँ आते? और असल बात यह थी चाची कि मैं उनसे घुल-मिल ही नहीं पाई थी। ससुराल में रहते घर की भीड़-भीड़ और हया-शरम में कभी अपनेपन की बात ही नहीं कर पाई। उन्होंने मुझे जाना ही नहीं और अनजान में जो कर बैठे वह तो हो ही गया···"

"अरे ऐसा सोचने से काम नहीं चलता, सब ऊँच-नीच देखा करो देबू की अम्मा! आदमी इतने सीधे नहीं होते। हर बात के पीछे मतलब होता है इनका··· तुम्हें अपनी परवरिश की बात चलानी थी···" बूढ़ी ने बात का तार फिर पकड़ते हुए कहा।

"कहा तो, क्या चलाती···मैं तो संतोष किए बैठी हूँ। दो-तीन साल की और देर है तब तक देबू करने-धरने लायक हुआ जाता है। काहे को कहीं मुँह डालूँ? देवा की फिक्र थी उन्हें भी, कह रहे थे, वैसे वो अपने पास बुला लेते, पर मेरा भी

लगकर रहना नहीं हो पाता, इसीलिए सोचता हूँ, जैसा वहाँ तैसा यहाँ। अगर रहे तो मेरी निगाह के सामने रहे, नहीं तो तुमसे अच्छा और कौन होगा उसके लिए। उसके लिए बड़ी हिदायतें देते रहे थे। कहते थे, 'तुम्हीं से सब कुछ सीखेगा। आजकल लड़कों को हवा लग जाती है। तुम्हारा डर-खौफ अगर उसके ऊपर से उठ गया तो बिगड़ जाएगा। अपने को संभाले रहना, जिस घर में जन्मी हो उसका ध्यान रखना। बड़ी ऊँची शान रही है तुम्हारे बाबूजी की…"

बूढ़ी थोड़ी देर बाद उठकर चली गई थीं।

तब से देवा पर उसकी नजरें और भी सतर्कता और प्यार से जम गई थीं। वह देवा को पेट काट-काटकर पढ़ाती रही, और जब वह पढ़-लिखकर बेकार बैठ गया, तब भी वह उसे उसी तरह देखती रही। उसके इधर-उधर बैठने को सतर्क नजरों से निहारती रही और जब-जब देर से लौटने पर यह झूठ बोलकर अपने को भुलावा देता तो उसके उस भ्रम को तोड़ने की उसने कभी कोशिश नहीं की। आखिर उसके भ्रम को तोड़कर वह कौन सी सच्चाई उसे दिखा सकती थी? इस बात को वह खूब जानती थी।

एक रोज जब वह घर लौटा था तो हमेशा की तरह देर हो गई थी। उस रोज उसके साथ एक आदमी और था, जिसकी साइकिल के पीछे किताबों का ढेर बँधा था और सामने हैंडिल पर लटके झोले में अखबार भरे थे। उस आदमी की आँखों में एक अजीब-सा विश्वास था, और उसके चेहरे पर मेहनत की कठोरता थी। देवा दरवाजे पर खड़ा-खड़ा कुछ देर उससे बातें करता रहा और जब भीतर आया था तो उसकी बातों में दुविधा या झिझक नहीं थी। जैसे मन का गुबार एकदम बाहर छोड़ आया हो और अपनी सार्थकता का अनुभव करने लगा हो, आकर बोला था, "अम्मा, तुम खा लिया करो। मेरे इंतजार में बैठे रहना ठीक नहीं। मेरा तो पैर निकल गया है…"

सुनकर माँ को ऐसा लगा था कि मन में आज तक जो टूटन थी वह शायद भर रही है, पर उसे कुछ दुःख भी हुआ था कि कहीं देवा उसकी तरफ से एकदम बेपरवाह न हो जाए। वह दिन-दिनभर वहशियों की तरह घूमता और रात गए देर तक कुप्पी के प्रकाश में न जाने क्या-क्या पढ़ता। अब देर से आने पर उसे संकोच न होता तो माँ के दिल पर घूँसा-सा लगता। उसे चिढ़ भी होती, दुख भी होता और एक अजीब अव्यक्त-सा सुख भी मिलता। उसे लगता कि देवा कुछ

अच्छा कर रहा है, पर अपनी तरफ से बेपरवाही भी बुरी है।

एक दिन उसे पता लगा कि देवा राजनीतिक आदमियों के साथ उठने-बैठने लगा है, उनके साथ झोला डाले इधर-उधर घूमता रहता है। अब वह अपने बारे में या घर के बारे में उतना चिंतित नहीं है, जितना कहीं दूर बैठे लोगों या शहर के दूसरे लोगों के लिए है। कभी-कभी रात को भी बाहर रह जाता। घरों में देवा की चर्चा होती कि वह अखबार बेचने लगा है। बेकार आदमियों की तरह घर-घर दौड़ता फिरता है और चार पैसे का अखबार पहुँचाता है। चर्चा अगर बुराइयों पर चल पड़ी तो देवा और उसकी माँ को एकदम काला करार दे दिया जाता और कभी अच्छाइयों पर मुड़ गई तो उसकी जीवनी-शक्ति के सामने सब सिर झुका देते।

और वह सोचती···देवा भी सपनों में उलझा जा रहा है। उसमें जो आग सुलगी है, जो स्थिरता आई है, वह उसे शक्ति देगी; पर वह दीन-दुनिया की नंगी बातें करता है, उसकी बातों में कच्चापन है, पर बचपना नहीं। और माँ को लगता है कि देवा अब निपट अकेला नहीं है, वह बहुतों से अनदेखे रूप में जुड़ गया है···

पर यह बात भी उसके दिल में बहुत नहीं जमती, आखिर इससे होना क्या है? इसलिए सोचते-सोचते बात मुँह से निकल ही पड़ी। देवा अखबार बाँटकर आया था। माँ ने खाते वक्त उससे कहा था, "देबू, तुम्हारा यह अखबार बेचना हमें अच्छा नहीं लगता···"

देवा चुप ही रहा था। जब खाना खाकर चलने लगा तो माँ ने रोककर कहा, "यह पाँच सेर सूत लेते जाओ, सामने तुलवाकर देना, जब आना तब रँगवाकर लेते आना···"

देवा ने सुना और एक झोले में सूत भर लिया। पूछा, "कौन-से रंग में रँगेगा?"

"चार सेर नीला और एक सेर पीला 'बाडर' के लिए।"

चलते-चलते उसे याद आया तो बोला, "अम्मा, मुझे समय नहीं मिलेगा, तुम मेरा कुरता जरा धोकर डाल देना, इस्तरी मैं कर लूँगा, कल के लिए कोई कुरता नहीं है।" अम्मा ने हूँ की और वह चला गया।

माँ ने कुरते को साबुन से धोकर, कलफ और नील लगाया, तार पर फैलाया और इंतजार किया, पर देवा नहीं आया। खाना बनाकर बैठी रही, पर वह

नहीं लौटा। रात आई और चली गई लेकिन देवा के वापस आते पैरों की आहट नहीं सुनाई पड़ी। तुलसी के बिरवे के ऊपर बँधी अलगनी पर उसका कुरता सूखकर सिकुड़ गया, पर वह नहीं लौटा। माँ की आँखों से नींद उड़कर उसे खोजती रही लेकिन किसी सूने पहर में भी वह वापस नहीं आया। और माँ ने यह भी स्वीकार कर लिया। अलगनी से कुरता उतारकर, तह कर बक्से में रख दिया। पता नहीं किस वक्त आकर माँग बैठे।

तीसरे रोज पंडित अपनी दरी माँगने जरूर आए। तब उसने यही कहा था, "छह-सात दिन में पहुँचा दूँगी। देवा को सूत रँगने के लिए दे दिया था, पता नहीं किस रँगरेज के यहाँ डाल आया है। देवा कल-परसों बाहर से वापस आ जाएगा तो दो-चार दिन में बुन के मैं खुद दे आऊँगी, परेशान न हों।"

"हुँ···कल-परसों देवा वापस आ जाएगा! कहाँ की कहकर गया है? वह सालभर से पहले नहीं आता, गिरफ्तारी हुई है कि मजाक है···"

"गिरफ्तारी···" माँ ने चौंककर कहा था।

"आंदोलन किया है तो सजा भुगतनी ही पड़ेगी···"

सुनकर माँ ने खामोशी साध ली थी। बस इतना भर कहा कि दरी पहुँच जाएगी, जैसे भी होगी।

गली में यह बात फैल गई थी कि देवा जेल चला गया है। यहाँ से कुछ लोगों के साथ वह करहल तहसील गया था, वहीं गिरफ्तार हो गया है। सजा एक साल की हुई है, लेकिन दो सौ रुपया जुर्माना भर दे तो आधी सजा कट सकती है। पर उसके साथियों में कोई जुर्माना भरने की बात को ठीक नहीं समझता। देवा ने जुर्म क्या किया है, इसके बारे में किसी को ठीक-ठीक नहीं पता। जब माँ की समझ में कुछ नहीं आया, तो वह हताश सी हो गई थी। गली के लोग इसलिए भी कोई बात नहीं सुझाते थे कि उन्हें कहीं रुपए का इंतजाम न करना पड़ जाए। तब वह और किससे कहती! अकेली बैठती तो देवा के पिताजी का ध्यान बार-बार आता। वे देवा के लिए कितने चिंतित थे। सोचा, अगर उन्हें पता चलेगा तो यही कहेंगे कि मुझे खबर तक नहीं दी। आखिर बेटा तो मेरा भी है, और कौन करेगा उसके लिए। जो हुआ सो हो चुका, पर क्या खून और प्यार के फर्ज छूट जाते हैं।

तब एक दिन उसने 'उन्हें' चिट्ठी लिखी थी, 'देवा करहल तहसील में गिरफ्तार हो गया है। कुछ कह के नहीं गया। थोड़े दिन पहले पंडितजी से यह

खबर मिली है। वह यह भी कहते हैं कि दो सौ रुपया जुर्माना दे दिया जाए तो देवा की आधी सजा कट जाएगी। इतवार की रात को गया था। यहाँ बिल्कुल अकेली हूँ, जी नहीं लगता, देवा की वजह से बड़ा सूना लगता है। कुछ काम भी नहीं कर पाती। आप जो पैरवी ठीक समझें, करके उसे छुड़ा लाएँ। हो सके तो यहाँ होते हुए आप करहल निकल जाएँ।'

जो आदमी अपने काम से गया था और देवा की माँ का खत ले गया था, वह वापस आया तो लिखावट के दो शब्द तक साथ न लाया। जबानी उसने यही बताया था कि स्टेशन मास्टरजी का कहना है कि मुझसे पूछकर और मेरी मर्जी से देवा चलता होता तो मैं अपना सिर भी रोपता; उसका क्या ठिकाना, आज छुड़ाया कल फिर चला जाएगा···नौकरी-पेशा आदमी हूँ, और ये सब काम करने के लिए वक्त चाहिए, वह कहाँ से लाऊँ···कल ही मुझे दूसरी जगह रिलीव करना है।

देवा की माँ ने सुना तो पहले विश्वास नहीं आया। सोचा, शायद बेमौके चिट्ठी हाथ में पड़ी हो, पता नहीं दिमाग किन परेशानियों में फँसा हो कि यह खबर पाकर तिलमिला गए हों। जब ठंडे दिल से सोचेंगे तो शायद डाक से चिट्ठी डाल दें। या शायद अपने घर की बात बाहरवाले के सामने न करना चाहते हों, तो भी चिट्ठी डाक से ही आएगी। लेकिन महीनों इंतजार के बाद भी डाक से कोई चिट्ठी नहीं आई। वह भीतर कोठरी में जाती, घड़ी हथेली पर रखती तो वही जंजीर हथेली के उस पार झूल जाती, वह घड़ी को पल-दो पल देखती। घड़ी की सुइयाँ वक्त बदलती जातीं, पर वे सूनेपन की घड़ियाँ स्थिर-अडिग खड़ी थीं, अकेलेपन के पल अमिट हो गए थे, जिन्हें घड़ी की सुइयाँ नहीं हटा पाईं।

इधर पंडितजी का दरी का तकाजा नाराजी का रूप धारण करता जा रहा था, उधर वह सारा कारोबार रोके, हताश, उन परछाइयों का इंतजार कर रही थी जो चलती हैं, बनती हैं, मिटती हैं, पर बोलती नहीं। आखिर एक दिन जब पंडितजी खरी-खोटी सुना गए और सूत रँगने देनेवाली बात को महज बेईमानी और झूठी बात करार देकर बड़बड़ाते चले गए तो वह आँखों में आँसू भरे चरखा कातती रही। टूटते सूत से सूत जोड़ने की कोशिश करती रही और सिसकती रही···सोचती रही और रोती रही, उसके सूत तो ऐसे बिखर गए थे, जो पकड़ाई में ही नहीं आते थे।

जब अँधेरा झुक आया और घर की बँधी-बँधी फिजा में ऊब भरने लगी तो वह एक गहरी साँस लेकर उठी थी, चरखे की चरमराहट रुकी तो और भी निस्तब्धता छा गई थी। वह कोठरी में पहुँची, तब न जाने कौन सा घाव उघड़ गया कि आँखें अनायास भरभराकर बह उठीं।

और तब अँधेरे में बैठे-बैठे उसके सामने जैसे सत्य उजागर होता गया था···वह अब तक किन परछाइयों पर विश्वास करती आई···देवा के पिताजी पर···पर वह कितनी बड़ी प्रवंचना थी···कितना बड़ा धोखा वह देते आ रहे हैं। कितनी सफाई से सारी जिम्मेदारी टाल गए थे और कितनी खूबसूरती से उसके नारीत्व और पत्नीत्व को बातों से तृप्त कर गए थे···इसलिए कि वह कुछ और न सोच सके···वह सिर्फ यही तो चाहते थे कि वह इसी तरह लँगड़ाती, घिसटती और अधूरी रहकर भी पति के आकाशीय आदर्श की गरिमा में अपने को धन्य मानती रहे···वह नीचे उतरकर धरती का स्पर्श न करने पाए···कहते थे—देवा पर तुम्हारा ही असर पड़ेगा···और इस बात में वे उसकी लज्जा को कितनी बड़ी चुनौती दे गए थे···पर···तब उसकी आँख पर कौन सा परदा पड़ा था!

और तब वह उस अँधेरी कोठरी से निकली थी। सिंदूर की डिबिया उसके हाथों में थी और तुलसी के बिरवे पर चाँदनी मुसकरा रही थी। चारों तरफ दूध-सा फैला था और एक अजीब सी शीतलता थी। वह सिंदूर की डिबिया हाथ में लिये तुलसी को निहारती रही थी। भीतर बवंडर-सा था। काँपती उँगलियों से उसने डिबिया खोली थी और सारा सिंदूर तुलसी की नीली-नीली पत्तियों पर बिखेरकर अपना सुहाग उसे सौंप, सजल नयनों से उस बिरवे को ताकती रही थी। तुलसी की पँखुरियाँ सिंदूर मिली दूधिया चमक से जैसे और भी नीली पड़ गई थीं। और वह तुलसी के बिखेरुए पर माथा टेके, उस निपट अकेली रात में, अपने एकाकीपन को सोच-सोचकर खिसिया-खिसियाकर रोई थी, शंका से भर-भर उठी थी, डर से घबराई थी, पर कहीं कुछ था जो उसे रुलाता था और ढाढ़स बँधाता था, उसकी आँखों में पानी का सैलाब लाता था और सोख लेता था—

उस दिन से उसने माँग नहीं भरी···ओर कोई चारा न देखकर घड़ी की जंजीर बेचकर रुई खरीद लाई थी। पंडित की दरी भी बुनकर दे आई थी।

तब से वह लगातार खरीदी हुई रुई की दरियाँ बुनती रहती, सूत कातती रहती और एक-एक बुन कर सहेज-सहेजकर रखती जाती। किसी का काम

मिल जाता तो कर देती, नहीं तो अपने काम में लगी रहती। देवा को बिछुड़े तो इतने दिन हो गए थे कि अब लगता था—वह दूर ही चला गया। जब उसकी बहुत याद आती तो संदूक से उसका कुरता निकालती, तह खोलती, उसे देखती और फिर सँभालकर रख देती।

□

और जब आज सालभर बाद देवा सामने आकर खड़ा हो गया तो माँ का वही चरखा चल रहा था, जिसका हत्था शीशे ही तरह चमकने लगा था। वही स्थिरता माँ के चेहरे पर छाई थी जो सहज भक्ति से मिल पाती है, और सूत कातते क्षणों की खामोशी—जैसे आराधना का मौन! देवा ललचाया-सा खड़ा देखता रह गया। माँ ने उसका संकोच परखा था। उसे लगा कि अभी वह कुछ वैसी बातें कहेगा जिसमें वही पुराना भ्रम होगा, उसे नौकरी मिल जानेवाली बात जैसी कोई हलकी बचत होगी। पर देवा ने वैसी कोई बात नहीं कही तो चरखे की माल पर हाथ फेरती हुई वह उठी और तब उसने नजदीक से देवा को देखा। वह जैसे पक गया था, उसके मुख पर तपस्या की आभा थी, कच्चा बचपना कहीं दुबक गया था। सारे प्रश्न और उत्तर अपने आप सहज हो गए। सब सरल था। उसकी आँखों में ममता भर गई, बोली, "देबू, आ गया तू।"

"अम्मा…" और रुककर वह बोला था, "बड़ी भूख लगी है।"

"भूख…" उसने कहा।

"सालभर से भूखा हूँ…अम्मा पूरे एक साल से…"

तब सारा समय सिमट आया, सब स्वाभाविक हो गया। माँ ने खाना परोसा, देवा ने पानी रखा और माँ-बेटे बेवक्त खाने बैठ गए। खाते-खाते देवा ने कहा, "बाबूजी अस्पताल में हैं।"

"क्या हुआ?" माँ के चेहरे पर सब प्रकृत था।

"मोटर में जान-पहचान का खलासी मिला था। मुझे पहचाना तो उसने बताया था कि बाबूजी को प्लूरिसी हो गई है। एक बार हालत इतनी खराब हो गई कि चौबीस घंटे बेहोश रहे, फिर कुछ हालत ठीक हुई, पर तीन-चार रोज बाद फिर बिगड़ गई…छोटे अस्पताल से बड़े में चल गए हैं।"

"कब से खराब है?"

"एक महीने से, कल जाकर देख आऊँ?" देवा बोला।

माँ चुप रही। तीन-चार कौर उसने और खाए, गट-गट पानी पिया और उठ गई।

शाम गहरी-गहरी उदास थी। देवा का मन हुआ कि इतने दिनों बाद जाकर लोगों से मिल ले। लौटकर आया तो माँ चरखे के तकुए की नोक पटिया पर घिस रही थी। आज माँ की स्वाभाविक उदासीनता में कुछ कलक थी। उदासीनता की दृढ़ता की जगह खोया-खोया मोह था।

रात को माँ दीये के प्रकाश में बैठी चरखे की रुई साफ करती रही। यह चरखा ही शायद उसका सबसे बड़ा सहारा था। सूत कातते हुए टूटे तार जोड़ते-जोड़ते अथाह धैर्य और अटूट दृढ़ता उसकी प्रकृति में आ गई थी। प्रत्येक बार टूटनेवाले तार ने उसकी खीझ, झुँझलाहट और असंतोष को जीत लिया था। इसी में उसका निस्तार था, यह चरखा ही उसका गूँगा गुरु था।

रुई साफ करने के बाद शायद वह लेटती, पर चरखे को खाट के सिरहाने रखकर वह अंधी अलमारी के पास खड़ी रही। अरसे से रखी हुई चीजों को उठा-उठाकर निहारती रही। कील में लटकते कृष्णजी के कलेंडर को देखती रही और फिर मोम लेकर चरखे की माल सूँतने लगी।

एक झपकी के बाद जब देवा की आँख खुली तो देखा, माँ सूत की पूनियों के ढेर के सामने सिर झुकाए बैठी है···मोह का आवरण उसके चारों ओर अदृश्य-सा फैला है और उस अँधियारे में उसकी काया असमंजस में पड़ी है। वह कुछ चाह रही थी—पाना या खोना!···पर जैसे न वह पा सकती थी और न खो सकती थी···वहाँ से उठकर उसने दीये को बुझाया तो देवा ने आँखें मूँद लीं, और इस इंतजार में कि अब माँ लेटेगी, वह खुद सो गया।

□

सुबह की नरम सर्दी से वह कुछ जल्दी ही जागा। दीवार के मोखे से प्रकाश की रेखा आ रही थी और कोठरी का अँधियारा भूरा-भूरा हो गया था। उसे कुछ शुभ-सा लगा। माँ की खाट खाली थी। कुछ खटका मन में हुआ। उठकर कोठरी की चौखट तक आया।

बाहर आँगन में जैसे पवित्रता छाई थी···हलकी सर्दी और मन के उजियारे की तरह पावन प्रकाश! और उस प्रात: के सुरमई प्रकाश से झरती हुई वह आभामय रोशनी, जिसमें आँगन का तुलसी का बिरवा किसी विश्वास के अंकुर-

सा स्थिर खड़ा था। उसके बिरुए पर माटी का दीपक जल रहा था, जिसकी अकंपित लौ में तुलसी की छाया तले सिर टेके, माँ की सिंदूर भरी माँग चमक रही थी।

अकस्मात् इतने विशाल शुभ को ग्रहण कर सकने में अपने को असमर्थ पाकर, वह आँखें मूँदकर उस पूर्णता को पा सकने के लिए यंत्रचालित-सा खाट पर मुँह गड़ाकर लेटा रहा। थोड़ी देर बाद आहट हुई तो एकाएक वह आँखें न खोल पाया···कहीं अर्थ खो न जाए, पूर्णता लुप्त न हो जाए।

"देबू···देबू···" माँ ने पुकारा था, "सबेरा हो गया देबू, उठो···"

उठकर वह बाहर आँगन में आ गया और माँ कोठरी में घुसी रही! जब वह बाहर आई तो देवा बोला, "अम्मा, हम लोग चलकर बाबूजी को आज ही देख आएँ।"

माँ ने ऐसे देखा कि क्या वह सचमुच ही यह बात कह रहा था और क्या उसके लिए भी कह रहा था? माँ को खामोश देखकर वह बोला, "तुम तैयारी कर लो, अभी सवेरे दस बजे चलकर रात की गाड़ी से वापस आ जाएँगे।"

"मैं नहीं जाऊँगी···" कहते-कहते माँ कमरे की तरफ मुड़ गई।

"तुम नहीं जाओगी?" देवा ने जैसे बात समझने के लिए दोहराई।

"नहीं!" माँ के स्वर में दृढ़ता थी।

"तो मैं चला जाऊँ··· ?" देवा सहसा कह गया।

"नहीं।" माँ ने उसी दृढ़ता से कहा और अपने काम में लग गई।